中国交通运输高等教育发展报告

李志峰 等　编著

武汉理工大学出版社
·武　汉·

图书在版编目(CIP)数据

中国交通运输高等教育发展报告 / 李志峰等编著.
武汉 ：武汉理工大学出版社，2024. 7. -- ISBN 978-7-5629-7139-9

Ⅰ. U

中国国家版本馆 CIP 数据核字第 2024PW7667 号

武汉理工大学研究生教材专著资助建设项目

项目负责人:吴正刚　　**责 任 编 辑**:吴正刚

责 任 校 对:李兰英　　**排 版 设 计**:芳华时代

出 版 发 行:武汉理工大学出版社有限责任公司

社　　　址:武汉市洪山区珞狮路 122 号

邮　　　编:430070

网　　　址:http://www.wutp.com.cn

经　　　销:各地新华书店

印　　　刷:湖北金港彩印有限公司

开　　　本:787×1092　1/16

印　　　张:17.5

字　　　数:383 千字

版　　　次:2024 年 7 月第 1 版

印　　　次:2024 年 7 月第 1 次印刷

定　　　价:100.00 元

序 言

自古以来，人才培养都是国家的头等大事之一。我国是特别重视教育的文明古国，国家经济社会发展方面的实践反复证明：千秋功业，教育为本；人才是第一资源。中华人民共和国成立以来、特别是近 40 年来，我国交通高等教育伴随我国交通运输事业的发展而迅猛发展，取得了巨大的成就，这是人尽皆知的事。然而，这毕竟只是一个高度概括的说法。目前，我国交通高等教育发展具体是什么样的规模和水平、取得了哪些成就、存在哪些问题，面临新一轮科技革命和加速建设交通强国这样的新情况，交通高等教育要进行哪些方面的调整，等等。对于这些重大问题，如果不经过全面、系统、深入地研究，恐怕谁也说不太清楚。中国交通教育研究会作为交通教育方面的国家一级学术团体，有责任在这方面尽力做一些有意义的工作。

2018 年，中国交通教育研究会启动《中国交通运输高等教育发展报告》（蓝皮书）项目，作为研究会交通教育科研的重大招标项目，武汉理工大学高等教育发展研究中心主任李志峰教授领衔、山东交通学院李洪华副教授等同志组成的研究团队，经过竞标，于 2019 年正式承担并开展了《中国交通高等教育发展报告》（蓝皮书）项目的研究工作。

众所周知，经过中华人民共和国成立以来几十年的艰苦奋斗，我国已成为交通运输基础设施建设和交通运输世界第一大国。2021 年，第十三届全国人大四次会议表决通过《关于国民经济和社会发展第十四个五年规划和 2035 年远景目标纲要》（以下简称《纲要》）的决议。《纲要》综合考虑了未来一个时期国内外发展趋势和我国的发展条件，提出了我国要加快建设交通强国，建成现代化交通运输体系，推动各种运输方式的一体化融合的国家战略任务。2022 年 10 月，党的二十大明确提出要将交通强国作为强国建设的重要任务之一。显而易见，交通强国建设将是未来一段时间国家发展的重大战略，高素质交通人才培养将面临许多新的重大问题需要我们去解决。特别是随着信息时代和大数据时代的到来，交通运输行业将面临一轮新的重大变革，科技创新将成为交通运输发展的内在驱动力，高端高素质交通人才培养问题会更为突出。毋庸讳言，在当前国际大背景下，我国核心技术受制于人的局面依然严重，行业高质量发展的创新动力仍显不足，科技创新链条设计并不十分顺畅，人才队伍建设特别是高端高质量人才培养还不能适应交通强国建设需要等问题并未完全解决。因此，加快转变发展方式，推动交通运输结构调整和产业升级，以科技创新带动行业的高质量、内涵式发展，将是建设现代化交通运输体系的重要举措。而其中首要的任务，就是引领适应交通运输行业发展的高素质人才培养，特别是领军人物和高端高素质人才的培养。

交通高等教育作为我国高等教育领域的重要方面，承担着高素质交通人才、高端交通人才培养的历史使命。从发展要求上看，大力推进交通高等教育的高质量发展，是交通强国战略的题中应有之义。交通高等教育必须为交通强国战略的实现提供持续不断的高质量优秀人才支撑。从历史发展轨迹看，交通高等教育始终与交通领域的变革相向、同步。为了更好地实现我国交通运输领域的发展目标，交通类高校先后完成了自身的重组与合并，构建起与交通运输事业发展相适应、结构基本合理且办学效率较高的交通高等教育体系。交通高校主动作为，依托国家重点项目，以问题为导向，服务于国家重要战略需求，为我国建设现代化的综合交通运输体系提供了坚实的人才支撑。当前，一方面是以智能交通为标志的交通新业态、新科技对交通高等教育提出了新要求、新任务、新挑战；另一方面是交通强国战略为交通高等教育发展规划了蓝图，指明了方向。高素质交通人才是交通科技发展的重要支撑，是交通运输领域改革的中坚力量。以培养高素质交通人才、服务交通强国战略为己任的交通高等教育，必须优先发展，超前布局。正是在这样的大背景下，我们深刻认识到：必须基本摸清我国交通高等教育的“家底”，在比较全面、准确地掌握交通高等教育的发展状况、发展趋势和发展规律的基础上，根据新形势、新任务、新挑战，重新调整交通高等教育学科专业的发展重点和发展方向，实现其高质量创新发展。为党育人，为国育才，是我国交通高等院校义不容辞的职责。我们开展《中国交通运输高等教育发展报告》（蓝皮书）项目研究，就是基于这样一种思路。

中华人民共和国成立以来的交通高等教育发展史，也是一部曲折前行、不懈探索、成就非凡的长廊画卷。因此，系统梳理我国交通高等教育的发展历程，总结交通高等教育发展的经验和教训，从中发现交通高等教育发展的基本规律，是在习近平新时代中国特色社会主义思想指引下，建设新时代交通高等教育体系的重要基础和前提，具有重大的理论意义和现实意义。正如该项目结题评审专家组所评价的，这是一项非常有意义的开创性工作。

武汉理工大学高等教育发展研究中心主任李志峰教授团队长期专注交通高等教育领域的研究工作，在高等教育理论与政策研究、交通高等教育理论与实践研究中具有较高的学术造诣。他们承担《中国交通运输高等教育发展报告》（蓝皮书）的研究任务后，研究团队成员团结奋斗，克服疫情影响，按时出色地完成了任务。研究报告以建设“交通强国”和发展“现代化交通运输体系”为背景，对不同时期各交通本科高校发展状况开展了全面、系统地研究，以扎实的数据为基础，综合运用了调查法、归纳法、文献法等多种方法，对公路、水运、铁路、航运及综合交通运输高等教育发展的现状、特点和发展过程中的主要困境，从横向和纵向两个维度，系统、深入地分析了交通运输高等教育的发展经验，呈现出一幅交通高等教育发展的恢宏画卷。研究报告对于我们全面、系统地了解和理解我国交通高等教育发展状况、切实把握我国交通高等教育发展规律和创新发展趋势都具有重要的理论、政策和实践意义。

由于该项目研究的内容体系较为庞大，具有历史性、现代性、未来性等多重特点，所以研究难度很大。现在呈现给大家的研究报告难免有这样或那样的缺点和不足之处，希望得到专家、学者和老师们的谅解和批评指正。

刘卫民

2023 年 2 月

目　　录

第一章　中国交通运输高等教育发展概况

交通运输乃国民经济之基础性、先导性、服务性行业，是经济社会发展的重要保障。交通运输高等教育作为我国高等教育体系的重要组成部分，承担着培育交通运输技术人才、管理人才以及综合人才的重任，是推动交通运输转型升级，实现提质增效，推进交通运输现代化、建设世界交通强国的重要保障。因此，交通运输行业的繁荣与发展，与交通运输高等教育事业密切相关。

党的二十大是在全党全国各族人民迈上全面建设社会主义现代化国家新征程、向第二个百年奋斗目标进军的关键时刻召开的一次十分重要的大会。大会高举中国特色社会主义伟大旗帜，为全面建设社会主义现代化国家而团结奋斗。党的十九大报告提出“建设交通强国”，党的二十大报告提出“加快建设交通强国”，党中央、国务院先后印发《交通强国建设纲要》《国家综合立体交通网规划纲要》，充分体现了以习近平同志为核心的党中央对交通强国建设的高度重视和殷切期望。交通运输高等教育担负着建设教育强国、交通强国的重要使命，必须全面贯彻党的教育方针，落实立德树人的根本任务，培养适应新时代交通运输行业发展要求的德智体美全面发展的交通建设者和接班人。回顾我国交通运输高等教育的整体发展历程，是预测我国交通运输高等教育未来发展方向的关键一步。

一、起步发展初创期

中华人民共和国成立之初，百废待兴。1949 年，我国仅有 205 所高等学校，高等学校的毛入学率仅为 0.26%，全部在校生不足 12 万人，其中工科在校生只有 3 万人。1952 年，教育部以培养工业建设人才和师资为重点，发展专门学校，以整顿和加强综合大学为方针，在全国范围内进行了高等学校的院系调整工作。1953 年，“一五计划”实施期间，仅工业、运输业和地质勘探等方面就需要技术人员 30 万人，而当时的工科院校和非工科院校工程技术科系每年仅能招收新生 1.6 万人。整个“一五计划”期间，只能向国家输送不到 5 万名的毕业生，不足当时工业建设实际需要的 25%。在国家基本工程教育体系尚未建立的阶段，我国清楚地认识到当务之急是加强工程人才的培养，以满足国家经济建设、国防建设的需求；而交通运输作为工业原材料运输和资源整合的基础体系，在工业建设中具有重要作用。社会主义改造和建设的时期，在工业领域初步形成了门类比较齐全的工业体系，建立起电子工业、石油化工工业、原子能工业、交通运输工业等新兴部门。

1978年，党的十一届三中全会以后，在中央有关教育工作的一系列新的讨论和决策指导下，交通教育走上了快速发展的道路，迎来了改革发展的“黄金时期”。遵照中共中央部署，各交通院校进行整顿秩序，加强管理。1977年10月12日，国务院批转教育部《关于1977年高等学校招生工作的意见》和《关于高等学校招收研究生的意见》两个文件，高考制度正式恢复，研究生正式恢复招生。

这一时期，对交通教育来说，是恢复、改革、发展的时期。交通部①按照“四个现代化”的发展战略和十一届三中全会的重要思想全面推进教育改革，坚持深化改革，从战略高度更新思想观念、逐步增加教育投入、积极发展交通运输教育事业，开创了教育改革开放和现代化建设的新局面。为了贯彻“调整、改革、整顿、提高”八字方针，1979年11月，交通部直属院校党委书记、院校长会议在北京召开。会议确定实行“三定”，即定专业、定规模、定机构编制，还讨论研究了教学工作、加强师资队伍建设、加强实验室建设等问题。由此，交通高等教育的各项改革工作逐渐走上了全面恢复整顿和迅速发展的轨道。“七五”期间，交通部贯彻落实《中共中央关于教育体制改革的决定》，于1986年2月印发了《“七五”期间交通部属高等学校工作纲要》。纲要提出“七五”期间部属高等院校的总目标和任务是坚持改革，多渠道、多层次、多形式发展交通教育，抓好一批重点学科专业的建设，尽可能达到国内，甚至国外的一流水平。到1990年，交通运输高等教育在办学规模、研究生教育、办学条件、师资结构、科教融合和国际合作等方面都有了新的进展，初步形成了一个专业门类较齐全、层次结构基本合理、能初步满足交通建设事业需求的交通教育体系。

(一)通过院系调整发展交通运输学科专业

为了更好更快地满足经济建设对于人才的亟须，我国通过借鉴苏联经验，发展高等教育培养对口人才以促进经济建设快速发展。高等院校规模小，培养学生的数量也有限；学校类型结构存在诸多不合理，重文轻工；学校人才培养的层次结构比例不协调，多数院校分布在沿海地区和大城市……高等教育结构中存在的种种问题，显然不适应社会主义改造基本完成和国民经济全面恢复后，社会主义建设发展的要求。1952年，教育部根据“以培养工业建设人才和师资为重点，发展专门学院，整顿和加强综合大学”的方针，在全国范围内进行了高等学校院系调整工作，其中就包括上海交通大学、西南交通大学、同济大学等。当时上海交通大学已经历过多次院系调整，将运输管理系调整到北方交通大学，财务管理系调整到上海财经学院，理学院的数学、物理、化学3个系的师资和设备除留下工学院教学所需之外，调整到复旦大学等校。经过调整之后，上海交通大学的招生人数从1950年的851人发展到1956年的2194人，毕业生人数也增长了1.5

① 2008年，国家大部制改革后，赋予了原交通部一部分新的职能，交通部也随之改名为交通运输部，各省、市、县也按照国家的统一要求进行了相应的改革，名称也随交通部。下文统称交通部。

倍，为国家建设输送了大批专业对口的人才。这是特殊时期为了满足国家建设需求采取的院校改革策略，从短期来看是有效的，为我国工业发展输送了大量高层次人才，也深刻改变了我国工程院校的地区结构、学科结构和整体发展状态，奠定了我国未来高等教育发展的总基调。

（二）初步形成中国交通高等教育体系

在改革开放的前十年，交通运输高等学校先是经历了恢复和整顿的阶段，随即步入了较快的发展时期。1977 年下半年至 1978 年 9 月，为适应交通事业恢复和发展的需要，国家有关部委相继恢复了大连海运学院、武汉水运工程学院、上海海运学院、西安公路学院四所交通部属高等院校的正常办学，并实行由交通部和学校所在的省市双重领导、以交通部为主的领导体制。1978 年 12 月，经国务院批准，交通部恢复重庆交通学院建制，并增设了长沙交通学院。至 1990 年，交通部属高等学校由 6 所迅速发展为 12 所，交通部属高等学校本、专科在校生达 2.54 万人，在校研究生 600 人。交通部属高校在校人数比 10 年前增长了 2～3 倍，研究生招生和在校生数均增长了 10 倍，公路、水路等交通主干专业在校生数都已达到相当比例。

（三）研究生教育改革有了新的进展

研究生教育是促进大学本科教育、科研工作和师资队伍建设的有效手段，也是学校教学、科研整体实力与水平的综合反映。在恢复高考的第二年，因“文革”而中断的研究生教育也迅速得到恢复。1979 年，邓小平同志明确指示“要建立学位制度”；1980 年 2 月 12 日，《中华人民共和国学位条例》颁布，在我国建立了学士、硕士、博士三级学位制度，研究生教育开始迅速发展。1979 年，大连海运学院、上海海运学院首次招收硕士研究生。1981 年后，根据《中华人民共和国学位条例》和关于研究生培养与学位授予的一系列文件，进一步规范了研究生教育的层次、类型、学习年限、培养方案等。1981 年 11 月，大连海运学院、上海海运学院、武汉水运工程学院、西安公路学院、南通医学院等 5 所学校经国务院学位委员会批准为首批硕士学位授予单位，15 个专业点获得硕士学位授予权。1984 年 1 月，武汉水运工程学院、大连海运学院获博士学位授予权，硕士学位授权专业点增加至 20 个。随着社会的高速发展，我国对高层次人才的需求更加迫切，至 1990 年，研究生硕士学位学科专业发展到 37 个（按新的学科专业设置为 25 个），共有 44 个专业点，分布于 7 所本科交通高等学校，大连海运学院、武汉水运工程学院、西安公路学院共有 8 个学科专业的博士学位授予权。

（四）增加教育投资，改善办学条件

“文革期间”，为了维持稳定，保证教学质量，交通部及学校主管单位努力筹措资金，加大教育投入力度，逐步改善各院校办学条件。从 1985 年开始，交通部每年都安排 1 亿

元用于部直属院校的基础设施建设。至1990年,交通部高等学校的校舍建筑面积达到136.6万平方米,教学设备总值1.5亿元,校舍总面积达到142万平方米,办学条件有所改善。同时,交通部属院校在加强实验室建设和更新实验实习设施方面有所突破。例如,由交通部投资,为大连海运学院装备了我国自行设计和建造的万吨级远洋教学实习船“育龙”,该船集教学、科研、生产于一体,投资近亿元。从1985年开始,交通部对10个交通主干专业的实验室进行重点建设,每个实验室的投资均在150万至300万元。随着交通部对交通教育的不断支持和投入,航海教育逐步接近当时的世界先进水平,而路桥、汽运、造船、工程机械等高等工程教育已达到国内先进水平。

(五)师资结构优化,教师水平不断提升

交通高等教育迅速恢复、整顿和扩大后,补充新教师、提高师资队伍水平逐渐成为发展交通高等教育的重要环节。1978年9月,交通部在大连海运学院召开了交通院校师资工作会议,讨论加快师资培养的措施,制定加强师资管理的办法。1980年前后,各校开始组织英语及其他基础课程师资培训班,开办教师英语、计算机进修班;从1985年开始,交通部每年拨出30万美元外汇额度和400万元人民币用于交通高校师资培养。除国家计划公派出国进修生外,交通部还自筹资金,每年选派30名左右的出国进修生,以培养中青年教师。1986年之后,师资队伍建设的重点是围绕具有硕士、博士学位授予权的专业和重点学科,在保证质量的前提下,加强主干学科专业的教师梯队建设。至1990年,专任教师已由1980年的3220人增加到5762人,其中正、副教授已达1203人,占教师总数的20.9%。专任教师和(正、副)教授的人数分别是十年前的1.8倍和5.9倍。历经多番努力,截至1990年,交通运输高校初步形成了职称结构、学历结构较为合理的师资队伍。

(六)进一步加强国际教育交流与合作

“六五”期间,交通部属高校相继创建了首批科研机构,如大连海运学院航海科学技术研究所,上海海运学院水运经济科学研究所,南通医学院航海医学研究所,西安公路学院汽车研究所和筑路机械研究所,武汉水运工程学院船舶工程研究所、轮机工程研究所、计算机应用研究所,长沙交通学院交通设计研究所等。各部属高校根据自身优势和特色,不仅申请到多项国家项目,还积极开辟横向联系,开展对外科技服务,承担起科研重任。这样,既增加了科研资金,也为教师和研究生科研、为学生结合生产实际进行毕业设计提供了更多的机会,促进了人才的培养和科研水平的提高。据不完全统计,从1980年到1990年,各交通部属高校科研获奖项目总数为217项,其中获得国家级奖34项,省、部级奖80项,其他奖103项。仅“六五”期间,各交通部属高校就完成各类科研项目397项。与此同时,自改革开放以来,交通部属高校特别是海运院校一直将办学思路和范围向更广阔的国际领域拓展,以提高自身办学水平和核心竞争力。“六五”至“七五”期

间，交通院校共派出留学、学术交流、考察人员 800 多人次；聘请外籍专家讲学 500 多人次，其中长期专家 87 人。通过合作办学、学术交流、留学生及学者互访等方面，来学习先进的教育理念和办学经验，为交通高等教育的国际化发展提供了更加广泛的背景条件，对交通高等教育的快速发展发挥了至关重要的作用。

二、改革发展壮大期

随着我国交通现代化事业的快速发展，交通高等教育也进入了发展的“快车道”。1990 年开始，全国交通系统认真贯彻执行党中央关于优先发展教育的指导方针和“科教兴国”战略，坚持实施“交通人才工程”。1990 年 6 月，交通部在大连海运学院召开全国交通教育工作会议，并于 1992 年 3 月正式印发《交通教育十年规划和“八五”计划纲要》。1993 年，党中央、国务院颁布《中国教育改革和发展纲要》，对我国高等教育的管理、办学与投入体制的全面改革作了明确规定。1994 年 6 月召开的全国教育工作会议，进一步明确了在新形势下如何落实教育优先发展的战略地位问题。1995 年 5 月，江泽民同志代表党中央在全国科学技术大会上正式提出了科教兴国发展战略。1998 年 8 月，交通部在大连召开交通高等教育工作会议，会议动员各交通部属高校面向 21 世纪继续推进“交通人才工程”的组织和实施。

在这一时期，我国初步建立起与交通运输事业发展和改革相适应、结构基本合理、办学效率更高的交通高等教育体系。通过调整交通部属高校布局，创办新的交通院校，进一步解放思想，引入竞争机制，逐步建立主动适应交通建设和社会发展需要的办学机制；通过加强对交通主干专业的教学改革和建设工作。“211 工程”对交通高等教育深化改革起到重要的促进作用，以教育评估推动着教育教学质量不断提升，同时聚焦重点学科形成了特色学科群。交通高等教育有了长足的进步和发展，为构建和完善面向 21 世纪的交通教育体系奠定了基础。

（一）“211 工程”建设推动交通高等教育发展

1993 年 1 月，国务院批转了国家教委《关于改革和积极发展普通高等教育的意见》，文件明确了“211 工程”的建设目标。同年 7 月，国家教委发出《关于重点建设一批高等学校和重点学科点的若干意见》，决定设置“211 工程”重点建设项目，即面向 21 世纪，重点建设 100 所左右高等院校和一批重点学科点。“211 工程”建设的总体目标是：力争到 20 世纪末，在教育质量、学科建设、科学研究、管理水平和办学效益等方面得到明显提高。从 1994 年开始，交通部每年拨专项经费 5000 万元，用于大连海事大学和西安公路交通大学“211 工程”建设，每校在部拨经费中，每年另有 150 万元作为“211 工程”的配套费，主要用于学科建设、师资培养、重点课程建设以及资助科研项目等。1998 年 5 月和 1999 年 12 月，国家计划委员会（现国家发展和改革委员会）先后对两所交通部属高校——大连海事大学和西安公路交通大学“211 工程”正式立项予以批复。至 1999 年，“211 工程”建设已经取得明显成效。

(二)进一步深化交通高等教育系统改革

1992 年 10 月，党的十四大正式确立了“社会主义市场经济体制”的改革目标。1993 年 2 月，中共中央、国务院印发了《中国教育改革和发展纲要》(以下简称《纲要》)，强调在经济体制改革的大背景下，要加快推进我国高等教育的改革和发展。为了认真贯彻落实《纲要》精神，深化教育改革，同年，交通部印发了《关于普通交通高等学校深化改革，扩大办学自主权的意见通知》。该《通知》明确，学校在保证教育质量的前提下，可根据需要增设与现设专业相近的专业和交通主干专业的配套专业；根据社会需求，学校可按 25％的比例招收委托培养和自费生；在主干专业范围内，学校可对主干专业有 20％的毕业生分配自主权；学校可根据实际情况，举办不同形式和层次的继续教育及岗位培训等非学历教育。交通部还对学校的机构设置、人员配备、专业技术职务评聘、国际学术交流、基本建设等工作给予了更为宽松的政策。从 1992 年开始，经交通部批准，大连海运学院、上海海运学院、长沙交通学院等部属高校相继进行综合改革试点。综合改革措施包括办学体制改革、教学改革、主干专业建设、交通部属高校布局调整、“211 工程”建设等内容。1993 年，综合改革在部属院校全面展开。

(三)通过深化教学改革不断提升教学质量

中华人民共和国成立后，教学改革一直是我国高等教育改革发展中的重要环节。早在 1953 年，高等教育部颁布的《稳步进行教育改革提高教学质量的决定》就指出全国高等教育应“以提高教学质量为中心任务”，必须贯彻“整顿巩固、重点发展、提高质量、稳步前进”的方针。随后，我国开启了高等学校评估试点工作，并于 1993 年和 1994 年先后成立了北京高等学校教育质量评价中心和中国高等教育评估研究会。此阶段，国家教育委员会多次提出，必须根据人才培养目标进行人才培养模式改革，改革专业的课程体系、教学内容、教学方法与教学手段，并投入大量经费组织课题立项工作，取得了新的成绩。交通部也积极推动交通运输高校教学的完善工作。1993 年以来，各交通部属高校以教学改革为突破口，实施新的人才培养模式，用模块式教学、第二专业、多证书制、主辅修制、学分制等多种途径培养厚基础、宽口径、强能力的复合型的全面发展的跨世纪新型人才。如航海专业根据国际海事组织 STCW78/95 公约的要求，全面修订教学计划，突出英文教学、实践动手能力以及必要的管理、经济知识的培养，实施“驾通合一”“机电合一”复合型人才和“江海直达船舶驾驶”专门人才的培养方案，使水运教育的专业和课程建设以及人才培养模式实现了历史性突破。

(四)推动重点学科专业和实验室建设上新台阶

学科建设作为学校总体水平和综合实力的重要标志,始终是学校改革与发展的重点。在我国交通高等教育发展壮大期,交通部对主干学科和专业坚持重点扶持,设立专项经费资助,与学科学术梯队建设紧密结合,相辅相成,带动了一批部省级重点学科和博士点学科达到并保持国际先进、国内一流或国内优势水平。1991 年至 1999 年,交通部属高校通过审定的部省级重点学科共有 34 个,如表 1-1、表 1-2 所示。建设重点学科,有利于学科相互依托,形成特色学科群,为培养不同类型各层次的高级技术人才提供载体。

表 1-1　交通部直属普通高等学校部级重点学科专业

<table>
<tr><th>代码</th><th>部级学科、专业名称</th><th>院校名称</th><th>批准时间(年)</th><th>所属一级学科</th><th>所属门类</th></tr>
<tr><td>020205</td><td>产业经济学</td><td>上海海运学院</td><td>1997</td><td>应用经济学</td><td>经济学</td></tr>
<tr><td rowspan="2">080203</td><td>机械设计及理论</td><td>西安公路学院</td><td>1992</td><td rowspan="2">机械工程</td><td rowspan="13">工学</td></tr>
<tr><td>机械设计及理论</td><td>武汉交通科技大学</td><td>1997</td></tr>
<tr><td>081001</td><td>通信与信息系统</td><td>大连海事大学</td><td>1996</td><td>信息与通信工程</td></tr>
<tr><td>081406</td><td>桥梁与隧道工程</td><td>重庆交通学院</td><td>1998</td><td>土木工程</td></tr>
<tr><td>082301</td><td>道路与铁道工程</td><td>西安公路学院</td><td>1992</td><td rowspan="5">交通运输工程</td></tr>
<tr><td>082302</td><td>交通信息工程及控制</td><td>大连海运学院</td><td>1992</td></tr>
<tr><td>082303</td><td>交通运输规划与管理</td><td>上海海运学院</td><td>1997</td></tr>
<tr><td>082304</td><td>载运工具运用工程</td><td>大连海事大学</td><td>1994</td></tr>
<tr><td>082304</td><td>载运工具运用工程</td><td>西安公路学院</td><td>1994</td></tr>
<tr><td>082401</td><td>船舶与海洋结构物设计制造</td><td>武汉交通科技大学</td><td>1994</td><td rowspan="3">船舶与海洋工程</td></tr>
<tr><td rowspan="2">082402</td><td>轮机工程</td><td>大连海运学院</td><td>1992</td></tr>
<tr><td>轮机工程</td><td>武汉交通科技大学</td><td>1997</td></tr>
</table>

在此期间,部属院校的硕士、博士学位授予权的学科专业亦有突破性进展。截至 1999 年 5 月,全国部属院校从 1981 年仅有 17 个硕士学位授权点和 1983 年仅有 1 个博士学位授权点发展到 1 个一级学科博士学位授权点、14 个二级学科博士学位授权点、89 个 二级学科硕士学位授权点和 4 个专业。部属高校设立的博士后流动站由 1 个增加至 4 个,分别是大连海事大学和西安公路交通大学的“交通运输工程(一级学科)”博士后流动站、武汉交通科技大学的“力学(一级学科)”博士后流动站和“船舶与海洋工程(一级学科)”博士后流动站。交通部直属普通高等学校学位授权学科专业点如表 1-3 所示。截至 1999 年 5 月,部属高等学校研究生教育情况(按二级学科统计)如表 1-4 所示。

表 1-2 交通部直属普通高等学校省级重点学科专业

代码	省级学科、专业名称	院校名称	批准时间(年)	所属一级学科	所属门类
030109	国际法学	大连海事大学	1997	法学	法学
080103	流体力学	武汉交通科技大学	1994	力学	工学
080202	机械电子工程	西安公路交通大学	1997	机械工程	
080204	车辆工程	西安公路交通大学	1997		
080503	材料加工工程	武汉交通科技大学	1998	材料科学与工程	
080804	电力电子与电力传动	上海海运学院	1996	信息与通信工程	
081101	控制理论与控制工程	武汉交通科技大学	1998	控制科学与工程	
081203	计算机应用技术	武汉交通科技大学	1994	计算机科学与技术	
0814	土木工程(一级学科)	长沙交通学院	1995	土木工程	
081405	防灾减灾及防护工程	西安公路交通大学	1997		
081406	桥梁与隧道工程	西安公路交通大学	1997		
081505	港口海岸及近海工程	长沙交通学院	1996	水利工程	
082301	道路与铁道工程	长沙交通学院	1998	交通运输工程	
082303	交通运输规划与管理	大连海事大学	1997		
	交通运输规划与管理	西安公路交通大学	1997		
082304	载运工具运用工程	长沙交通学院	1997		
	载运工具运用工程	武汉交通科技大学	1994		
083002	环境工程	西安公路交通大学	1997	环境科学工程	
100101	人体解剖与组织胚胎学	南通医学院	1998	基础医学	医学
1201	管理科学与工程(一级学科)	武汉交通科技大学	1998	管理科学与工程	管理学
120201	会计学	长沙交通学院	1997	工商管理	

表 1-3 交通部直属普通高等学校学位授权学科专业点

代码	学位授权学科、专业名称	批准时间		授予单位名称
		硕士点	博士点	
010108	科学技术哲学	1996		武汉交通科技大学
020205	产业经济学	1986		上海海运学院
	产业经济学	1996		武汉交通科技大学
020206	国际贸易学	1998		上海海运学院

续表 1-3

代码	学位授权学科、专业名称	批准时间		授予单位名称
		硕士点	博士点	
030105	民商法学	1998		上海海运学院
030109	国际法学	1981		上海海运学院
	国际法学	1990	1998	大连海事大学
050211	外国语言学及应用语言学	1986		上海海运学院
	外国语言学及应用语言学	1986		大连海运学院
070104	应用数学	1998		大连海事大学
080103	流体力学	1981	1983	武汉水运工程学院
080104	工程力学	1996		武汉交通科技大学
080202	机械电子工程	1998		武汉交通科技大学
080203	机械设计及理论	1981		上海海运学院
	机械设计及理论	1986	1990	西安公路学院
	机械设计及理论	1981	1993	武汉水运工程学院
080204	车辆工程	1996		西安公路交通大学
080502	材料学	1996		西安公路交通大学
	材料学	1986		武汉水运工程学院
080503	材料加工工程	1990		武汉水运工程学院
080703	动力机械及工程	1998		西安公路交通大学
080705	制冷及低温工程	1998		上海海运学院
080804	电力电子与电力传动	1990		上海海运学院
	电力电子与电力传动	1998		大连海事大学
080902	电路与系统	1996		大连海事大学
081001	通信与信息工程	1996		上海海运学院
	通信与信息工程	1981		上海船舶运输科学研究所
	通信与信息工程	1981	1986	大连海运学院
081002	信号与信息处理	1996		大连海事大学
	信号与信息处理	1998		武汉交通科技大学
081101	控制理论与控制工程	1981		大连海运学院
	控制理论与控制工程	1986		武汉水运工程学院

续表 1-3

代码	学位授权学科、专业名称	批准时间		授予单位名称
		硕士点	博士点	
081203	计算机应用技术	1990		上海海运学院
	计算机应用技术	1996		大连海事大学
	计算机应用技术	1990		武汉水运工程学院
081401	岩土工程	1986		西安公路学院
081402	结构工程	1996		武汉交通科技大学
	结构工程	1996		重庆交通学院
081406	桥梁与隧道工程	1996		长沙交通学院
	桥梁与隧道工程	1986		交通部公路科学研究所
	桥梁与隧道工程	1984		西安公路学院
	桥梁与隧道工程	1986		重庆交通学院
081502	水力学及河流动力学	1998		重庆交通学院
081505	港口、海岸及近海工程	1990		长沙交通学院
	港口、海岸及近海工程	1990		重庆交通学院
0823	交通运输工程(一级学科)	1998	1998	西安公路交通大学
082301	道路与铁道工程	1984	1990	西安公路学院
	道路与铁道工程	1986		交通部公路科学研究所
	道路与铁道工程	1986		重庆交通学院
	道路与铁道工程	1990		长沙交通学院
082302	交通信息工程及控制	1984	1993	大连海运学院
	交通信息工程及控制	1984		上海船舶运输科学研究所
	交通信息工程及控制	1990		西安公路学院
	交通信息工程及控制	1996		上海海运学院
	交通信息工程及控制	1996		武汉交通科技大学
082303	交通运输规划与管理	1981	1998	上海海运学院
	交通运输规划与管理	1986		大连海运学院
	交通运输规划与管理	1986		西安公路学院
	交通运输规划与管理	1990		交通部公路科学研究所
	交通运输规划与管理	1998		长沙交通学院
	交通运输规划与管理	1998		武汉交通科技大学

续表 1-3

代码	学位授权学科、专业名称	批准时间		授予单位名称
		硕士点	博士点	
082304	载运工具运用工程	1981		上海海运学院
	载运工具运用工程	1981	1994	西安公路学院
	载运工具运用工程	1981	1996	武汉交通科技大学
	载运工具运用工程	1984	1984	大连海运学院
	载运工具运用工程	1986		长沙交通学院
	载运工具运用工程	1996		重庆交通学院
082401	船舶与海洋结构物设计制造	1986		上海船舶运输科学研究所
	船舶与海洋结构物设计制造	1986	1983	武汉水运工程学院
082402	轮机工程	1981		上海船舶运输科学研究所
	轮机工程	1981	1986	大连海运学院
	轮机工程	1981	1986	武汉水运工程学院
	轮机工程	1984		上海海运学院
083001	环境科学	1996		大连海事大学
083002	环境工程	1990		西安公路学院
100101	人体解剖与组织胚胎学	1990		南通医学院
100102	免疫学	1996		南通医学院
100104	病理生理与解剖	1997		南通医学院
100107	航空、航天与航海医学	1990		南通医学院
100201	内科学(消化、血液、肾病、心血管)	1981		南通医学院
100210	外科学(普外、骨外)	1981		南通医学院
100210	外科学(神经外)	1993		南通医学院
100210	外科学(心胸外)	1997		南通医学院
100212	眼科学	1996		南通医学院
100213	耳鼻喉科	1997		南通医学院
1201	管理科学与工程	1993		大连海运学院
	管理科学与工程	1996		上海海运学院
	管理科学与工程	1996		武汉交通科技大学
	管理科学与工程	1998		重庆交通学院

续表 1-3

代码	学位授权学科、专业名称	批准时间		授予单位名称
		硕士点	博士点	
120201	会计学	1996		上海海运学院
	会计学	1996		长沙交通学院
120202	企业管理	1998		上海海运学院
	企业管理	1998		长沙交通学院

表 1-4 部属高等学校研究生教育情况(按二级学科统计,截至 1999 年 5 月)

序号	学校名称	学科门类	一级学科	二级学科	博士点数	硕士点数	专业学位数	博士后流动站	研究生人数			
									博士生	硕士生	专业学位生	合计
1	大连海事大学	5	12	15	5	15	0	1	71	489	0	560
2	上海海运大学	5	12	17	1	17	2	0	0	303	23	326
3	武汉交通科技大学	5	12	18	5	18	3	2	73	376	29	478
4	西安公路交通大学	1	6	11	3	11	0	1	72	411	0	483
5	南通医学院	1	2	8	0	14	0	0	0	71	0	71
6	重庆交通学院	2	4	7	0	7	0	0	0	59	0	59
7	长沙交通学院	2	4	7	0	7	0	0	0	46	0	46
合计		21	52	83	14	89	5	4	216	1755	52	

重点实验室建设始终是学校建设的重点。“八五”期间,交通部重点投资完成了交通部属高校主干专业重点实验室建设项目,各个重点实验室的投资金额在 150 万～300 万元之间,提高了实验课开课率,保证了教学需要。为了加强重点实验室建设,根据《交通部重点实验室认定办法》,交通部科技教育司于 1999 年 12 月正式批准首批部级重点实验室,有效提高了人才培养质量。首批部级重点实验室如表 1-5 所示。

表 1-5　首批部级重点实验室

单位名称	实验室名称
大连海事大学	航海动态仿真和控制实验室
	船机修造工程实验室
武汉交通科技大学	港口装卸技术实验室
西安公路交通大学	道路结构与材料实验室
	人—车—环境系统安全实验室
长沙交通学院	道路工程实验室
南通医学院	分子神经生物学实验室
重庆交通学院	结构工程实验室

高校科研机构以开展科学研究、培养人才、推广科技成果等为主要任务，主旨是推动科学研究发展、促进学术交流和创新，在学科建设和师资队伍建设方面也起到了重要作用，为高校培养了大量的高水平科研人才。如表 1-6 所示，在交通高等教育发展壮大期，多个交通普通高等学校成立了钻研不同领域的研究所，在很大程度上促进了这一时期和往后时期的交通科学研究发展。

表 1-6　交通普通高等学校科研机构

单位名称	研究机构	成立时间
大连海事大学	科学技术研究院	1996 年
	船机修造工程及金属材料工艺研究所	1980 年
	航海科学技术研究所	1986 年
	轮机科学与运用工程研究所	1986 年
	港口与航运研究所	1992 年
	交通电子研究所	1996 年
	信息系统工程研究所	1996 年
	高等教育研究所	1982 年
	镀铁工程中心	1993 年
	水运交通法规研究所	1994 年
	无形资产研究所	1994 年

续表 1-6

单位名称	研究机构	成立时间
武汉交通科技大学	船舶工程设计研究所	1985 年
	轮机工程研究所	1985 年
	计算机应用研究所	1985 年
	机械工艺研究所	1986 年
	计算机图学研究室	1986 年
	机械 CAD 研究室	1986 年
	应用物理研究室	1986 年
	港口机械工程科学研究所	1986 年
	土木工程设计研究所	1989 年
	人文科学研究所	1991 年
	航运技术研究所	1993 年
	计算机 CAI 网络中心	1994 年
	信息控制与自动化研究所	1995 年
	交通运输管理科学研究所	1996 年
	交通设计研究院	1996 年
	港口机械 CAD/CAE 中心	1998 年
长沙交通学院	交通设计研究所	1985 年
	系统工程研究所	1986 年
	交通建筑设计研究所	1989 年
	基础科学研究所	1991 年
	机电设计研究所	1991 年
	经济研究所	1992 年
	汽车研究所	1993 年
	岩土研究所	1993 年
	计算机辅助设计研究所	1994 年
	计算机应用研究所	1994 年
	道路与环境研究所	1996 年
	财经研究所	1996 年
	应用数学研究所	1996 年

续表 1-6

单位名称	研究机构	成立时间
西安公路交通大学	高教研究所	1984 年
	汽车研究所	1985 年
	筑路机械研究所	1985 年
	公路研究所	1986 年
	交通工程与自动控制研究所	1986 年
	运输经济研究所	1986 年
	环境工程研究所	1987 年
	摩擦学研究所	1988 年
	机械研究所	1988 年
	交通工效研究所	1997 年
	网络研究所	1998 年
	道路工程研究所	1998 年
	桥梁工程研究所	1998 年
	岩土研究所	1998 年
	交通工程研究所	1998 年
	机电与动力研究所	1998 年
	交通安全研究所	1998 年
上海海运学院	海事法研究室	1978 年
	水运经济科学研究所	1981 年
	航海科学技术研究所	1985 年
	应用数学与物理研究所	1987 年
	CAD 研究室	1987 年
	机械工程设计研究所	1989 年
	上海国际航运中心	1996 年
	中国—荷兰经济研究所	1996 年
南通医学院	航海医学科学研究所	1979 年
	手外科研究中心	1995 年
	神经科学研究所	1995 年

续表 1-6

单位名称	研究机构	成立时间
重庆交通学院	西南水运工程科学研究所	1965 年
	交通工程设计所	1985 年
	复合材料研究所	1986 年
	高等教育研究所	1987 年
	非线性物理研究所	1987 年
	工程建设减灾研究所	1988 年
	滑坡研究所	1988 年
	汽车研究所	1988 年
	道路与交通工程研究所	1998 年
	交通项目建设与管理研究所	1998 年
	统计项目与信息研究所	1998 年
	金融证券投资研究所	1998 年
	科技英语研究所	1998 年
	交通科技信息研究所	1998 年
	港航工程研究所	1998 年
	桥梁架构研究所	1998 年
济南交通高等专科学校	汽车技术研究所	1999 年
	工程机械技术研究所	1999 年
	公路勘查研究所	1999 年
	交通经济管理研究中心	1999 年

三、创新发展完善期

1999 年，以高校扩招为标志，着力实现高等教育大众化，带动高等教育跨越式发展。1999 年 6 月 13 日，中共中央、国务院发布《关于深化教育改革全面推进素质教育的决定》，该《决定》明确提出“扩大高等教育的规模，通过多种形式积极发展高等教育”的方针，高校扩招步入正轨，促进了高等教育的快速发展。

20 世纪 90 年代以来，在政府的直接组织与促动下，我国通过强强或强弱等不同的合并方式，在全国范围内组建了一批新的较大规模的“综合性大学”，其主要目的是通过合并重组形成一定的规模效应，进而向世界一流大学发起冲击。1992 年到 2003 年，全国有 788 所高等学校参与了合并，组建成 318 所高等学校，出现了一批学科门类齐全的综合性大学。全国有 19 个部(委)和 31 个省(区、市)政府参与院校调整合并工作，部门办学体制问题基本得到了解决。2000 年，教育部、财政部、国家计委下发《关于调整国务院部门(单位)所属学校管理体制和布局结构的实施意见》，提出交通部除大连海事大学以外的所属学校和铁道部①所属学校，以直接、调整和共建等方式划转教育部、省级政府和公安部管理。在中央与地方共建、地方为主的体制改革下，2002 年到 2009 年，交通部陆续与教育部、重庆市、辽宁省、上海市、湖南省、福建省、江苏省、山东省联合发布共建意见，共建重庆交通大学、长安大学、武汉理工大学、大连海事大学、上海海事大学、长沙理工大学、集美大学、南通大学和山东交通学院。

(一)交通运输高等教育管理体制发生重要变革

随着我国改革开放的不断深入，社会主义市场经济逐渐发展与完善，对高等教育发展提出了新的要求。在计划经济体制下，高校的管理体制是部门办学、部门管理，主管部门所属高校普遍表现出只为主管部门或所在行业服务的办学格局；政府与高校之间呈"政府—大学"的"单向线性关系"。在经济转型以及政府职能转变的新形势下，国家按照"共建、调整、合作、合并"的八字方针对高等教育管理体制进行了改革，"政—校"关系的状态逐渐转变为政府、市场与高校的"多向三角关系"。2000 年，48 个国务院部门(单位)所属院校完成管理体制和布局结构调整，与原先计划经济体制相适应的高校管理体制基本结束。进入 21 世纪，我国高等学校的管理体制已经发生了历史性的深刻变革，基本达到了《高等教育法》中提出的框架目标，即"中央和省级人民政府两级管理，以省级政府管理为主"。这一时期，在高等教育管理体制改革的背景下，交通运输高等教育事业在持续深化改革中不断前进，硕果累累，实现了跨越式发展，并基本保持与高等教育大众化的形势相适应。

(二)交通运输高等教育的办学实力明显提升

2000 年前后，交通运输高等教育实施了转制或院校合并策略。在优化和整合师资力量的基础上，重点加强交通类学科专业的师资队伍建设，而高等教育规模的扩张也成为交通类学科专业教师队伍建设的主动力。以东南大学为例，该校于 2000 年整合相关学科专业的师资力量，新成立了交通学院并进行建设。交通学院②目前有一支以创新团队为依托，以院士、特聘专家、国家教学名师、国家杰青获得者为学术带头人，以具有博士学位的青年教授、副教授为骨干的学术梯队。学院(含 ITS)现有在编教职工 259 人，其

① 铁道部在 2013 年进行了大规模的机构改革和名称变更，其原有的职能和名称被合并入新的机构"中国铁路总公司"中

② 信息来自东南大学交通学院网站：https://tc.seu.edu.cn/szgl/list.htm

中专职教师 204 人，教授 78 人，副教授 90 人，博士生导师 118 人。拥有国家级教学创新团队 2 个，教育部创新研究团队 2 个，江苏省创新团队 1 个，国家一流专业建设点 4 个。

（三）交通教育的办学条件大为改善、学科专业水平明显提高

学科专业建设是高等学校建设和发展的核心，是高等学校长期而艰巨的任务。学科建设的状态体现高等学校的整体办学实力、学术地位和核心竞争力。交通部属高校以及共建高校抓住高等教育发展的契机，积极抓紧学科专业建设，调整学科专业结构，促进教学改革、科研和产业的发展，以及教师队伍的建设，从而带动和促进交通运输高等教育质量、科研水平及整体实力的提高，使交通运输高等教育呈现出健康发展的局面。

2006 年，原交通部、教育部、辽宁省与大连市就支持加快大连海事大学①的建设和发展、进一步提升学校的综合实力和办学水平达成了共建协议。学校由此开始了大规模的学科专业建设。现如今，学校拥有 19 个国家一流专业建设点，5 个工程教育专业认证（国际互认）专业，2 个英国轮机工程师及海事科技学会认证（国际区域认证）专业，18 门国家级一流本科课程，6 门精品在线开放课程，3 门虚拟仿真实验教学项目，3 门国际海事组织（IMO）示范课程，2 门国家级课程思政示范课程（本科），1 个全国教材建设先进集体，4 个国家级实验教学示范中心，1 个国家级虚拟仿真实验教学中心，8 项高等教育国家级教学成果奖，6 个国家级新工科研究与实践项目，3 个国家级虚拟教研室，6 个国家级新文科研究与改革实践项目，1 位国家“万人计划”教学名师，40 个省级一流专业建设点（含国家级），233 门省级一流本科课程，39 门精品在线开放课程，32 门虚拟仿真实验教学项目，15 种辽宁省优秀教材，13 个省级实验教学示范中心，4 个省级虚拟仿真实验教学中心，44 位省级教学名师，1 位“兴辽英才计划”教学名师。

而今，大连海事大学作为交通部唯一直属高校，是国家“211 工程”重点建设高校、国家“一流学科”建设高校，是交通部、教育部、国家海洋局②（现自然资源部）、国家国防科技工业局、辽宁省人民政府、大连市人民政府共建高校。学校素有“航海家的摇篮”之称，是中国著名的高等航海学府，被国际海事组织认定的世界上少数几所“享有国际盛誉”的海事院校之一。

大连海事大学位于中国北方海滨名城大连市西南部。学校拥有设施和功能齐全的航海类专业教学实验楼群、航海训练与工程实践中心、水上求生训练馆、教学港池、图书馆、游泳馆、天象馆等；2 个国家级工程研究中心，2 个国家级国际科技合作基地，3 个国家学科创新引智基地，1 个国家级协同创新中心，1 个国家级创新人才培养示范基地，1 个国家级科普教育基地，60 个省部级重点科研平台和基地，33 个市级重点科研平台和基

① 信息来自大连海事大学网站，数据更新至 2023 年 3 月：https://www.dlmu.edu.cn/xxgk/xxjj.htm

② 2018 年 3 月，根据第十三届全国人民代表大会第一次会议批准的国务院机构改革方案，将国家海洋局的自然保护区、风景名胜区、自然遗产、地质公园等管理职责整合，组建中华人民共和国国家林业和草原局，由中华人民共和国自然资源部管理；不再保留国家海洋局

地。2017年,学校进入国家"一流大学和一流学科"建设高校行列。通过不断地建设和发展,学校在办学规模、办学层次等方面已居世界同类院校前列。学校设有21个教学科研机构,在校本科生、研究生共计2万余人,同时招收攻读学士、硕士、博士学位的外国留学生。并校70年来,学校致力于培养具有家国情怀、全球视野、综合素养、创新能力的高素质专门人才,为国家培养了各类高级专业技术人才十余万名,其中大多数已成为我国航运事业的骨干力量。

(四)交通教育的国际化水平进一步提高

在全球经济一体化和社会信息化的推动下,我国高等教育与世界教育发达国家和地区的高层次、广领域的交流与合作逐渐增多,国际化进程正逐步加速加快,国际化已成为我国高等教育发展的必然趋势。在这种背景下,交通运输高等教育开展了不同层次的国际交流与合作,使国际化程度进一步加深。各高校把国际化作为学校发展的战略措施之一,不断提升学校的国际影响力和办学水平。以大连海事大学和长沙理工大学为例。大连海事大学[①]十分注重对外交流和校际交往,改革开放以来,该校先后与俄罗斯、美国、日本、英国、韩国、澳大利亚、瑞典、埃及、越南、斯里兰卡等国家的40余所国际著名院校正式建立合作关系,在合作办学、互派访问学者和留学生、合作科研等方面一直保持着实质性联系,并且其合作的领域也在不断拓宽。长沙理工大学[②]坚持开放办学,广泛开展国际合作交流,先后与美国、英国、法国、加拿大、俄罗斯及我国港澳台等30多个国家和地区的90余所高等院校和科研机构建立了交流与合作关系。该校具有招收和培养来华留学生资格,是中国政府奖学金来华留学生培养单位,并与黑山大学、利比里亚大学、沙巴大学分别合作共建孔子学院。近年来,共派出1000余名在籍学生出国出境交流学习。

四、高质量发展持续期

21世纪初,以高等教育大众化和普及九年义务教育为基础,社会主义教育事业规模空前,人民群众的教育需求基本得到满足,教育改革进入新阶段,重心从"有学上"向"上好学"转变。1999年1月13日,国务院批转教育部《面向21世纪教育振兴行动计划》,"985工程"正式启动建设。"985工程"与1995年11月正式启动的"211工程"一起,成为我国重点大学建设及世界一流大学建设的重大举措。2007年10月十七大报告和2010年7月《国家中长期教育改革和发展规划纲要(2010-2020年)》均突出强调"办好人民满意的教育"。2012年,教育部《高等教育专题规划》提出2020年"全面提高高等教育

① 信息来自大连海事大学网站:https://www.dlmu.edu.cn/index.htm

② 信息来自长沙理工大学网站:https://www.csust.edu.cn/xxgk/xxjj.htm

质量，建设高等教育强国”的战略目标，党的十八大报告也要求“提高高等教育质量，推动高等教育内涵式发展”。2017 年 1 月 25 日，教育部、财政部、国家发展和改革委员会联合印发了《统筹推进世界一流大学和一流学科建设实施办法（暂行）》，旨在加快建成一批世界一流大学和一流学科，实现我国从高等教育大国到高等教育强国的历史性跨越。该办法采取“三步走”的战略，确立了到 2020 年、2030 年总体目标，以及到 21 世纪中叶基本建成高等教育强国的长远目标。2019 年《中国教育现代化 2035》也将“高等教育竞争力明显提升”作为发展目标。

可见，这一阶段，我国高等教育尤其注重以提高质量为核心的内涵式发展，并以“双一流”建设为抓手，有力促进了高等教育由量的增长转向质的提升，内涵式发展成为新时期高等教育发展的主旋律。其间，中国交通运输高等教育持续发展，其规模逐渐扩张的同时，结构布局亦得到不断优化。更为关键的是，其培养层次、种类以及类型设置更注重与交通运输行业发展相适应，与区域发展相协调，为“交通强国”发展战略提供了充足的后备人才，成为中国交通运输发展的坚实基础和有力支撑。

（一）交通运输高等教育发展面临重要转型

伴随着第四次工业革命的浪潮，面对第一轮科技革命和产业变革带来的挑战，我国交通运输高等教育发展环境已经发生了深刻变化。危机与机遇并存的时代，交通运输高等院校需要转变教育发展目标，明确发展方向，不断完善学科和专业建设，推进课程改革，创新教学方式和途径，从而使人才培养适应未来行业发展的需要。从 21 世纪开始，我国应用型高等院校建设的目标转为建设发展行业性大学，这也是新时代对高校建设提出的新要求、新举措。在党的二十大报告中明确提出：加强企业主导的产学研深度融合，强化目标导向，提高科技成果转化和产业化水平。通过应用驱动倒逼基础研究，在近年来关于行业性大学建设的探索过程中，我国诸多高校已经成功探索出了建设行业性大学的新路径。

以长安大学为例，其前身为西安公路交通大学，后来经过合并组建更名为长安大学，在交通运输尤其是公路交通学科发展上具备领先发展优势。长安大学主动服务国家战略需求，承接国家重点工程项目，在满足国家及社会的需要中实现自身学科建设的发展。在建设行业性大学的具体路径上，提出了“一个愿景”“两个路径”“三步走”“四条主线”“五五战略”。首先树立了开放式发展的理念，不断打破学校、学院、专业边界，探索跨界开放发展新模式，深化学科专业交叉融合，深化科教融合、产教融合，深度融入区域和行业发展。在路径上，突破对过去行业型高校建设的路径依赖，积极自发探索行业高校转型发展之路。在学科上始终以国家及社会需要作为使命，在人才培养模式上以服务国家及社会急需的目标、立足自身办学优势特色，形成了五大模式，为交通行业领域优秀人才的培养创造了条件。目前，我国行业性大学的建设处在探索的初期阶段，仍面临诸多问题，如行业转型升级走在大学前面，大学供给能力滞后行业快速变革需求等。

在适应交通运输行业发展的复合型创新人才培养上面临着专业学科壁垒，学科交叉发展受阻，交叉培养非常有限，大多仍局限在专业内。行业性大学的建设非一朝一夕之力能够完成，需要国家、社会、大学自身不断适应融合，才能满足未来交通运输行业发展的要求。

（二）培养交通运输行业发展创新型人才

40 年来，我国交通运输发展取得了举世瞩目的成就，交通运输对经济社会发展实现了从“瓶颈制约”到“基本适应”的历史性变化，为建设交通强国奠定了坚实基础。交通运输高等教育所培养的人才要具备一定的知识储备和理论水平，更重要的是要让学生有强大的适应能力，包括心理和思维适应能力。这样才能在目前快速发展的交通形势下找到自己的用武之地。要具备一定的创新意识，当前我国正处于转型发展阶段，社会各个领域都要求具备创新能力，这也是我国从发展中国家向发达国家迈进最重要的挑战之一。而在交通运输领域，我国目前的交通正在快速发展，各种交通方式的涌现，各种交通科技的进步，都推动着国家经济的发展。因此，新型交通人才必须具备创新的能力。

（三）改革传统教学模式，增强实践环节

传统的教学方式主要是教师在讲台上讲课，学生在下边做笔记，教师主导整个课堂，学生被动接受知识，课堂效率不高。随着多媒体技术的发展，多媒体设备仅能部分应用，并不能实现完全的多媒体教学。随着诸如微课与翻转课堂等新的教学方式的出现，传统教学方式显得比较被动，实行起来较晚。年长教师对于新的教学方式需要适应，而年轻教师数量不足，导致教学方式陈旧。交通运输高等教育紧跟时代步伐，积极推行《国家中长期教育改革和发展规划纲要（2010—2020 年）》和《国家中长期人才发展规划纲要（2010—2020 年）》的重大改革项目，众多高校采用校企联合“3＋1”模式组织教学，即学生的理论学习时间累计约 3 年，校内外实践累计约 1 年，建立起基础扎实、实践能力强、具有创新意识的优秀交通人才培养模式。

（四）推动交通运输高等教育国际化发展

2016 年 7 月，教育部印发《推进共建“一带一路”教育行动》，提出“教育交流为沿线各国民心相通架设桥梁，人才培养为沿线各国政策沟通、设施联通、贸易畅通、资金融通提供支撑”。2017 年 2 月，中共中央办公厅、国务院办公厅印发《关于做好新时期教育对外开放工作的若干意见》，强调高校肩负着人才培养、科学研究、社会服务、文化传承创新、国际交流合作的重要使命，提出要扩大开放，做强中国教育，推进人文交流，不断提升我国教育质量、国家软实力和国际影响力。交通类高校积极开展对“一带一路”共建国家人才的教育实践，不断创新国际交通人才的培养与培训模式，探索如何在“交通强国”战略实施背景下发挥好交通类高校在对外交流过程中的比较优势，助力提升中国交通运

输高等教育在全球的话语权。例如自2014年以来,西南交通大学通过承办多期国家援外培训项目、"一带一路"共建国家委托项目,为埃塞俄比亚、坦桑尼亚、肯尼亚、尼日利亚等非洲国家培养和培训学员,其中不乏埃塞俄比亚铁道部部长、南苏丹交通部部长、尼日利亚交通部规划司司长等高级别官员。为满足日益增长的国际培训需求,西南交通大学牵头成立"轨道交通职业教育联盟",并于2017年组织50多名教师分批赴肯尼亚开展培训,在当地开设班级28个,培训当地学员900多名,培训效果得到中国驻肯尼亚大使馆、肯尼亚政府、中国企业及中外媒体的一致认可。

五、对交通运输高等教育发展的总结

我国交通运输高等教育发展历程充满曲折与艰辛,与共和国共同成长壮大,先后历经多个关键性的发展阶段,分别是起步发展初创期、改革发展壮大期、创新发展完善期和高质量发展持续期。在起步发展初创期,交通高等教育的规模和数量逐渐增加,同时也初步创立了不同层次的交通运输教育。在此阶段,我国建立了交通运输高等教育的人才培养体系,为后来的发展奠定了坚实的物质基础。在改革发展壮大期,我国开始推动重点高校的建设,交通运输高等教育也由此受益。伴随着我国建设一批高水平卓越大学的目标不断向前迈进,交通运输高等教育的教学水平和质量都不断提升,其类型、层次、体系也在不断完善,使得交通运输领域在量的逐步积累中实现了部分质的飞跃。在21世纪到来之际,我国高校敏锐地觉察到了未来教育领域可能发生的变化,极力推动高等教育大众化,充分利用人才培养发展的红利,在交通高等教育领域,高校的管理体制发生了"唤醒式"变革,成立了交通部共建高校,在高等学校与政府的关系上,由"单向线性关系"转向"多向三角关系",高校获得了更多的发展自主权,交通运输高校的办学实力和条件大幅提升,交通教育的国际视野也在进一步扩展。在当前第四次工业革命浪潮的席卷下,我国交通高等教育面临一系列的挑战,正处在对质量要求持续提高的变革期。交通运输高等院校目前面临着如何更好发展、更具创新能力,以及更能满足市场和国家发展需求等方面的挑战。行业性高校建设转型要求逐渐明晰,更加注重应用型高校的应用性发展,同时加强高校与政府、市场的合作。如此一来,交通运输高校的人才培养和发展目标也发生转变,高校不再只注重理论科学研究,而是以应用性研究倒逼基础性科学发展。在这一阶段,我国在交通运输教育领域的国际合作范围与深度也不断扩展,主要表现在以"一带一路"为核心的发散式发展。中国交通高等教育是中国交通事业和中国高等教育事业的重要组成部分,在人才培育、科技攻关以及创新引领等方面发挥了主体作用,强有力支撑了中国交通由小到大、由弱到强的快速发展过程,同时,自身也不断发展壮大,在世界交通高等教育的一些领域实现由"跟跑"到"领跑"的转变。中国交通高等教育将在习近平新时代中国特色社会主义思想指引下,注重高质量发展,在"交通强国"新历史征程中做出更大贡献。

第二章　中国交通运输高等教育体系

一、概念和内涵界定

交通运输类高等院校是行业特色型高校，与交通运输行业有着紧密联系，是培养交通运输专门科学技术人才的高等院校。交通运输类高等院校作为现代交通运输体系的重要组成部分，其发展也与政治、经济、科技、文化等有着千丝万缕的联系，并受之影响。早在清政府晚期，就出现了培养从事各类交通运输方式的专门人才的交通运输类高等院校。例如，1896 年，由津榆铁路总局筹设的山海关铁路官学堂，专门培养铁路工程人才，是现今西南交通大学的前身；1811 年，邮传部决定在上海吴淞炮台湾创建商船学校，定名为“邮传部高等商船学堂”，培养了大批高级航海人才；民国初期，北洋大学、交通大学和同济大学等工科大学设有土木工程系，学生从土木系中学习公路工程知识，毕业后从事公路建设工作。

目前，交通运输类高校的传统定义是指具有行业背景，以交通运输类专业为重点学科专业，主要为交通运输业输送专业人才的普通本科高等学校。这类以交通运输类专业为重点学科专业的院校，最初大部分属于原交通部、铁道部等行业部委管辖，在经历高等教育管理体制改革后，通过不断增设和开设新学科、新专业，由单学科交通院校发展为多学科性交通院校，有的交通院校甚至逐渐转型与分化为综合性交通院校。截至 2020 年，全国开办“交通运输”本科专业的高校有 144 所，远远超过上述传统交通运输类高校的数量。因此，从专业历史沿革的视角出发，本书将交通运输类高校的院校性质分为以下三大类：(1)传统的交通运输类院校；(2)部分老牌工科院校和综合性大学；(3) 各类新设交通运输类专业地方本科院校。

(一)传统的交通运输类院校

这类院校历史上大都是交通部、铁道部等行业部委所属院校，因此，这类高校的专业布局与交通行业、交通建设紧密联系，大多数院校都设置了土木类、交通运输类、水利类、机械类等院系与专业。例如，西南交通大学、大连海事大学、武汉理工大学、中国民航大学、北京邮电大学，等等。各个交通运输类高校由于历史的沿革，在人才培养和科学研究上侧重于不同的交通运输方式或领域。例如，西南交通大学侧重于铁路及轨道，武汉理工大学侧重于公路及道路运输，大连海事大学侧重于航运及水路运输，中国民航大学侧重于航空制造及运输，北京邮电大学则侧重于邮政及物流与快递等。

（二）部分老牌工科院校和综合性大学

这类院校虽不隶属于任何交通管理行政部门，但通过设有传统的交通运输相关院系与专业，在历史发展中为交通运输行业培养了众多高级技术人才。例如，同济大学于1927年被改为以理科为主的综合性大学，设有理、工、文、法、医5个学院，其工科毕业生很多从事公路建设。除此之外，还有北京理工大学、哈尔滨工业大学、东南大学、吉林大学等。

（三）各类新设交通运输类专业地方本科院校

随着交通运输行业在国民经济中的重要性日益增强，社会对于交通运输高级专门人才需求旺盛。进入21世纪后，一些地方本科院校结合本校专业设置和区域经济发展的需要，相继开设了交通运输相关学科和专业，例如山东德州学院、宁波工程学院等。

综上所述，本书所指的交通运输类高校是指开设交通运输类或与交通运输紧密相关的学科和专业的普通本科院校。无论从何种角度界定交通运输类高校，培养交通运输行业的高级专门人才是这类大学最基本的共性特征。

二、交通运输行业主干学科/专业范围界定

（一）我国高等教育学科分类及构成

2022年，国务院学位委员会审议通过《研究生教育学科专业目录管理办法》和《研究生教育学科专业目录（2022年）》①，《研究生教育学科专业目录管理办法》规定研究生教育学科专业体系分为学科门类、一级学科与专业学位类别、二级学科与专业领域。而学科门类、一级学科与专业学位类别是国家进行学位授权审核与管理、学位授予单位开展学位授予和人才培养工作的基本依据。该目录适用于博士硕士学位授予、招生培养、学科专业建设和教育统计、就业指导服务等工作。

依据《研究生教育学科专业目录（2022年）》规定，我国学科研院校（学位授予单位）的硕博研究生教育将学科/专业门类划分为哲学、经济学、法学、教育学、文学、历史学、理学、工学、农学、医学、军事学、管理学、艺术学和交叉学科共计十四个学科门类，新增设置第14个学科门类——交叉学科（门类代码为14）、集成电路科学与工程、国家安全学、设计学、遥感科学与技术、智能科学与技术、纳米科学与工程、区域国别学、文物、密码。一级学科的调整每10年进行一次。其中没有直接与交通相关的学科。

① 信息来自中华人民共和国教育部网站：http://www.moe.gov.cn/

（二）我国高等教育本科专业分类及构成

2023 年 4 月，教育部公布了 2022 年度普通高等学校本科专业备案和审批结果，并发布了最新《普通高等学校本科专业目录》。该目录是在《普通高等学校本科专业目录（2012 年）》基础上，增补近年来批准增设、列入目录的新专业，于 2023 年 4 月整理而成。目录共包含 12 个门类、93 个专业类、792 种专业，新增了地球系统科学、生物统计学、未来机器人、安全生产监管、国家公园建设与管理、医工学、乡村治理、家庭教育、无障碍管理等 21 种新专业。该目录使得类型结构和区域布局结构进一步优化，高校主动服务经济。

《普通高等学校本科专业目录（2023 年版）》包含基本专业和特设专业。基本专业一般是指学科基础比较成熟、社会需求相对稳定、布点数量相对较多、继承性较好的专业。特设专业是满足经济社会发展特殊需求所设置的专业，在专业代码后加“T”表示。2012 年及以后新增列入目录的专业均列为特设专业。

（三）交通运输类高校主干学科/专业体系的内涵与特点

能否培养适应行业发展需要的高素质专门人才，在很大程度上取决于行业高校学科专业的结构合理与否，是否和社会经济发展相适应。王亚杰指出，体制调整之后，固有的行业壁垒被打破，校内校外都存在许多争议，如何处理继续强化传统学科优势与拓展新学科领域的关系，成为行业特色型高等院校发展的难点。赵宇等也提出行业特色高校要依托传统的优势和特色，构建高水平的优势学科群，实行“捆绑式”发展，从而促进相关学科的交叉、渗透与融合，实现学科整体水平的提高。在此基础上，我们提出交通运输主干学科/专业的相关概念以及内涵。

1. 交通运输主干学科

学科是专门知识的分类体系，是由知识分类体系而构建的科学领域或一门科学的专业分支，也是高校教学、科研等的功能单位，是对高校人才培养、教师教学、科研业务隶属范围的相对界定。交通运输主干学科，是指与交通运输发展高度关联，对交通运输建设贡献率较高的学科体系。

2. 交通运输主干专业

《辞海》中“专业”的定义是：“高等学校或者中等专业学校根据社会专业分工需要所分成的学业门类。”本书研究的专业，是指以学科为划分依据，以专门人才培养为己任，以职业需要和定位为导向，对高校学生进行分门别类培养而设置的相应课程组织体系。交通运输主干专业，是指在交通运输类高校中，根据行业人才需求建立起来的与交通运输发展密切相关的、具有行业不可或缺性的本科专业，同时也是就业率较高的专业。

3. 交通运输核心、支撑学科/专业

交通运输主干学科是集自然科学、社会科学、技术科学交叉融合的综合性学科专业体系。它涵盖内容非常广泛，对交通运输发展的贡献也存在差异。为此，本文对不同主干学科/专业进行进一步细分，划分为“核心”和“支撑”学科专业2个层次。

核心学科/专业：核心学科/专业是指对交通运输发展最重要、处于中心地位且不可或缺的，与行业关联度最高，对行业贡献最大的学科/专业。其本科毕业生就业率在80%以上，如航海技术、轮机工程等专业。核心学科/专业的主要发展方向是专业性、差异化和深度化。

支撑学科/专业：支撑学科/专业是指与交通发展直接相关的、具有交通运输明显优势的，行业关联度高，行业贡献率较大且展示出明显交通运输行业特征的学科和专业。其本、专科毕业生就业率在50%以上，如车辆工程、港口航道与海岸工程专业等。支撑学科/专业发展的主要方向是全方位、立体化和特色化。

第三章　中国公路高等教育发展

进入20世纪80年代以来，随着改革开放的深入和经济的发展，全国公路网建设进入了一个新时期，公路等级和质量的提高已成为我国公路建设的主导。公路是经济社会系统的一个重要的子系统，公路运输现代化也应该符合经济社会大系统现代化发展的要求。我国高速公路经过20年的持续快速发展，公路基础设施总体水平实现了历史性跨越。高速公路的快速发展，大幅缩短了省与省之间、重要城市之间的时空距离，不仅降低了运输成本，还大大提高了区域间人员、物资、信息和技术的交流效率，使得社会资源在更广阔的空间范围内实现有效配置，区域市场得以连结，从而形成跨地域大市场，对提高企业竞争力、促进国民经济发展和社会进步起到了重要的作用。

交通货物运输有5种基本运输方式，即铁路、公路、水运、航空和管道运输。全世界的运输网总长度约为3000万公里，其中公路约为2000万公里，这充分说明公路运输在国民经济中占有非常重要的地位，并且随着集装箱运输等新型货运的发展，使得公路货物运输在交通货物运输中所占的地位越来越重要。中华人民共和国成立以来，特别是改革开放以来，我国公路运输得到了较快的发展，在综合运输体系中已占有重要位置，发挥着基础性作用。目前，我国公路运输所承担的客货运量在各种运输方式中已占绝对优势，其中货运量占总货运量的72％①。

近年来，全国公路交通行业在习近平新时代中国特色社会主义思想指引下，逢山开路、遇水架桥，奋力推进公路交通基础设施发展、服务水平提高和转型发展，我国公路运输发展取得了历史性的成就，公路通车里程大约535万公里，高速公路通车里程17.73万公里，居世界第一位，奠定了保运保供、保通保畅的基础。“十三五”以来，全国高速公路建设次第花开，一批批重大公路项目在大江南北纷纷落地。在青藏高原、在彩云之南、在千湖之省、在粤港澳大湾区……“十纵十横”综合运输大通道加快联通，每年超过1万亿元铺就的中国公路网不断延伸。全面建成小康社会，最艰巨最繁重的任务在农村，农村公路建设是打赢脱贫攻坚战的关键要素之一，农村公路是服务“三农”工作的基础性设施。农村交通基础设施建设发生了翻天覆地的变化，农村公路总里程达453万公里，占全国公路总里程的8％，具备条件的乡镇和建制村全部通了硬化路、通客车，快递网点基本覆盖了全部乡镇，建制村实现直接通邮，惠及了5亿多农民群众。“十三五”期间，我国公路建设迎来跨越式发展，新技术、新理念应运而生，绿色、科技、便民的公路蓬勃发展。2016年5月，全国首条服务完善的快慢综合交通旅游廊道——赤水河谷旅游公路

---

① 数据来自国家统计局网站：https://data.stats.gov.cn/easyquery.htm?cn＝C01。

正式投入使用;2017 年 7 月,世界沙漠公路中里程最长、等级最高、工程量最大、施工期最短的高速公路——京新高速公路(G7)全线通车,全长超过 2500 公里,连接北京、内蒙古、新疆 6 省(区、市),先后穿越乌兰布和、腾格里、巴丹吉林三大沙漠,被世人誉为“铺展是天路,矗立乃丰碑”的奇迹;2020 年 12 月,全国最美绿色高速公路千黄高速正式通车。我国桥梁建设也在“十三五”期间达到新高度,以港珠澳大桥为代表的一批桥梁工程不断刷新着世界桥梁建设的“世界之最”——世界第一高桥北盘江大桥,大桥桥面至江面高差 565 米,在 2018 年荣获世界桥梁界的“诺贝尔奖”——“古斯塔夫金奖”;世界最长跨海大桥港珠澳大桥在 2018 正式开通,总长约 55 公里,是“一国两制”下粤港澳三地首次合作共建的超大型跨海交通工程;世界首座跨度超千米的公铁两用斜拉桥沪苏通长江公铁大桥在 2020 年 7 月通车运营,标志着世界公铁两用斜拉桥主跨迈入“千米级”时代。我国隧道穿山入海,一次又一次开创隧道施工新纪元,世界上埋深最大、综合技术难度最高的沉管隧道港珠澳大桥沉管海底隧道、高寒特长隧道 317 雀儿山隧道、西北地区首条螺旋隧道大(力加山)循(化)高速公路卧龙沟一号隧道、世界上海拔最高的特长公路隧道米拉山隧道均在“十三五”期间正式建成通车。种种成就无一不彰显我国公路运输建设实力的强大,这与公路运输行业的人才培养有着不可分割的关联,其中高等教育是人才培养的主力军。

一、公路高等教育发展概况

(一)中华人民共和国成立后的曲折发展(1949—1990 年)

中华人民共和国成立后,为公路运输事业带来了广阔的发展前景。1949—1990 年 41 年间,在中国共产党和各级人民政府的领导下,公路运输事业得到了空前的发展。特别是中共十一届三中全会以来,在改革开放方针的指引下,公路运输发生了一系列深刻的变化,其发展速度之快,成效之大,更是举世瞩目。而公路运输高等教育事业也经历了一个探索前进、曲折发展的过程。

1. 公路运输高等教育事业的停顿与恢复

在“大跃进”期间(1958—1960 年),公路交通教育出现了“大办快上”现象。1960 年,重庆、辽宁、黑龙江、河北、江西、安徽、山东等省份的中专学校纷纷升级为交通学院或交通专科学校。短短 3 年,公路交通高等学校从无到有,一跃增加到 8 所。然而,由于师资、设备、校舍都跟不上,导致教学秩序混乱,教学质量难以得到有效保障。1962 年,根据中共中央批准试行《教育部直属高等学校暂行工作条例(草案)》的规定,交通系统高等院校进行了调整,除保留西安公路学院和重庆交通学院外,其他 6 所恢复原来的中等专业学校建制。

“文革”期间(1966—1976 年),各院校停止招生达 6 至 8 年之久,并且有的被撤销,有的被合并或外迁,教师下放,校舍被占用,图书散失,设备毁坏,损失极其严重。公路运输系统原有培养公路运输专业人才的高等院校两所,即西安公路学院和重庆交通学院,均下放到地方,至 1978 年才复归交通部领导。

1978 年党的十一届三中全会召开,吹响了改革开放的号角,我国的高等教育事业迎来了春天。中央和各地开设了大量高校,全国地级市基本上都设立了一所高校,发展到 2000 所以上。1978 年,经国务院批准,将湖南省交通学校改名为长沙交通学院,由交通部主管。1988 年,交通部将直属的济南交通学校改建为济南交通高等专科学校。至此,交通部直接领导专门培养公路运输高级技术人才的学府发展为“三院一校”。1989 年,“三院一校”在校学生总数达 8977 人,专任教师达到 2104 人。

除了交通部直属的“三院一校”外,设置与公路运输对口专业的高等院校还有清华大学、河北工学院、吉林工业大学等。

2. 交通部直属公路交通学院——西安公路学院

1958 年 4 月,经国务院批准,西安公路学院正式成立。它是中华人民共和国第一所公路交通高级技术人员的摇篮,表明公路交通事业进入一个新阶段。它的前身是 1951 年设在兰州的西北交通学校,1952 年东迁西安后,几经更名,1958 年经国务院批准,在交通部西安汽车机械学校的基础上与北京公路学院合并,正式成立西安公路学院。到 20 世纪 90 年代初,已是一所学科齐全、专业配套、多层次、多规格的工科大学,成为中国培养公路运输人才的最大教育基地。

改革开放以来,西安公路学院的基础设施和办学条件有了很大的改善和提高,有良好的教学和实践设施,图书馆藏有各类书籍 60 余万册,中外文期刊 2000 多种;拥有一批具有先进水平的专业实验及计算机设备,其中汽车、工程机械等实验中心均达到国内一流水平。

至 1990 年,西安公路学院设有 4 系 8 部和 16 个本科专业、7 个专科专业、7 个硕士生专业、2 个博士生专业。在 24 个省、自治区、市设立了 32 个函授站,同时,交通部的汽车节能培训中心也设在这里。这种多层次的专业设置涵盖了公路运输事业的全部内容,为发展公路教育事业开拓了广阔的前景。

在知识构成和技术进步日新月异的新时期,西安公路学院还肩负发展交通科技的新使命,先后成立了 38 个研究所、4 个研究室,20 世纪 80 年代有 120 多个科研项目分别获得国家和部、省、市级奖励,出版学术著作和教材 106 部,在国际学术会议或刊物上发表论文 312 篇,与 106 个企、事业单位建立了科技协作关系。

西安公路学院从成立到 1990 年,共为国家输送了 17000 名初、高级人才,其中,1982 年以后毕业的本科、专科生 6500 名,硕士研究生 340 名,本、专科函授生 1320 名。其中相当一部分已成为各级公路运输部门和企事业单位的骨干力量。

3. 科研工作体系雏形逐渐形成

为了推动交通科技工作的开展，根据 1985 年中共中央关于科学技术体制改革的决定，1986 年 1 月，交通部在北京召开了全国交通系统科技工作座谈会，研究讨论了交通科技体制改革的有关问题，拟定了《关于推动交通科技体制改革的若干意见》。上述会议精神的贯彻执行，有力地推动了公路运输科技体制的改革。1987 年，各公路科学研究所通过接受委托研究、技术咨询、成果转让等途径，共取得收入 1541 万元，相当于国家拨给全年事业经费和专项科研经费总量的 48.8%。从 1980 年到 1990 年，各研究单位共完成科研项目 110 多项，有 90 项在生产中推广应用，并有多项获得不同的奖励。

（二）新时期的公路运输高等教育（1990—2020 年）

1. 公路运输高等教育体系建设不断完善

按照党的十四大“必须把教育摆在优先发展的战略地位，努力提高全民族的思想道德和科学文化水平，这是实现我国现代化的根本大计”，以及 1993 年 2 月，党中央、国务院颁布的《中国教育改革和发展纲要》中提出开创教育事业的新局面的要求，交通部印发了《扩大部属高等学校办学自主权的若干意见》，在专业设置、招生和就业、面向社会办学、筹措教育经费、人事管理制度等方面授予各部属高校更多的办学自主权，并承担相应的义务，使部属高校逐步向自主发展、自我约束的办学机制转轨，成为面向社会办学的法人实体。

1995 年 8 月，为贯彻 1994 年 6 月召开的“全国教育工作会议”精神和“科教兴国”战略，交通部在长春召开“全国交通成人与职业技术教育工作会议”，明确提出交通基础设施建设工程和交通人才工程并举的方针。同年 11 月，交通部在北京召开“全国交通科学技术大会”，黄镇东部长总结了改革开放以来，全国交通系统依靠科技进步、加快交通发展的经验，并提出了实施“科教兴交”战略。

2. 公路运输高等教育人才培养体系持续升级——人才强交

20 世纪 90 年代，交通普通高等教育认真贯彻落实国家宏观教育决策，结合公路事业发展的实际，不断深化改革、统筹规划、合理布局，结合实施“交通人才工程”和“211 工程”，进一步加强了交通高校基础设施建设，完善了人才培养机制，在科学研究及成果推广上取得了显著成绩，使公路行业人才梯队建设、选拔手段、人才管理不断加强，形成了高精尖人才、创新型人才、技术型人才、应用型人才配置比较合理，人才建设规划、职业资格管理、培训制度比较完善的局面。行业人才综合素质得到全面提升，为公路事业的发展奠定了坚实的基础，大幅提升了公路行业的核心竞争力。

1993 年 4 月，交通高等教育开始实施“211 工程”建设，重点保证大连海事大学和西安公路交通大学“211 工程”建设工作；进一步加强重点学科、课程、实验室建设；争取适当增加博士点和博士后流动站，在个别高校成立研究生院；加强师资队伍建设，逐步建立以具有博士、硕士学位教师为主体的师资队伍。

到 1995 年底，交通部属 11 所普通高校的招生数由 1990 年底的 6900 人增长到 1.05 万人，其中研究生和本科生分别从 181 人和 4024 人增长到 410 人和 6168 人；在校生从 2.5 万人增长到 3.7 万人；专任教师中具有正、副高级职称的由近 21％上升为 32.4％。五年里，交通普通高校教学、科研等能力得到较大幅度提升。

2005 年交通部发布的《公路水路交通科技发展战略》和《公路水路交通中长期科技发展规划纲要(2006—2020)》，明确了进一步全面实施“科教兴交”和“人才强交”战略，建设高素质交通科技队伍。这一战略的提出，为普通高校公路专业造就了一支师生比例合理，学科、职称、学位、年龄结构优化，整体水平高、发展态势好的师资队伍，为提高教学质量和办学水平打下了坚实的基础。仅据原直属交通部的 12 所普通高等院校不完全统计，其为行业培养了各领域本、专科的专业人才近百万人，他们成为公路建设和科研领域的骨干和栋梁。

3. 公路运输高等教育学科与专业设置更加科学化

1999 年，交通部组织召开了“部属普通高校教学改革工作座谈会”。西安公路交通大学“211 工程”建设项目被列为国家级项目。2001 年，由交通部牵头，会同铁道部、民航局组建了“2001—2005 年高等学校交通运输学科教学指导委员会”。2004 年，交通部与铁道部、民航总局共同组织开展了《交通运输学科专业发展战略》和《交通运输学科专业规定》的研究，进一步吸引高校(特别是原交通系统高校)发展交通主干学科，鼓励和支持各高校承担和开展面向交通发展的重大科研活动。

2001 年，交通部组织完成公路、汽车等 4 个国家重点建设专业整体教学改革方案、教学计划、专业设置标准的编制及 35 门主干专业课程教学大纲的制定工作，组织了公路、汽车等四个国家重点建设专业主干专业课程教材的开发工作。

进入“十一五”之后，交通部继续支持交通主干学科发展。2006 年，交通部组织召开“交通高校科研工作座谈会”，指导高校交通运输学科教学指导委员会完成了交通运输学科发展战略研究和专业规范制定工作，4 门交通主干课程被评为国家精品课程。2007 年，为了进一步加强行业与高校的联系，促进交通主干学科发展，交通部分别与山东省人民政府出台《关于共建山东交通学院的意见》。当年，包括交通部共建高校在内的一批交通主干学科被列入国家重点学科，交通院校在国家组织的教学评估中取得了优良成绩。2008 年，交通部继续加强与高等院校的联系，促进了交通主干学科的发展。同年，受教育部委托，交通部牵头与铁道部共同完成了高等学校交通运输与工程学科专业教学指导委员会筹建工作，成立了交通工程、道路运输与工程、轨道运输与工程、航空运输与工程等分委员会。

4. 公路运输高校科研实力不断增强

2005 年 2 月，交通部正式公布《公路水路交通科技发展战略》。该战略明确了交通科技发展的指导方针，即按照“以人为本、需求引导、综合集成、强化创新、重点突破”的基本方针，全面实施“科教兴交”和“人才强交”战略，推进交通科技发展的战略性调整，提升公路水路交通的总体科技水平。

2010 年 10 月，交通部在杭州召开“全国交通运输科技大会”，明确提出“科技强交”战略，出台了一系列加快科技创新体系建设的政策。一是鼓励产学研结合开展科研。通过政府的主导和推动，鼓励企业成为科技创新的主体，促进企业、高校、科研单位的有机整合和良性互动，积极推动多种形式的产学研联合，形成富有活力和效率的科技创新体系，充分发挥高校和科研院所的技术优势，推进交通科技进步。二是建设科研实验基地平台。首批确定的公路行业重点实验室有 6 个：交通部公路科学研究所“道路结构与路用材料实验室”，交通部重庆公路科学研究所“客车实验室”，西安公路交通大学“道路结构与材料实验室”“人—车—环境系统安全实验室”，长沙交通学院“道路工程实验室”，重庆交通学院“结构工程实验室”。

5. 新工科建设下公路高等教育实现有序变革

2016 年，教育部在研讨工程教育改革时首次提出“新工科”的概念。经过广泛深入研讨，目前理论界、实践界形成了对新工科概念和内涵比较一致的认知，认为新工科以“应对变化，塑造未来”为建设理念，以继承与创新、交叉与融合、协调与共享为主要途径，培养未来多元化、创新型卓越工程人才。2019 年 4 月，教育部联合中央 13 个部委和单位，在天津大学召开“六卓越一拔尖”计划 2.0 启动大会，以新工科为引领，系统推出“四新”，即新工科、新医科、新农科、新文科建设计划，做强一流本科、建设一流专业、培养一流人才，掀起了高等教育的“质量革命”。在中美新工科教育研讨会上，发布实施以多学科交叉人才培养平台为依托，集合 3 类 5 种项目，模块化课程体系的“新工科建设方案”，方案的基本内涵是落实三全育人、五育并举，融合新文理教育、多学科交叉与个性化专业培养的工程专业教育，培养从工程科学发现到技术发明全方位的工程科技创新人才。

在公路高等教育领域，各个高校结合自身发展状况，探索更有中国特色、地方特色、院校特色的新工科建设项目，并取得了良好的成果。如北京交通大学的“现代交通背景下交通运输工程新工科复合人才培养模式探索与实践”、河海大学的“基于新工科理念的新型土木类专业个性化人才培养模式的探索与实践”、华中科技大学的“服务于中国制造业转型/升级的机械工程专业建设”等。

二、公路类高等院校发展概况

公路运输的发展对于我国交通运输领域的整体提升具有关键影响。我国的国土面积广大，地理形式复杂多样，而公路运输具有其独特优势，机动性强，连接点广泛，对于保障高效有序的人员流动、物资运输意义深远。公路类高等院校在过去十年间呈现出快速发展的态势，从单一性的公路学科到多元化、交叉性、创新性的综合型公路学科建设，高校也紧紧依靠时代，不断丰富与完善自身的变革。高等院校为公路交通运输领域输送了大量的创新型、综合型和技能型人才。在科学研究方面，高校开展的路桥研究成为我国基础设施蓬勃发展的根本保障。尤其是数字技术、互联网、物联网快速发展的今天，如何提高公路利用的效率、加强公路的连通性和协调性成为时代课题。当前，以新工科发展为起点，我国不断加强公路运输类高校的“双一流”建设。国务院于 2015 年印发了《统筹推进世界一流大学和一流学科建设总体方案》，指示中国开始筹备大学教育的高质量发展，随后制定了《统筹推进世界一流大学和一流学科建设实施办法(暂行)》《关于高等学校加快“双一流” 建设的指导意见》和《“双一流”建设成效评价办法(试行)》等一系列方案。

(一)公路类高等院校

不同高校以自身的发展为基础，结合国家需要和地方特色，形成了多样化的新型公路学科发展的景象。以下以中部、东部和西部的五所高校为例说明当前我国公路类“双一流”院校建设的现状。

1. 长安大学[①]

土木工程专业是长安大学单一专业招生规模最大、办学历史悠久、就业形势好、专业知名度高的特色品牌专业之一。长安大学的土木工程专业可追溯到 1953 年西安建筑工程学校开设的工业与民用建筑工程专业，1978 年起招收本科生，改为建筑工程专业，1981 年，国内著名的数学力学专家林钟琪教授到学校后，开始招收结构工程学科硕士研究生，1998 年更名为土木工程专业，2000 年由三校的土木工程专业合并组建成新的土木工程专业，2003 年获批“结构工程”博士学位授权点，2006 年获土木工程一级学科博士学位授予权，2007 年获批土木工程博士后科研流动站。

经过 60 年的办学实践，土木工程专业的办学水平不断提升，人才培养质量不断提高。2003 年被授予“陕西省名牌专业”；2006 年通过原建设部组织的专业评估；2007 年“土木工程人才培养模式创新实验区”获批陕西省人才培养模式创新实验区；2008 年批

① 信息来自长安大学网站，数据更新至 2023 年 9 月：https://www.chd.edu.cn/xxgk/xxjj.htm

准为第三批国家级特色专业建设点；2012 年“土木工程实验教学中心”成为国家级实验教学示范中心；2013 年被批准为陕西省“专业综合改革试点”专业。

2. 重庆交通大学①

重庆交通大学建立了理、工、文、管、经、法、医、艺等协调发展的多学科体系。现有教职工 2200 余人，其中专任教师 1600 余人，高级职称约 900 人，拥有“长江学者特聘教授”、“千人计划、万人计划”科技创新领军人才、“百千万人才工程”国家级人选、国家有突出贡献的中青年专家、交通部“十百千人才工程”、重庆市“两江学者、巴渝学者”等各类高层次人才 200 余人次。聘请两院院士、知名企业家、工程大师等业界精英为特聘或兼职教授。

重庆交通大学的土木工程专业为国家特色专业，该校的土木工程专业以道路、桥梁为特色，建立了学士—硕士—博士—博士后完整的培养体系；有“茅以升班”“卓越工程师班”等多种人才培养模式；本专业为国家特色专业、“卓越工程师教育培养计划”试点专业和重庆市“三特行动计划”特色专业，通过国家土木工程专业评估(认证)。

此外，学校拥有山区桥梁及隧道工程国家重点实验室、国家内河航道整治工程技术研究中心、交通土建工程材料国家地方联合工程研究中心、国家创新人才培养示范基地 4 个国家级重点科研平台，水利水运工程教育部重点实验室、山区桥梁结构与材料教育部工程研究中心、力学治沙与生态碳汇教育部工程研究中心、城市轨道车辆系统集成与控制重庆市重点实验室、智能物流网络重庆市重点实验室、山地城市交通系统与安全重庆市重点实验室、绿色航空能源动力重庆市重点实验室等 47 个省部级平台，西南水运科学研究所、沙漠土壤化研究院等 20 余个研发机构。在山区桥隧、路基路面、内河港航、单轨交通、运输物流等领域取得了一批有影响力的成果，学校先后获国家科技进步奖、国家发明奖 17 项，省部级科技奖 603 项。公开发行《应用数学和力学》《重庆交通大学学报》(自然科学版、社会科学版)等核心学术刊物，在全世界 50 多个国家和地区发行。

3. 长沙理工大学②

长沙理工大学的土木工程专业始建于 1979 年，是学校优势特色专业，具有显著的交通行业特色，在湖南省和全国享有盛誉；现为国家特色专业、湖南省重点专业，已入选教育部“卓越工程师教育培养计划”。本专业所依托的“土木工程”学科于 1996 年、2006 年分别获二级、一级学科硕士学位授予权，2003 年获二级学科博士学位授予权，2011 年被批准为一级学科博士学位授权点，2009 年通过住建部专业评估，2012 年获批设立土木工程博士后科研流动站，先后被确认为“交通部重点学科”、湖南省重点学科，湖南省优势特

① 信息来自重庆交通大学网站，数据更新至 2023 年 7 月：https://www.cqjtu.edu.cn/xxgk/xxjj.htm

② 信息来自长沙理工大学土木工程学院网站：https://www.csust.edu.cn/tmjz/xygk/zyjs.htm

色重点学科。

长沙理工大学土木工程专业于2020年被列为国家一流本科(建设)专业、国家级特色专业、教育部“第一类特色专业建设点”,专业下设有桥梁工程方向(为长沙理工大学开办最早的专业方向,科研成果丰厚,在国内有较大的影响。)、建筑工程方向(在行业内享有盛誉,是湖南省重点学科,在学科队伍构成、科研项目数量及研究成果、人才培养数量与质量、试验设备与资源条件等方面在国内同类院校中均有一定优势和影响,下设结构工程专业硕士学位点。)、岩土工程、隧道与地下工程和城市轨道交通工程方向。拥有国际合作办学专业、教育部“卓越工程师教育培养计划”专业。三次通过住建部/教育部专业评估(认证)。所在学科第四轮全国高校学科评估获得B+(湖南省属高校评价最佳学科之一);拥有专职教师107人,其中教授34人,副教授39人,博士生导师19人,具有博士学位的教师84人,职称、年龄及毕业院校等结构合理;拥有国家级教学团队、教育部创新团队、湖南省自然科学创新群体;拥有国家级、省部级科技创新和实践教育创新平台;拥有“土木工程”一级学科博士及硕士学位授权点、“土木工程”博士后科研流动站、“土木水利”专业硕士学位授权点。

4. 东南大学①

东南大学坐落于六朝古都南京,是享誉海内外的著名高等学府。学校是教育部直属并与江苏省共建的全国重点大学,是国家“985工程”和“211工程”重点建设大学之一。2017年,东南大学入选世界一流大学建设A类高校名单。

东南大学是一所以工科为主要特色的综合性、研究型大学,涵盖哲学、经济学、法学、教育学、文学、理学、工学、医学、管理学、艺术学、历史学等多个学科。学校11个学科入选国家“双一流”建设学科名单、5个学科在第四轮学科评估中获得A+,两者均列全国第八位;13个学科进入ESI世界前1%,其中工程学列15位,进入ESI世界前万分之一,计算机科学列11位,进入ESI世界前千分之一。学校牵头建设2个全国重点实验室,依托共建1个全国重点实验室,1个国家重点实验室,1个国家技术创新中心,1个国家工程研究中心,3个国家地方联合工程研究中心,1个国家工程技术研究中心,1个教育部国际合作联合实验室,1个国家专业实验室,11个教育部重点实验室,7个教育部工程研究中心。33个博士后科研流动站,3个国家级文科平台、2个江苏省重点高端智库。

东南大学拥有一支高水平的师资队伍。学校现有专任教师3300人,其中具有博士学位的教师3008人,正、副高级职称教师2431人;博士研究生指导教师1525人,硕士研究生指导教师2803人。有两院院士16人,欧洲科学院院士3人,国务院学位委员会第八届学科评议组成员13人,师德高尚、教学水平高、科技创新能力强、具有较大全球学术

① 信息来自东南大学网站:https://www.seu.edu.cn/2023/0519/c47217a446087/page.htm

影响力的杰出人才约500人。东南大学正深化人才强校战略，深入落实人才工作“一号工程”，加快建设一流师资队伍。

学校是首批国家级创新创业教育改革示范高校，教育部首批“三全育人”综合改革试点高校。入选教育部首批未来技术学院（全国12个），入选教育部基础学科拔尖学生培养计划2.0基地3个。共有53个专业入选国家级一流本科专业建设点，9个专业入选省级一流本科专业建设点，5个专业入选国家级综合改革试点项目，23个专业入选国家特色专业建设点，有36门首批国家级精品资源共享课、49门国家级一流本科课程、3门国家级课程思政示范课。10个国家虚拟仿真实验教学项目、8个国家级实验教学示范中心及建设点、3个国家级虚拟仿真实验教学中心。2018年以来，51人次入选新一届全国教学指导委员会委员，其中主任委员3人次、副主任委员10人次。学校建有12个国家级人才培养模式创新实验区，12个国家级工程实践教育中心，11个团队入选国家级教学创新团队，获首批国家级虚拟教研室建设试点10个。东南大学连续四届（每四年一届）获得国家级教学成果一等奖，其中2018年获国家级教学成果奖9项，并列全国高校第三位。

道路工程的学科建设重点面向我国国民经济发展和国土安全基础保障需求、现代综合交通运输体系高精尖建设需要、交通强国战略以及“一带一路”等重大国家发展需求，以数学、力学、结构和材料为传统基础，充分结合人文、规划、景观、设计等发展内涵，紧密关联人工智能、大数据、物联网、信息化等现代化发展需求，培养道路工程专业拔尖人才和行业领军人才。道路工程系紧密结合国家交通运输建设的特点，通过基础理论和工程应用研究，解决现代化公路建管养体系中遇到的关键技术问题。学校坚持产学研结合，2022年科研经费到款36.01亿元，中国发明专利申请3480件，PCT专利申请120件，中国发明专利授权2997件，位列全国高校第二位，有效发明专利13146件，位列全国高校第三位。SCI、EI论文收录均列全国高校前列。2011—2021年，学校共牵头获得国家级科技奖项33项，其中2011年获国家技术发明一等奖1项、2014年获国家科技进步一等奖1项、2020年获国家科技进步一等奖1项。

5. 同济大学[①]

同济大学历史悠久、声誉卓著，是中国最早的国立大学之一，是教育部直属并与上海市共建的全国重点大学。经过一百多年的发展，同济大学已经成为一所特色鲜明、在海内外有较大影响力的综合性、研究型、国际化大学，综合实力位居国内高校前列，2017年列为世界一流大学建设A类高校。

截至2020年，同济大学已有23个专业入选了国家级一流本科专业建设点，在上海各高等院校中居首位，其中包括了土木工程、交通工程与工程管理等工程类学科，这也

① 信息来自同济大学网站，数据更新至2023年5月：https://www.tongji.edu.cn/xxgk1/xxjj1.htm

显示了同济大学在交通运输领域的悠久历史和深厚积淀。根据同济大学发布的《同济大学一流本科建设方案》,大学紧紧围绕培养“社会栋梁、专业精英”的人才培养目标,主动应对新一轮的科技革命和产业革命,全面优化学科及专业布局,专业内涵升级改造和新专业建设并举,以问题为导向促改革,转变大学建设思路,服务于国家重要战略需求。同济大学注重自身优势发挥,将自身原有的优势学科进一步整合和扩展,结合当前发展的现实需要,以多学科交叉为基础,拟建设交叉学科领域,如医学与生命科学交叉学科领域、“微结构模型、功能与应用”交叉学科领域、智能技术与绿色制造交叉学科领域、国家创新发展与欧洲研究交叉学科领域。交叉学科领域是学校的优势交叉领域,经过多年的建设,取得了快速的发展,形成了一些冲击世界一流的方向或成果。这些学科领域既是新的优势领域,又在某种意义上与建筑、土木等一级学科相互支撑发展。此外,在院校管理改革、科学研究与成果转化等方面也取得了显著的成果。

当前学校以人才培养作为核心职能,毕业生的就业率长期居于国内高校前列,先后培养了 39 万余名毕业生,学校扎实推进“基础学科拔尖学生培养”试验基地建设和涵盖“卓越工程师”“卓越医师”“卓越法律人才”等教育培养计划,积极深化创新创业教育改革。在科学研究领域,学校承担了一系列国家重大专项、重大工程科研攻关项目,在多个领域开展了高水平科学研究和技术开发,取得了一批标志性科研成果,已建成世界领先的“多功能振动台”、国内第一个“地面交通工具风洞中心”“城市轨道交通综合试验平台”和“海底观测研究实验基地”等一批重大科研平台。学校长期注重发挥优势学科和科学研究的溢出效应,瞄准国际国内学科发展最前沿,积极为国家和地方经济社会建设、科技创新重大产业发展作出贡献,为港珠澳大桥、北京奥运会、洋山深水港、上海世博会、崇明生态岛等重大工程,以及水环境治理、国土保护与海洋资源开发、新型清洁能源、电子信息、生物医药等重大战略需求提供了强有力的科技支撑。

同济大学正在向着更高水平、更宽领域、更深层次不断发展,但在院校的建设过程中仍然面临着巨大的挑战,国际竞争加剧,“互联网＋”时代已经来临,信息、生物、新能源、新材料等技术广泛渗透,创新具有了更为重大的意义,如何承担高水平大学应尽的使命与责任,提高人才培养的质量与科学研究的水平成为同济大学新的时代命题。当前,同济大学的整体水平和世界一流大学相比仍有差距:学科发展水平较为不平衡、师资队伍建设同样遇到瓶颈、创新人才培养机制较为欠缺,诸多问题在制约着同济大学自身进一步的变革。面对新形势与新要求,同济大学扎根中国大地,全面落实和推进世界一流大学建设的五大建设任务与五大改革任务,提出建设一流师资队伍、提升人才培养质量、提高科学研究水平、促进科技成果转化等多项改革举措。改革也预期将取得较好的效果。

(二)公路类高等院校地区分布

从图 3-1 可知,全国共有 473 所公路运输类高等院校,其中河南省开设的公路类高校数量最多，达37所。总体来看，全国各地都开设了公路运输类专业。超过25所高校的地区除了河南省之外，还有山东省和江苏省，各为34所。

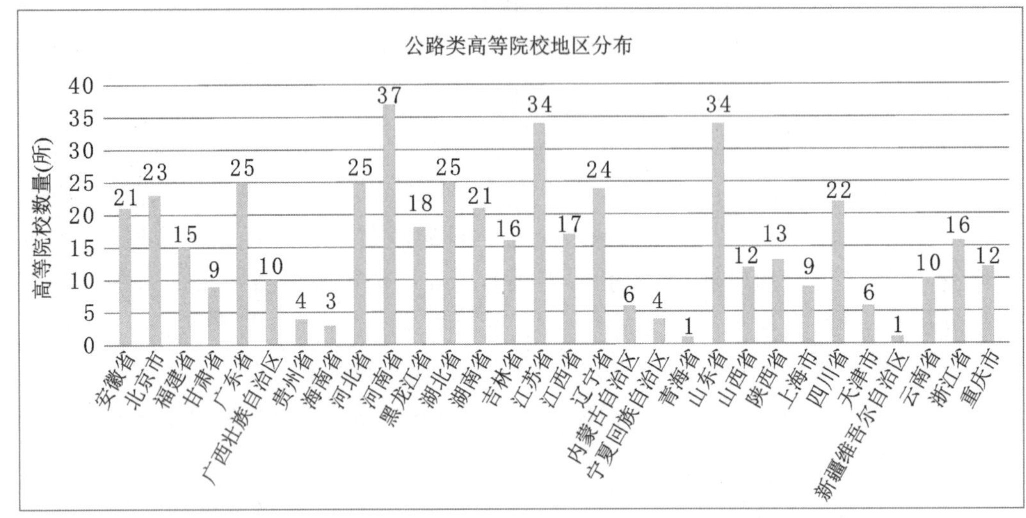

图3-1　公路运输类高等院校地区分布

(三)公路类高等院校层次分布

由表3-1可知，全国公路运输类高等院校中共有23所985院校，其中有4所在北京市，山东省开设了三所985公路运输类高校。公路运输类211高校主要集中在北京市、江苏省地区，分别为9所和7所；其次是山东省和湖北省，均开设了四所211公路运输类高校。

表3-1　公路类高等院校层次分布

省(自治区、直辖市)［以下简称省(区、市)］	985工程	211工程	普通	研究所
安徽省	0	1	20	0
北京市	4	9	7	7
福建省	0	1	14	0
甘肃省	0	0	9	0
广东省	1	2	23	0
广西壮族自治区	0	1	9	0
贵州省	0	0	4	0
海南省	0	1	2	0
河北省	0	0	25	0
河南省	0	1	36	0

续表 3-1

省(区、市)	985 工程	211 工程	普通	研究所
黑龙江省	1	2	15	1
湖北省	2	4	20	1
湖南省	1	1	20	0
吉林省	1	1	15	0
江苏省	1	7	26	1
江西省	0	1	16	0
辽宁省	2	2	22	0
内蒙古自治区	0	1	5	0
宁夏回族自治区	0	1	3	0
青海省	0	1	0	0
山东省	3	4	30	0
山西省	0	1	11	0
陕西省	2	3	10	0
上海市	1	1	8	0
四川省	1	3	19	0
天津市	1	2	4	0
新疆维吾尔自治区	0	0	1	0
云南省	0	1	9	0
浙江省	1	1	15	0
重庆市	1	2	10	0
总计	23	55	408	10

*“211 工程”中包含既是 211 又是 985 的高校。

(四)公路类高等院校一流学科建设综合竞争力排名

根据中国高校一流学科建设综合竞争力排行榜的高校排名,其中有 39 所公路运输类高等院校上榜。如表 3-2 所示,从总体得分来看,清华大学以第二的排名进入前五。在前二十名中,共有 7 所公路运输类高校,分别是清华大学、中南大学、山东大学、吉林大学、西安交通大学、同济大学以及东南大学。总体来看,39 所公路运输类高校均进入排行榜前一百名。

表 3-2　中国高校一流学科建设综合竞争力排行榜(部分)①

学校	层次	排名
清华大学	985	2
中南大学	985	12
山东大学	985	13
吉林大学	985	14
西安交通大学	985	17
同济大学	985	19
东南大学	985	20
华南理工大学	985	23
哈尔滨工业大学	985	24
湖南大学	985	25
中国农业大学	985	28
大连理工大学	985	29
重庆大学	985	31
北京航空航天大学	985	32
北京理工大学	985	33
苏州大学	211	35
南京农业大学	211	37
郑州大学	211	43
西北农林科技大学	985	44
北京林业大学	普通	46
西南大学	211	51
东北大学	985	54
浙江工业大学	普通	57
扬州大学	普通	59
华东理工大学	211	61
北京交通大学	211	63

① 信息来自金苹果科教评价网:http://www.nseac.com/

续表 3-2

学校	层次	排名
宁波大学	普通	64
南昌大学	211	65
合肥工业大学	211	67
中国矿业大学(北京)	985	68
深圳大学	普通	69
北京科技大学	普通	70
南京航空航天大学	211	79
西南交通大学	211	83
东北林业大学	211	87
武汉理工大学	211	88
南京理工大学	211	91
广西大学	211	94
南京工业大学	普通	100

目前,我国在公路交通院校发展方面相对较为均衡,大多数省份都有发展较好的重点院校。我国在公路交通领域注重完善公路网络的结构功能,构建四通八达的公路运输体系。重点提升国家高速公路网络质量,实施京沪、京港澳、京昆、长深、沪昆、连霍、包茂、福银、泉南、广昆等国家高速公路主线繁忙拥堵路段的扩容改造,加快推进并行线、联络线以及待贯通路段的建设。合理引导地方高速公路有序发展,加快提升普通国道及省道低等级路段的质量,将西部地区普通国道二级及以上公路的比重提高到 70%,实现对重要口岸、枢纽、产业园区、旅游景区的有效覆盖,强化安全设施配置。因此,不同地区的发展目标也不同。在交通更为发达的省份和地区,如北京、上海、珠港澳地区,需要增加综合性公路交通院校的建设,主要面向实现区域性公路交通网络和更高效率的公路运输。而在交通不发达的西部地区,要着力加强公路基础设计设施建设,培养应用型人才,提高当地的公路运输水平。

三、公路主干学科/专业发展概况

(一)公路主干专业发展现状

根据《普通高等学校本科专业目录(2023 年版)》,公路主干专业涵盖 2 个核心专业和 5 个支撑专业,分别来自土木类和机械类。

1. 开办学校数量分析

由表 3-3 可知,公路主干专业分为核心专业和支撑专业。其核心专业为土木类的道路桥梁与渡河工程专业和城市地下空间工程专业;支撑专业包含机械类的车辆工程、汽车服务工程、汽车维修工程教育、智能车辆工程以及新能源汽车工程专业。

在公路主干专业中,道路桥梁与渡河工程专业和城市地下空间工程专业开设院校分别为 91 和 81 所。支撑专业中,开设院校数量最多的为车辆工程和汽车服务工程专业,分别为 286 和 203 所。其中,汽车维修工程教育和智能车辆工程开设院校较少,分别为 10 所和 21 所。

表 3-3　公路主干专业开设数量①

类别	专业类别	专业代码	专业	开设数量
核心专业	土木类	081006T	道路桥梁与渡河工程	91
		081005T	城市地下空间工程	81
支撑专业	机械类	080207	车辆工程	286
		080208	汽车服务工程	203
		080212T	汽车维修工程教育	10
		080214T	智能车辆工程	21
		080216T	新能源汽车工程	38

2. 学校层次分析

如表 3-4 所示,对于开设院校数量最多的车辆工程专业,开设此专业的 985 院校达 15 所,占我国 985 院校总数的 38.5%,211 院校数量达 36 所,占我国 211 院校总数的 32.1%。开设城市地下空间工程专业的院校总数只有 81 所,远少于车辆工程和汽车服务工程的数量。

表 3-4　公路主干专业院校层次分析

类别	专业类别	专业代码	专业	985	211	普通院校
核心专业	土木类	081005T	城市地下空间工程	6	14	67
		081006T	道路桥梁与渡河工程	3	12	79

① 信息来自阳光高考网站,数据更新至 2024 年 1 月:https://gaokao.chsi.com.cn/

续表 3-4

类别	专业类别	专业代码	专业	985	211	普通院校
支撑专业	机械类	080207	车辆工程	15	36	250
		080208	汽车服务工程	2	5	198
		080212T	汽车维修工程教育	0	0	10
		080214T	智能车辆工程	0	0	21
		080216T	新能源汽车工程	0	0	38

*"211"中包含既是 211 又是 985 的高校。

3. 地区分布情况

由表 3-5 可知，开设车辆工程和汽车服务工程专业的院校几乎遍布全国各地。土木类的城市地下空间工程和道路桥梁与渡河工程专业开设院校主要集中在河北省、河南省、四川省、湖北省、湖南省、吉林省、江苏省、山东省以及辽宁省等地区。

表 3-5 公路主干专业地区分布

省(区、市)	车辆工程	城市地下空间工程	道路桥梁与渡河工程	汽车服务工程	汽车维修工程教育	新能源汽车工程	智能车辆工程
安徽省	15	3	3	10	0	3	2
北京市	11	3	0	0	0	0	0
福建省	13	2	2	3	0	0	0
甘肃省	4	0	6	4	0	1	0
广东省	16	1	3	12	0	3	0
广西壮族自治区	6	0	2	6	1	2	0
贵州省	0	1	1	2	0	0	0
海南省	2	0	0	1	0	0	0
河北省	17	6	4	6	2	1	1
河南省	21	10	14	19	1	3	0
黑龙江省	9	3	4	8	1	2	0
湖北省	10	3	6	13	0	3	2
湖南省	11	6	3	13	0	0	2
吉林省	9	4	7	9	0	1	2
江苏省	27	8	2	12	0	3	3

续表 3-5

省(区、市)	车辆工程	城市地下空间工程	道路桥梁与渡河工程	汽车服务工程	汽车维修工程教育	新能源汽车工程	智能车辆工程
江西省	12	1	2	8	0	1	0
辽宁省	14	4	8	10	0	4	1
内蒙古自治区	4	0	3	3	1	0	0
宁夏回族自治区	0	0	2	2	0	1	0
山东省	24	8	3	12	0	2	3
山西省	7	4	2	6	0	2	1
陕西省	11	5	1	3	0	1	0
上海市	5	0	0	6	0	1	0
四川省	9	5	4	13	0	3	2
天津市	4	1	2	3	1	1	0
新疆维吾尔自治区	1	0	0	0	0	0	0
云南省	5	1	0	6	2	0	0
浙江省	12	1	4	5	1	0	0
重庆市	7	1	3	8	0	0	2
总计	286	81	91	203	10	38	21

4. 专业排名

由表 3-6 可知，在城市地下空间工程专业中，排名前十的院校大多有建筑背景或交通背景，如东南大学、重庆大学以及西安建筑科技大学曾属于中国建筑老八校；中南大学由长沙铁道学院与其他院校合并组成；西南交通大学以土木和矿冶两学科独树一帜。同时，排行榜上也包含实力雄厚的综合性高校，比如哈尔滨工业大学、山东大学等。

在道路桥梁与渡河工程专业中，排列在第一和第二的依旧是东南大学和哈尔滨工业大学。紧随其后的是具有交通行业背景的西南交通大学以及交通部共建高校长安大学。

在车辆工程专业中，位列第一的清华大学、位列第五的湖南大学、位列第三的北京理工大学、位列第六的吉林大学以及位列第七的哈尔滨工业大学均虽无明显的行业背景，但都是由国防科技工业局或工业和信息化部(以下简称工信部)共建而成，均属于 985 工程重点建设院校。

在汽车服务工程专业中，排名第一的院校为交通部共建院校——武汉理工大学，同时位列第六的长沙理工大学和位列第九的重庆交通大学均为交通部共建高校。

表 3-6　2023 中国大学专业排名①

专业	排名	学校名称	评级
城市地下空间工程	1	哈尔滨工业大学	A+
	2	东南大学	A+
	3	重庆大学	A
	4	西南交通大学	A
	5	山东大学	A
	6	中南大学	A
	7	中国矿业大学(北京)	A
	8	四川大学	A
	9	西安建筑科技大学	B+
	10	长安大学	B+
道路桥梁与渡河工程	1	东南大学	A+
	2	哈尔滨工业大学	A+
	3	西南交通大学	A+
	4	长安大学	A
	5	河北工业大学	A
	6	长沙理工大学	A
	7	武汉理工大学	A
	8	吉林大学	A
	9	广东工业大学	A
	10	郑州大学	A
车辆工程	1	清华大学	A+
	2	西安交通大学	A+
	3	北京理工大学	A+
	4	浙江大学	A+
	5	湖南大学	A+
	6	吉林大学	A
	7	哈尔滨工业大学	A
	8	大连理工大学	A
	9	同济大学	A
	10	北京航空航天大学	A

① 信息来自软科中国:https://www.shanghairanking.cn/

续表 3-6

专业	排名	学校名称	评级
汽车服务工程	1	武汉理工大学	A+
	2	吉林大学	A+
	3	长安大学	A+
	4	同济大学	A+
	5	上海工程技术大学	A
	6	长沙理工大学	A
	7	重庆理工大学	A
	8	青岛理工大学	A
	9	重庆交通大学	A
	10	厦门理工学院	A
智能车辆工程	1	哈尔滨工业大学	A+
	2	湖南大学	A+
	3	华南理工大学	A
	4	合肥工业大学	B+
	5	重庆理工大学	B+
	6	重庆工商大学	B+
	7	沈阳理工大学	B+
	8	江苏理工学院	B+
	9	湖南工学院	B+
	10	长春工程学院	B

(二)公路主干学科发展现状

根据《学位授予和人才培养学科目录》(2023 年版),公路主干学科涵盖 2 个一级学科,5 个二级学科,其中包括 1 个核心学科和 4 个支撑学科。

1. 开办学校数量分析

本章节主要研究下列的公路运输行业主干学科,其中每个学科的一级学科和二级学科如表 3-7 所示。

表 3-7　公路主干学科开办院校数量分析

学科类别	一级学科	专业	数量
核心学科	土木工程	桥梁与隧道工程	35
支撑学科	土木工程	防灾减灾工程及防护工程	36
		市政工程	44
		岩土工程	44
	机械工程	车辆工程	37

如表 3-7 所示，公路主干学科分为核心学科和支撑学科，其中核心学科为一级学科土木工程下的桥梁与隧道工程学科；支撑学科包括一级学科土木工程下的防灾减灾工程及防护工程、市政工程、岩土工程学科，和一级学科机械工程下的车辆工程学科。

在公路主干学科中，开设桥梁与隧道工程的院校数量最少，为 35 所。开设院校数量最多的学科为岩土工程和市政工程学科，均为 44 所。

2. 学校层次分析

如表 3-8 所示，桥梁与隧道工程学科虽然开办院校数量最少，但其中有 4 所 985 高校，12 所 211 院校，其中 211 高校数量所占比例为 34.3%。从整体来看，开设公路主干学科的 211 高校和 985 高校较多，提高了整个学科的质量水平。

表 3-8　公路主干学科开办院校层次分析

学科类别	一级学科	专业	985	211	普通
核心学科	土木工程	桥梁与隧道工程	4	12	23
支撑学科	土木工程	防灾减灾工程及防护工程	3	10	26
		市政工程	6	13	31
		岩土工程	5	14	30
	机械工程	车辆工程	6	14	23

“211”中包含既是 211 又是 985 的高校。

3. 地区分布情况

如表 3-9 所示，全国大部分地区的院校都开设了公路主干学科。对于核心学科——桥梁与隧道工程而言，开设此学科的院校主要集中在江苏省，有 6 所。

表 3-9　公路主干学科开办院校地区分布

省(区、市)	防灾减灾工程及防护工程	桥梁与隧道工程	市政工程	岩土工程	车辆工程
北京市	4	3	2	8	4
安徽省	2	2	3	2	1
福建省	1	1	1	1	1
甘肃省	2	2	2	2	2
广东省	2	1	1	3	0
广西壮族自治区	0	0	0	0	0
贵州省	0	0	0	0	0
海南省	0	0	0	0	0
河北省	1	1	3	1	1
河南省	1	1	2	1	3
黑龙江	1	1	0	1	0
湖北省	3	2	4	3	3
湖南省	0	0	0	1	0
吉林省	1	1	1	1	2
江苏省	5	6	7	6	4
江西省	2	2	3	2	0
辽宁省	4	3	4	4	4
内蒙古自治区	0	0	1	0	1
宁夏回族自治区	0	0	0	0	0
青海省	1	1	0	1	0
山东省	2	3	1	1	2
山西省	0	0	0	0	0
陕西省	3	3	3	3	2
上海市	0	0	1	0	2
四川省	0	1	1	1	1
天津市	0	0	2	0	1
西藏自治区	0	0	0	0	0
新疆维吾尔自治区	0	0	0	0	0
云南省	1	1	2	2	1
浙江省	0	0	0	0	1
重庆市	0	0	0	0	1

4. 排名

由表 3-10 可知，对于核心学科桥梁与隧道工程，在排名前十的院校中，有 5 所院校具有建筑或交通行业背景，分别是东南大学、同济大学、重庆大学、中南大学以及西南交通大学。哈尔滨工业大学、清华大学、北京工业大学、广西大学和大连理工大学作为多科性的综合性大学，分别位列第 2、3、5、6、10 名。

表 3-10 2021—2022 年中国研究生教育分专业排行榜①

学科	排名	学校名称	星级
车辆工程	1	清华大学	5★＋
	2	重庆大学	5★＋
	3	西安交通大学	5★
	4	华中科技大学	5★
	5	上海交通大学	5★
	6	哈尔滨工业大学	5★
	7	浙江大学	5★
	8	湖南大学	5★
	9	西北工业大学	5★－
	10	上海大学	5★－
防灾减灾工程及防护工程	1	哈尔滨工业大学	5★＋
	2	上海交通大学	5★
	3	东南大学	5★
	4	重庆大学	5★
	5	同济大学	5★
	6	北京工业大学	5★
	7	广西大学	5★－
	8	大连理工大学	5★－
	9	湖南大学	5★－
	10	天津大学	5★－

① 数据来源：金苹果科教评价网，http://www.nseac.com/

续表 3-10

学科	排名	学校名称	星级
桥梁与隧道工程	1	东南大学	5★+
	2	哈尔滨工业大学	5★
	3	清华大学	5★
	4	重庆大学	5★
	5	北京工业大学	5★
	6	广西大学	5★-
	7	同济大学	5★-
	8	中南大学	5★-
	9	西南交通大学	5★-
	10	大连理工大学	5★-
市政工程	1	重庆大学	5★+
	2	东南大学	5★
	3	哈尔滨工业大学	5★
	4	北京工业大学	5★
	5	同济大学	5★
	6	广西大学	5★-
	7	浙江大学	5★-
	8	天津大学	5★-
	9	大连理工大学	5★-
	10	湖南大学	5★-
岩土工程	1	东南大学	5★+
	2	哈尔滨工业大学	5★
	3	上海交通大学	5★
	4	清华大学	5★
	5	北京工业大学	5★
	6	重庆大学	5★
	7	同济大学	5★
	8	广西大学	5★-
	9	河海大学	5★-
	10	山东大学	5★-

5. 自设二级学科概况

如下表所示，福州大学在土木工程一级学科下自设了两个二级学科，分别是道路交通工程与灾害防治、交通安全与灾害防治工程学科；中南大学自设了城市地下空间工程二级学科；内蒙古大学在环境科学与工程一级学科下自设了公路环境工程二级学科。

表 3-11 公路主干二级学科部分高校开办状况

一级学科	专业	开设学校	层次	是否自划线	是否有博士点
土木工程	城市地下空间工程	中南大学	985	√	√
	城乡道路交通规划	天津城建大学	普通		
	道路交通工程与灾害防治	福州大学	211		√
	交通安全与灾害防治工程	福州大学	211		√
	智慧城市与智能交通	南京工业大学	普通		√
环境科学与工程	公路环境工程	内蒙古大学	211		√

我国公路交通学科的发展相对成熟，目前有两个核心学科和相应的支撑专业。岩土工程和车辆工程是开设院校最多的专业，这也反映了我国公路学科发展的方向。主要城市的公路交通数量和质量正在提高，而边远地区的公路建设仍需进一步发展。在一些地形复杂或有特殊建设要求的地段，需要设立对应二级学科专业。例如，云南地形复杂，属于喀斯特地貌，需要开山挖路；西藏、内蒙古等地区有丰富的野生动植物资源，公路建设必须考虑与环境发展的适切性。目前，我国在公路上主要加强战略骨干通道的建设，如对于待贯通的路段，积极推进京雄等雄安新区对外高速公路，以及呼北高速炉红山至慈利段、德州至上饶高速安徽段、溧阳至宁德高速黄山至千岛湖段、上海至武汉高速无为至岳西段、集宁至阿荣旗高速白音查干至乌兰浩特段、杭州湾地区环线高速杭州至宁波支线等国家高速公路待贯通路段建设；针对瓶颈路段升级改造，推进京哈高速绥中（冀辽界）至盘锦段、青兰高速涉县至冀晋界段、连霍高速忠和至茅茨段、沪昆高速昌傅至金鱼石段、荣乌高速威海至烟台段、济广高速济南至菏泽段、京港澳高速耒阳大市至宜章（湘粤界）段等高速公路繁忙路段的扩容改造，以及推进国道 210 白云鄂博至固阳段、国道 217 阿勒泰至布尔津段、国道 227 贵德至大武段、国道 353 巨甸至维西段等升级改造及国省干线穿越城区段的改移工程。这些都需要相关院校学科专业建设水平的提高，以国家重点战略需求为驱动，完善学科建设体系。

四、公路类高等院校科学研究

公路行业,是个专业性、应用性很强的行业,专业的科研和实验基础设施建设,对行业科研能力和技术水平的提升具有举足轻重的作用。

(一)国家级科技创新基地

公路类国家科研基地情况如表3-12所示。

表3-12 公路类国家科研基地情况

类别	基地名称	数量(所)
国家科技创新基地	国家重点实验室	6
	国家工程实验室	5
	国家工程技术研究中心	2
国防科技实验室体系	国防科技重点实验室	2
其他国家级科研基地	国家地方联合工程研究中心(工程实验室)	6
	国家级国际联合研究中心(工程实验室)	1
	示范型国家国际科技合作基地	3
	省部共建国家重点实验室	1

1. 国家实验室

6个公路类国家重点实验室如表3-13所示。

表3-13 公路类国家重点实验室

名称	高校名称
汽车安全与节能国家重点实验室	清华大学
汽车仿真与控制国家重点实验室	吉林大学
汽车车身先进设计制造国家重点实验室	湖南大学
汽车动态模拟国家重点实验室	吉林大学
深部岩土力学与地下工程国家重点实验室	中国矿业大学
土木工程防灾国家重点实验室	同济大学

2. 国家工程实验室

5个公路类国家工程实验室如表3-14所示。

表 3-14　公路类国家工程实验室

名称	高校名称
桥梁结构安全技术国家工程实验室	长安大学
公路养护技术国家工程实验室	长沙理工大学
新能源汽车及动力系统国家工程实验室	同济大学
电动车辆国家工程实验室	北京理工大学
汽车电子控制技术国家工程实验室	上海交通大学

3. 国家工程技术研究中心

2 个公路类国家工程技术研究中心如表 3-15 所示。

表 3-15　公路类国家工程技术研究中心

名称	高校名称
国家燃料电池汽车及动力系统工程技术研究中心	同济大学
国家土建结构预制装配化工程技术研究中心	同济大学

(二)国防科技实验室

2 个公路类国防科技重点实验室如表 3-16 所示。

表 3-16　公路类国防科技重点实验室

名称	高校名称
车辆传动实验室国防科技重点实验室	北京理工大学
机电工程与控制国防科技重点实验室	北京理工大学参与

(三)其他国家级科研基地

1. 省部共建国家重点实验室(表 3-17)

表 3-17　公路类省部共建国家重点实验室

名称	高校名称
省部共建山区桥梁及隧道工程国家重点实验室	重庆交通大学

2. 国家地方联合工程实验室(表 3-18)

表 3-18　公路类国家地方联合工程实验室

名称	高校名称
桥梁与隧道技术	大连理工大学
电动汽车电网接入技术国家地方联合工程实验室	山东大学
混合动力车辆技术国家地方联合工程研究中心	江苏大学
车载智能终端研发技术国家地方联合工程研究中心	大连理工大学
电动汽车智能化动力集成技术国家地方联合工程研究中心	青岛大学
土木工程防震减灾信息化国家地方联合工程研究中心	福州大学

3. 国家国际联合研究中心(表 3-19)

表 3-19　公路类国家国际联合研究中心

名称	高校名称
桥梁技术创新与风险防治国际联合研究中心	福州大学土木工程学院

4. 2011 协同创新中心(表 3-20)

表 3-20　公路类 2011 协同创新中心

名称	高校名称
北京电动车辆协同创新中心	北京理工大学
智能型新能源汽车协同创新中心	同济大学

(四)部级科研基地

1. 教育部科研基地(表 3-21、表 3-22、表 3-23)

表 3-21　公路运输类教育部重点实验室

名称	高校名称
特殊地区公路工程教育部重点实验室	长安大学
道路与交通工程教育部重点实验室	同济大学
公路工程教育部重点实验室	长沙理工大学
道路施工技术与装备教育部重点实验室	长安大学

续表 3-21

名称	高校名称
汽车零部件先进制造技术教育部重点实验室	重庆理工大学
汽车材料教育部重点实验室	吉林大学
混凝土及预应力混凝土结构教育部重点实验室	东南大学
土木工程安全与耐久教育部重点实验室	清华大学
滨海土木工程结构与安全教育部重点实验室	天津大学
岩土及地下工程教育部重点实验室	同济大学
软弱土与环境土工教育部重点实验室	浙江大学
城市与工程安全减灾教育部重点实验室	北京工业大学
工程防灾与结构安全教育部重点实验室	广西大学
工程抗震减震与结构安全教育部重点实验室	广州大学
冲击与安全工程教育部重点实验室	宁波大学
结构工程与抗震教育部重点实验室	西安建筑科技大学
先进土木工程材料教育部重点实验室	同济大学
工程结构服役性能演化与控制教育部重点实验室	同济大学

表 3-22　公路类教育部工程研究中心

名称	高校名称
道路交通安全与环境教育部工程研究中心	同济大学
道路灾害防治及交通安全教育部工程研究中心	长沙理工大学
电力与交通安全监控及节能技术教育部工程研究中心	长沙理工大学
高速公路筑养装备与技术教育部工程研究中心	长安大学
公路大型结构安全教育部工程研究中心	长安大学
山区桥梁结构与材料教育部工程研究中心	重庆交通大学
山区道路建设与维护技术教育部工程研究中心	重庆交通大学
道路基础设施数字化教育部工程研究中心	长安大学
大跨拱桥关键技术教育部工程研究中心	广西大学
汽车电子驱动控制与系统集成教育部工程研究中心	哈尔滨理工大学
汽车电子与控制技术教育部工程研究中心	湖南大学
汽车结构部件先进制造技术教育部工程研究中心	北京工业大学

续表 3-22

名称	高校名称
汽车开发教育部工程研究中心	吉林大学
新能源汽车教育部工程研究中心	同济大学
重型车辆零部件先进设计制造教育部工程研究中心	广西工学院
土木信息技术教育部工程研究中心	同济大学
西部土木工程防灾减灾教育部工程研究中心	兰州理工大学
重大工程施工技术与装备教育部工程研究中心	同济大学

表 3-23　公路类教育部国际合作联合实验室

名称	高校名称
特殊地区公路交通基础设施可持续发展国际合作联合实验室	长安大学
节能与新能源汽车关键零部件智能制造与控制国际合作联合实验室	重庆理工大学

2. 交通运输行业重点实验室(表 3-24)

表 3-24　公路类交通运输行业重点实验室

名称	高校名称
道路结构与材料行业重点实验室	长安大学
道路结构与材料行业重点实验室	长沙理工大学
桥梁结构工程行业重点实验室	重庆交通大学
桥梁结构抗风技术行业重点实验室	同济大学
旧桥检测与加固技术行业重点实验室	长安大学
汽车运输安全保障技术行业重点实验室	长安大学
运输车辆检测、诊断与维修技术行业重点实验室	山东交通学院

3. 工信部重点实验室(表 3-25)

表 3-25　公路类工信部重点实验室

名称	高校名称
土木工程智能防灾减灾重点实验室	哈尔滨工业大学
城市道路与交通建设部重点实验室	哈尔滨工业大学
交通安全特种材料与智能化控制技术实验室	哈尔滨工业大学
结构工程灾变与控制教育部重点实验室	哈尔滨工业大学

在公路交通的科学研究方面，我国建设了一批以高校为中心的国家、省级重点实验室及实验基地，极大地提高了我国的公路交通运输水平。如今，我国正在建设集监测、调度、管控、应急、服务等功能于一体的智慧路网云控平台，包括智慧高速公路工程、深化高速公路电子不停车收费系统在多场景的拓展应用以及建设智慧公路服务区等。这也体现了我国坚持创新驱动发展，推动互联网、大数据、人工智能以及区块链等新技术与交通行业的深度融合，而高校科研基地也将在交通智能化领域发挥不可替代作用。

五、公路高校师资队伍与人才培养

（一）公路高校师资队伍概况

土木工程是公路高等教育的核心学科，学科研究与公路行业的发展和教育息息相关。因此，本节以公路高等教育的核心学科为例，探究公路师资队伍建设。

1. 教师数量持续增长，生师比达到合格要求

根据 2017—2021 年高等学校科技统计资料汇编[①]数据显示，2017—2021 年，我国从事土木工程研究与发展的教师总数从 3689 人增加到 5384 人。与此同时，土木工程学科在校研究生人数从 15313 人上升至 25489 人。从增长速度来看，土木工程学科高等教育与科学研究的师生队伍在不断扩大。与 2017 年相比，2021 年的研究生人数增长了 66.45％，教师队伍增长速度达到 45.95％。如果按照宽松的生师比算法，即生师比＝折合在校生数/教师总数，本章的折合在校生数为本学科在读研究生人数，教师总数指的是从事学科研究与发展的教师数。从生师比来看，从 2017 年到 2021 年，生师比在 2018 年最低，2021 年有所上升。从发展变化看，相比 2017 年，2021 年的生师比上升了 0.5。但我国土木工程学科的师资队伍仍需扩大，从而解决师资数量不足的问题。如图 3-2 所示。

2. 教师职称结构不断优化，中高级职称者占较大比例

根据 2017—2021 年高等学校科技统计资料汇编数据显示，2017—2021 年，全国土木工程学科全职专任教师中，具有高级职称的人数从 2165 人增加到 3307 人，具有中级职称的人数从 1224 人增至 1782 人；具有初级职称的人数增加了 8 人；未定级别的人数减少了 13 人。如图 3-3 所示。

---

① 信息来自教育部网站：http://www.moe.gov.cn/s78/A16/A16_tjdc/。

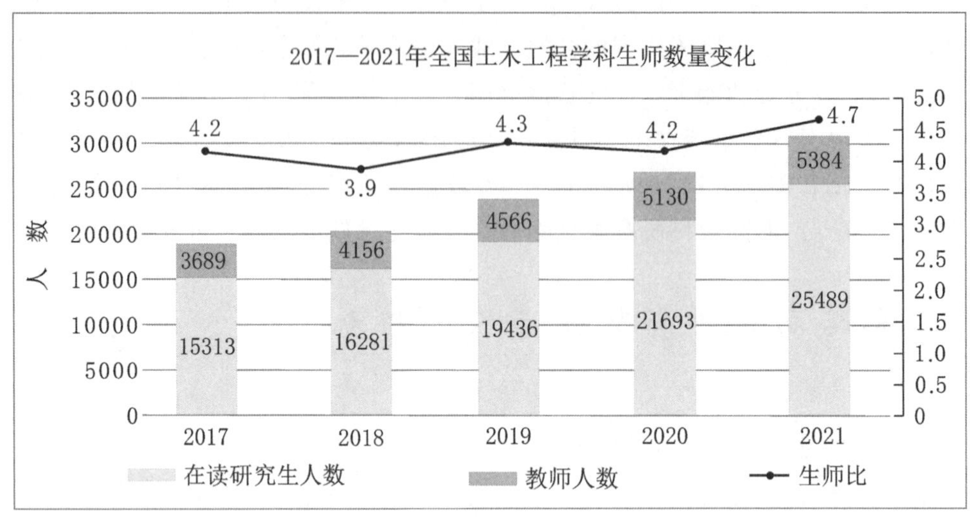

图 3-2　2017—2021 年全国土木工程学科生师数量变化

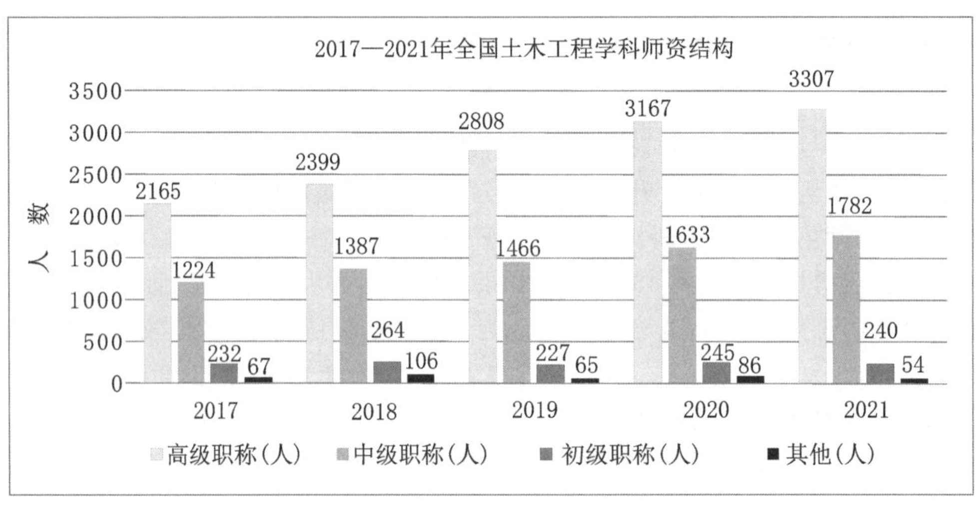

图 3-3　2017—2021 年全国土木工程学科师资结构

从职称比例结构来看，具有高级职称的教师人数在教师总数中所占比例增长了 2.7 个百分点，具有中级职称的教师人数的所占比例减少了 0.1 个百分点，具有初级职称的教师人数的所占比例减少了 1.8 个百分点。未定级别的教师人数的所占比例减少了 0.8 个百分点。从整体上来看，土木工程学科的教师以具有高级和中级职称的教师为主，其中具有高级职称的教师人数比例稳定在 60%左右，超过教师总数的一半。如图 3-4 所示。

(二)公路高校人才培养

本书从公路核心专业的毕业生就业情况出发，探寻公路高校人才培养概况。

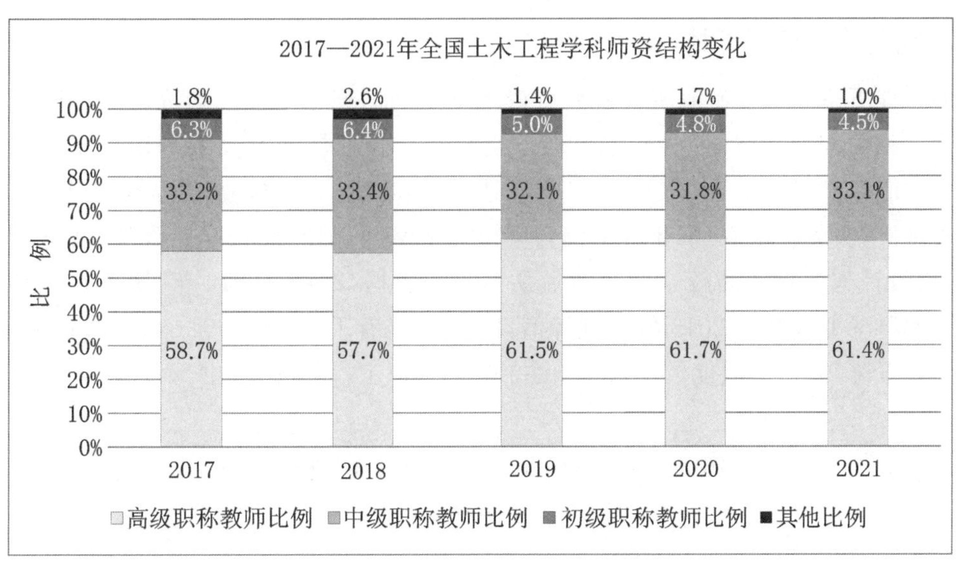

图 3-4 2017—2021 年全国土木工程学科师资结构变化

1. 道路桥梁与渡河工程

土木类专业中共有两个专业是公路高等教育核心专业，分别是道路桥梁与渡河工程以及城市地下空间工程专业。道路桥梁与渡河工程主要研究道路工程、桥梁工程、地下工程等方面的基本知识和技能，进行道路和桥梁的规划、设计和建造等。根据高校毕业生就业质量报告数据，道路桥梁与渡河工程专业的本科毕业生人数从 2017 年到 2019 年呈现下滑趋势，由 1361 人下降至 1321 人，但依然保持在 1300 人以上，下降幅度较小；从就业率看，相比 2017 年，2019 年的就业率上升了 0.4 个百分点，总体依然高于 95%。如图 3-5 所示。

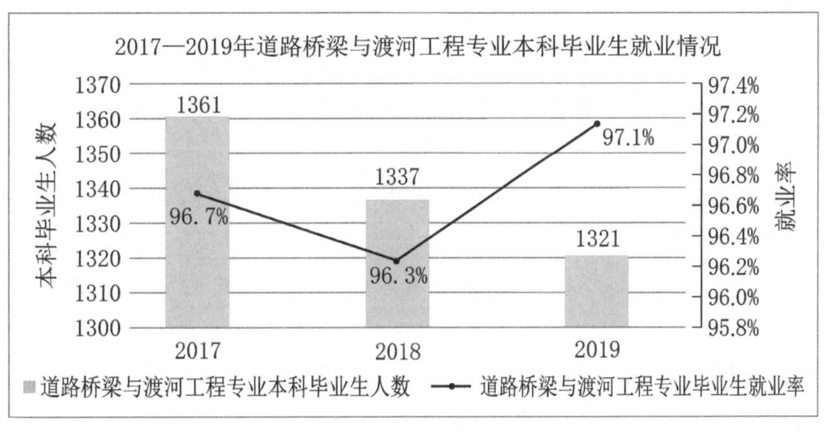

图 3-5 2017—2019 年道路桥梁与渡河工程专业本科毕业生就业情况

2. 城市地下空间工程

城市地下空间工程专业主要研究城市地下空间的规划、设计、研究、开发利用、施工和管理等相关知识和技能，对于城市地下空间进行合理规划及高效利用。该专业的毕业生主要服务于工程类企业有地下工程建造、工程勘察、工程测量、工程规划、结构工程、施工管理等，服务于政府、事业类单位有城市地下空间规划、地铁线路设计、地下隧道规划、管道设计等。根据高校毕业生就业质量报告数据，2017—2019 年，城市地下空间工程专业本科毕业人数在 2018 年达到峰值，2019 年略有下降，至 1551 人；从就业率来看，总体呈现下降趋势，但幅度较小，依然保持在 95%以上。如图 3-6 所示。

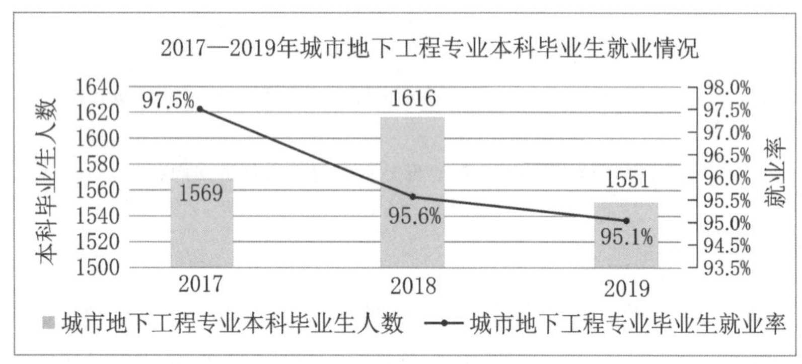

图 3-6　2017—2019 年城市地下空间工程专业本科毕业生就业情况

六、对公路高等教育发展的历史总结与未来展望

公路运输是极其重要的交通运输方式，随着人们生活水平的提高，交通出行需求增加，公路运输的规模显著扩大。公路运输是多种交通运输中消耗资源量较大、污染较为严重的运输方式。随着我国城市化的加快，构建一种绿色低碳的运输体系成为新的发展要求，这不仅符合社会对于良好生态环境建设的期望，也能促进公路运输业的健康长远发展。在交通部印发的《交通教育强国建设评价指标体系》通知中，提出了交通运输未来发展的五大原则，首要要求是安全，基本要求是便捷、高效、经济，新要求为绿色发展。对绿色这一指标的评价，涵盖了生态环保和集约节约两大维度，主要以交通运输工具的污染物排放、碳排放、交通与环境的协调发展水平，以及交通运输设施的空间资源集约化水平作为评价指标。

2022 年，我国公路通车里程约为 535 万公里，公路建设速度井然有序地加快推进。然而，尽管我国已经基本构筑起了较为完善的公路网络，但仍面临着有效供给不足、稳定性不够以及运输效率较低的问题。此外，公路建设在地区、城乡之间的差异明显，城乡的财力、需求等因素影响着公路网络的建设，不利于经济的协调发展。在我国公布的《国家公路网规划》中，正式提出国家公路网到2035年的布局方案，总规模约46.1万公里。这将进一步推动我国建设覆盖广泛、功能完备、集约高效、绿色智能、安全可靠的现代化高质量国家公路网的战略要求，提高联通效率。

公路高等教育作为未来公路运输人才培养的主要路径，将有效推进公路行业的产业转型升级，实现公路领域科技水平的全方位提升，成为交通强国战略中的关键一环。目前我国的公路高等教育在学科建设、人才培养、科学研究等领域的发展仍存在诸多挑战，需要借鉴国内外公路高等教育发展的成功经验，持续推进改革进程。

（一）公路高等教育的历史总结

1. 对院校专业发展的总结

智慧高速公路已成为交通运输领域新型基础设施建设的关键场景，集5G、北斗、大数据、人工智能等数字化主流技术于一身，是数字化变革、智能化变革的集中展示场地。目前，国内外智慧高速公路的发展尚处在试点建设阶段，对于智慧高速公路内涵的理解还未能达成共识，某些方面存在盲目跟随“智慧潮流”的现象；而技术方面，创新和探索则主要聚焦于无人驾驶、车路协同、自动化监测、智慧化运营管控和出行诱导服务等领域。

新业态下的高校产业衔接发展不足。针对什么是智慧公路、如何建设智慧公路等，目前在理论界还未形成统一的看法，这也导致了智慧公路在实践过程中产生偏差。为此，高校首先要承担起针对新业态、新产业下的公路领域的学科专业建设任务，把握未来公路领域的发展方向。其次，需要从课程建设、创新师资培育等多方面着手，使其成为推动未来交通服务、未来交通产业发展的重要策源地，以产业促发展。

高校专业建设仍然滞后。根据我国公路专业大学生就业状况可以发现，我国高校存在专业结构设置与市场需求不匹配的问题。目前大学生的就业已然市场化，但大学的专业设置调整滞后，致使毕业生专业结构与市场供求出现了错位，这也制约了大学生就业选择的发展。我国当前正处于产业结构调整时期，一些新兴的行业对专业人才需求迫切，而高校的专业结构调整却相对滞后，一些大学的专业设置没有按照市场需求进行规划，存在较大的盲目性，专业趋同现象十分严重，导致供给大于需求。

2. 对科学研究发展的总结

目前世界各国正在结合新兴技术发展趋势和发展诉求，积极推进高速公路传统机电系统升级，持续开展基于多传感融合的超视距感知智能主动管控、车路协同、长寿命新型道路材料等新技术研究及试点应用，着力推进智慧高速公路发展路径探索及完善。

高校研究缺乏顶层设计和系统的研究计划。在高校承担的公路领域多项研究任务中，这些任务大多是分散的，并没有形成有机的研究整体，这导致研究的适用性较弱，在实际应用中无法发挥其应有的作用。例如，在智慧公路的建设中，美国高校以具体项目为导向开展研究，如推动车路协同探索，实现安全运行水平跃升等。通过对730万起交通事故的分析和统计，美国高速公路管理局(NHTSA)预测车联网系统部署能够减少近80%的车辆碰撞事故。然而，我国的智能公路发展通常涉及的共建部门繁多，导致组织管理松散，技术标准也缺乏统一。同时，在科技研发领域，我们更注重数据收集，但对于核心模型和继承分析方面的投入相对不足。此外，院校与企业之间的合作存在不足，科学研究学科壁垒难以被打破。

3. 对师资队伍与人才培养的总结

师资短缺限制了公路专业发展。自20世纪90年代末以来，许多高校开始实行扩招，然而，随着学生人数激增，学校的各项软、硬件设施都不能满足需求，其中最突出的问题就是师资力量短缺。在公路专业中出现了教师队伍的素质下降，并直接影响了学生的培养质量，从而无法满足用人单位对公路专业人才的需求。当前，高校出现了“一师多用”的现象，增加了教师的工作压力；同时，高校教师在工作中存在科研压力大、没时间精心备课、不讲究教育方法、讲课满堂灌、课后拿书走人、考试标准不严、考试一锤定音等问题。而这直接造成教学质量与教育质量的下降，从而导致公路专业毕业生无法满足用人单位的需求。

目前，我国在公路专业人才培养方面还存在诸多问题，如注重理论知识传授，忽视创新能力和实践能力的考察等。在传统的公路专业课程教学中，院校通常会采用日常教学、期末检测的教学模式，教师往往会将学生的期末考试成绩作为判断学生学习成效的重要依据。

(二)公路高等教育的未来展望

1. 对院校专业发展的未来展望

要提高院校办学层次和管理，树立新时代发展目标。在新工科理念的指引下，应该始终将提升工程人才的专业素养为教育培养的核心目标，并围绕这一目标对公路专业教育工作进行持续改进和完善，从而逐步提升公路专业人才培养质量。具体来说，学校要以提高学生综合素质，加强其创新精神和实践能力为目标，突显公路专业立足行业、面向全国、特色鲜明、适用面宽、与时俱进以及主动适应社会经济发展的人才培养特点。

要突出公路专业特色和院校发展特点，提高公路专业发展水平。鉴于我国现行的专业结构设置与市场需求不匹配的现状，各院校要制定特色鲜明、类型多样、突出宽口径厚基础特点的专业培养方案。公路专业要以大类培养为主导，紧密跟踪公路交通行业发展需求，面向国际，面向未来，找准定位，以培养类型多样、特色鲜明的人才为目标，以人才分类培养为导向，率先开展人才分类培养方案并探索和完善相关课程体系，推进拔尖创新人才培养。

2. 对科学研究发展的未来展望

高校要以对公路研究的顶层设计为基础，增强合作意识。目前形成了以国家级科研创新基地、国防科技实验室、其他国家级科研基地、部级科研基地为平台的科学研究发展中心。院校要积极与不同研究部门开展合作，提高研究整体性和效率，打破科学研究的学科壁垒，加强公路专业领域理论知识的实用性和实践性建设。

基于科学研究成果构建创新实践平台，以解决过程中理论与实践脱节的问题。在“新工科”背景下，院校应成立以重点实验室、实验教学中心以及以科研企业为依托的综合性创新实验实践平台。推动建设与专业人才相融合的校企联合创新实验实践基地，采用产学研合作等形式进行联合培养，为学生提供到企业中参观、实践、学习的机会，由经验丰富的职工进行指导，同时聘请企业老师定期讲座，将产品的设计、研发、试制与生产转换到重点实验室与相关企业，引导学生进行全方位、多层次的实践，实现不同平台的有序衔接。

3. 对师资队伍与人才培养的未来展望

提高师资队伍发展水平和层次。院校应扩大公路专业教师队伍规模，持续提高师资队伍质量，逐步转变教师传统的教育理念，围绕公路专业课程教学，以教材为基础，但又不能完全依赖于专业教材。作为教师，要积极了解社会对于人才的需求，并以此为依据有针对性地开展公路专业课程教学活动。在实践操作中，公路专业教师需定期开展全面而深入的市场调研活动，同时，在市场调研中，要加强对公路类企业的访问和评估，掌握当前行业的发展动态，从而判断行业当前的发展现状以及未来一段时间的发展方向，进而明确行业发展对于公路专业人才的实际需求。

培养具有创新观念的实践型人才，一方面要紧紧围绕培养目标不断提升公路专业学生的专业知识及技能水平；另一方面则要使学生树立正确的学习理念，具体而言，教师要通过科学的教育引导，使学生认识到，公路专业领域所涵盖的知识和技术多面而丰富。在专业课程的学习中要始终保持认真、严谨的学习态度，并且在后期走向社会时，要树立起服务企业、服务社会的理念，为我国未来社会的建设与发展贡献自己的力量。

第四章　中国水运高等教育发展

水运是现代交通运输体系的有机组成部分，具有运量大、成本低的特点。我国有优越的航运条件，特别是在铁路运力不足、建设周期长以及公路营运成本高的情况下，国内水运需求巨大，发展前景广阔。自党的十八大以来，党中央及国务院陆续提出了“海洋强国”目标和“一带一路”重大倡议，确立了“两个一百年”奋斗目标。“一带一路”倡议起于中国，横跨中亚、东亚、南亚、西亚乃至欧洲部分区域，东携亚太经济圈，西系欧洲经济圈。2014年，国务院印发了《关于促进海运业健康发展的若干意见》，正式将“海运强国”上升为国家战略层面。党的十九大作出了建设交通强国的战略部署，要求推进海运业由大向强的转变，为我国交通发展指明了前进的方向。

近年来，我国水路运输发展取得了重大成就。世界一流港口建设装上“智慧芯”，航运网络开放融合，在服务国家重大战略中彰显了韧劲和力量，为畅通国际物流大通道发挥了重要作用。全球规模最大、自动化程度最高的码头——上海港洋山深水港区四期码头，从设备到“大脑”，均为中国制造。综合交通加快发展，水运在补齐高效率的普通干线网短板中发挥了不可或缺的作用。2020年底全国内河航道通航里程达12.8万公里，其中高等级航道1.61万公里，沿海港口万吨级及以上泊位数达2530个。5G技术正在为智慧港口赋能。首个5G全场景应用智慧港口项目——厦门远海码头5G智慧港口项目落地，130万平方米作业区域全面覆盖5G信号，为港口自动化、数字化、信息化发展带来全新的生命力。海运承担了我国九成以上的货物运输量，近年来以更加开放融合的姿态加速与世界同频共振、深度交融。海南成为我国最开放、最具吸引力和活力的地区之一，以“中国洋浦港”为船籍港的国际船舶超20艘。上海港已经连续10年稳坐全球集装箱吞吐量第一大港，集装箱班轮航线直达全球近300个港口，航运交易、经纪、保险等各类产业形态加速聚集……以上海为代表的国际航运中心融入全球产业链、价值链、物流链，有力推动了更高水平的对外开放。越来越多的中国方案、中国智慧走上国际航运舞台，换来的是多方共赢、和谐共生。我国多次举办中国欧盟、中美欧、中国丹麦等多边、双边海运会谈，签订中巴(巴拿马)海运协定等，深化国际合作交流。

水运高等教育为我国水运交通事业运行与发展提供了重要的支撑力量，培养出大量高端、优质的水运工程领域专门人才。科学规划水运高等教育、进一步提升水运人才培养质量、积极推动水运交通事业迅猛发展，对国民经济建设和社会发展有着不可替代的重要作用。

一、中国水运高等教育发展概况

（一）中国高等航海教育的兴起（1949—1977）

1949 年 10 月 1 日，中华人民共和国成立。全国解放之初，中国人民解放军各地军事管制委员会遵照中共中央指示，接管了原有的学校，其中具有交通运输性质的水运学校有吴淞商船专科学校、东北辽海商船专科学校、武昌海事职业学校及福建私立高等水产航海学校等航海学校，但规模较小。

1. 南有河运，北有海运

1949 年 8 月，由中原临时人民政府成立的中南交通大学与武昌海事职业大学合并。1951 年，转由中央交通部领导，并改名为“武汉河运学院”，专门培养内河航运人才。随着内河运输的不断发展与壮大，水运行业急需大量高水平水运工业技术人员。1957 年 1 月，经高等教育部批准，交通部将武汉河运学院改为“武汉水运工程学院”，专门培养高水平水运工业人才。

1950 年，中央交通部接管原国立吴淞商船专科学校，翌年 9 月 12 日，与上海交通大学航业管理系合并，新校定名为“国立上海航务学院”，由中央交通部管理。原东北国立辽海商船专科学校几易校名与隶属关系，于 1951 年 4 月改名为“东北航海学院”，交由中央交通部领导。1953 年 3 月，中央交通部、教育部根据政务院关于高等院校调整的精神，将上海航务学院迁往大连与东北航海学院正式合并，成立“大连海运学院”，直属中央交通部。同年 7 月，将福建航海专科学校（前身为福建私立集美水产商船专科学校）并入大连海运学院。

在 1951 年至 1953 年期间，全国高等学校院系调整中，中央人民政府交通部接办了武汉河运学院和大连海运学院。至此，交通部直属高等院校中有两所水运院校，形成了“南方河运，北方海运”的高校布局。这是中华人民共和国成立初期，对过去的水运高等教育的整顿与改善，是发展中国水运高等教育的新起点。随着我国国民经济和水运事业的发展，经过院、系调整和教学改革，水运院校的专业设置和办学规模相应扩大，初步形成了以大连海运学院和武汉水运工程学院为主体的高等水运教育，开创了我国水运高级技术人才培养的新局面。

与此同时，为适应海运事业发展对航运专门人才的需要，1958 年交通部决定在上海恢复高等海运教育，1959 年 7 月，上海海运学院正式成立。至此，交通部已有 3 所水运高等学校。根据 1961 年中共中央对国民经济实行“调整、巩固、充实、提高”方针精神，交通部对部属院校专业布局进行了三次调整，使水运院校进一步突出了专业特色，大连海运学院以海洋运输类专业为主，上海海运学院以水运管理类专业为主，武汉水运工程学院以水运工程类专业为主。

2."文革"期间的艰难办学

由于受"文革"影响,1966 年到 1970 年,所有交通院校全部停课,停止招生和正常的教学活动。1970 年 3 月,根据中央《关于高等学校下放问题的通知》,交通部所属大连海运学院、上海海运学院、武汉水运工程学院先后下放到地方。直至 1971 年 1 月,武汉水运工程学院首次以招收工农兵学员的方式恢复办学。

1976 年 10 月 6 日,中共中央粉碎"四人帮"。遵照中共中央部署,各交通院校进行拨乱反正,整顿秩序,加强管理。1977 年下半年至 1978 年 9 月,为适应交通事业恢复和发展需要,在国家有关部委和地方政府的支持配合下,经国务院批准,大连海运学院、武汉水运工程学院、上海海运学院相继改为交通部和学校所在省市双重领导,以交通部为主的领导体制。

(二)水运高等教育深化改革时期(1978—1993)

党的十一届三中全会以后,全党工作中心的转移得到恢复和发展。伴随着改革开放和社会主义经济建设的发展,水运高等教育开始走上加快发展的道路。"六五"期间,是恢复、整顿、改革、发展的五年;"七五"期间,贯彻落实《中共中央关于教育体制改革的决定》,坚持深化改革,初步形成多层次、多形式,专业门类较齐全的水运教育体系;"八五"期间,继续深化改革,是水运教育从数量增长转向全面提高质量和办学效益的开始,进一步统筹规划、合理布局,完善水运教育体系,推动水运教育事业稳步发展。

1.深化教育改革

1985 年《中共中央关于教育体制改革的决定》发布以后,水运高等教育开展了多方面的改革。1992 年 10 月,党的十四大正式确立了"社会主义市场经济体制"的改革目标。1993 年 2 月,中共中央、国务院印发《中国教育改革和发展纲要》,加快了我国教育改革和发展。1993 年 2 月,交通部印发了《关于普通交通高等学校深化改革,扩大办学自主权的意见通知》。《通知》确定,学校根据交通建设和社会需要的变化及学科发展,在保证教育质量的前提下,可以在现有本、专科专业范围内调整专业方向,增设与现设专业相近的专业和交通主干专业的配套专业。从 1992 年开始,经交通部批准,大连海运学院、上海海运学院相继进行综合改革试点或实施综合改革方案。综合改革包括内部管理改革、教学改革、专业学科建设等内容。

(1)对专业、层次结构进行调整。加强航海、港航、运管等水运主干专业的建设,突出水运教育的特点。

(2)对招生和分配制度进行改革。从 1983 年起实行,1985 年正式对水上专业的毕业生实行预分配的方法,使毕业实习的教学阶段能与生产实际更紧密地结合。为提高航海类专业生源的质量，经国家教委批准，航海类专业招生与军事院校等同批提前单独录取，并从1987年起，批准大连海运学院可以按招生计划的一定比例招收中学保送生，以保证优先录取有志于航海事业的优秀青年入学。

(3)实施和加强水运专业的半军事化管理。为加强船员素质培养和养成教育，1982年4月，交通部、财政部、教育部联合签发《关于恢复大连海运学院四个海上专业的学生实行半军事化管理的请示》上报国务院。经国务院领导批准，同年5月，大连海运学院恢复对航海类专业学生实行半军事化管理。在此之后，1988年5月，交通部决定在上海海运学院、集美航海专科学校、武汉河运专科学校的水上专业学生中试行半军事化管理，并由交通部拨专款支付半军事化管理部分费用。大连海运学校于1983年在交通中专学校亦率先实施半军事化管理。水上专业实施半军事化管理对促进学生德、智、体全面发展，培养航运事业高素质人才，具有深远意义，成效显著。

(4)制定水运主干专业人才培养方案，组织开展专业教育质量评估检查。为加强水运主干专业建设，1985年开始由高等学校港航、交通运输管理教材编审委员会，组织专家研究制定了航海类专业教育质量评价指标体系和本科"人才培养规格"。

2. 人才培养模式的改革创新

1993年以来，各校以教学改革为突破口，实施新的人才培养模式，用模块式教学、第二专业、多证书制、主辅修制、学分制等多种途径培养厚基础、宽口径、强能力的复合型且德、智、体全面发展的跨世纪新型人才。航海专业根据国际海事组织STCW78/95公约的要求，全面修订教学计划，突出英语教学、实践动手能力以及必要的管理、经济知识的培养，实施了"驾通合一""机电合一"复合型人才和"江海直达船舶驾驶"专门人才的培养方案。1993年3月，根据国际航运业发展现状及趋势，为主动适应航运业对人才培养的要求，交通部高等航海教育教学工作会议在上海召开，重点讨论海洋船舶驾驶专业(驾通合一)轮机专业(机电合一)教学计划和培养方案。大连海运学院率先在1993—1994学年第一学期开始在海洋船舶驾驶和轮机管理两专业92级分别执行"驾通合一"和"机电合一"的教学计划，使水运教育的专业与课程建设以及人才培养模式实现了历史性突破。

3. 研究生教育恢复与发展

1980年，国务院颁布了《中华人民共和国学位条例》，明确了我国学位类别与体系。与此同时，为了提高教育质量，满足交通人才培养的需求，交通部在全国交通系统开展了交通专门人才现状调查和需求预测工作，提出交通高等学校在办好本科和专科教育的同时加强研究生教育的要求。国家学位制度建立后，1981年11月，大连海运学院、上海海运学院、武汉水运工程学院成为首批硕士学位授予单位。1984年1月，武汉水运工程学院、大连海运学院获博士学位授予权。

为了积极扩大研究生规模，努力提高普通本科院校的办学层次，交通部和教育部在招生计划安排上坚持规模、结构、质量、效益统一和协调发展的方针，坚持按需要定发展、以条件定规模的原则，合理确定本专科和研究生招生计划。为了加强水运高等院校研究生招生工作的公平、公正，大连海运学院率先成立研究生招生工作领导小组，树立良好的学习风气。这一时期，水运高等院校采取了多项措施，不断提高研究生的教育质量，重点提高英语教学质量和论文质量。

4. 改善教学实验和实习条件

从 1983 年开始，为了适应办学规模的扩大，保证教学质量，交通部和地方交通部门及学校主管单位努力筹措资金，增加教育投入，逐步改善办学条件。主要解决当时极端困难的教工和学生生活用房问题，更新实验设备，恢复、重建和增设教学急需的实验室，保证教学需要。

1980 年 10 月，大连海运学院自挪威引进雷达导航模拟器和轮机模拟器，1981 年正式投入教学。1981 年 10 月，由交通部投资，大连海运学院和上海海运学院各购一艘万吨级远洋船，改装为教学生产实习船，分别命名为“育英”“育青”。这在很大程度上改善了航海类专业学生专业技能训练和海上实习的条件。1982 年 11 月，在武汉水运工程学院召开了部属院校实验工作会议，推动和加强实验教学建设。

为了解决航海院校学生海上实习问题，在航运企业支持下，交通部调拨生产船舶和外购船舶改装为教学生产实习船的同时，投资 1.42 亿元，自行设计建造“育龙”“育锋”两条万吨级具有先进水平的远洋实习船。中津远洋公司对所属院校在“六五”至“八五”期间共投入 2.27 亿元，并为学校配备了 4 艘实习船。1995 年 8 月，大连海运总公司凌水修船厂移交大连海事大学改建成“航海训练与研究中心”，至此，32000 平方米的陆域、27000 平方米的海域及 9000 平方米的建筑复归大连海事大学，为此交通部拨款 3000 万元。

5. 调整师资队伍结构

在办学规模迅速扩大的情况下，补充新师资、提高师资队伍水平已成为发展交通教育的重要环节。为此，交通部从“六五”初期着手对师资队伍进行普遍提高和重点培养，补充了大批优秀本科毕业生和硕士研究生。

1978 年 9 月，在大连海运学院召开了交通院校师资工作会议，讨论加快培养师资的措施，拟定有关加强师资管理的办法。同年 12 月，贯彻全国教育工作会议精神，部属学校先后制定了“1978—1985 年学校教师发展规划”和“师资培养规划”。“六五”期间，部属高校选派出国留学生 174 名，其中进修生 134 名、研究生 40 名。从 1985 年开始，除国家计划公派出国进修生外，每年交通部还自筹资金，选派 30 名左右的出国进修生，以培养中青年教师。

“七五”期间交通院校师资队伍建设进一步得到加强，师资结构有了进一步改善。普通高校重点围绕硕士、博士学位授予权专业和重点学科建设制定学术梯队建设计划并组织实施。从“七五”开始，交通部每年拨出 30 万美元外汇额度和 400 万元人民币用于交通高校师资培养。除了国家配给的教师出国进修指标外，交通部还自筹资金每年派 20 至 30 名教师出国进修和 10 余人次教师出国参加国际学术会议，并安排委托培养研究生，以补充师资队伍。与此同时，在原交通部英语培训班的基础上，于 1986 年 7 月在上海海运学院建立了交通部上海外语培训部(对外称“交通部上海出国培训部”)，印发了《关于部属院校出国留学教师选派和管理试行办法》《关于部属院校参加国际学术会议的管理办法》，组织开展教师职务任职资格评审工作，并于 1986 年 6 月设立交通部航海类专业教师职务评审委员会，开始组织航海类专业教师任职资格评审。这些措施的实施，使高校的师资水平得到进一步提高，学历与职称结构有了明显改善。

6. 调节水运主干专业结构

根据《中共中央关于教育体制改革的决定》，交通部根据国务院关于制订全国专门人才规划的要求确定了办好“交通主干专业”的战略思想。在专业建设上，要继续调整部属高校的专业科类结构，改善专业结构，努力办出交通院校的特点和学科特色。据此，水运高等院校首先选定水运主要专业，加以重点建设，并增设急需的短线专业，注意发展管理学科，初步形成具有水运特色、主干专业基本配套的专业科类体系。水运主要专业是指为水运所必需的基本骨干专业，主要包括船舶驾驶、轮机管理、船舶通信导航、船舶电气管理、港口及航道工程、船舶工程、船舶机械、交通运输管理工程等。

(三)全面建设海洋强国、航运强国(1994—2023)

2012 年，党的十八大首次提出“发展海洋经济，建设海洋强国”国家战略。2014 年 9 月 3 日，国务院发布《关于促进海运业健康发展的若干意见》(以下简称《意见》)，作为中华人民共和国成立以来我国国家层面上第一个关于海运业发展的顶层设计，《意见》第一次比较全面系统地明确了海运发展的战略目标和主要任务，标志着海运发展正式上升为国家战略，为“发展海洋经济，建设海洋强国”进一步奠定了稳固的基石。习近平总书记曾深刻指出：“经济强国必定是海洋强国、航运强国。”深刻阐明了海运与经济、海运与国家战略的关系，为我国未来海运事业的发展指明了方向。航运专业人才是航运强国的智力支撑。目前，我国已经建立了各个层次、各种类型的人才培养、培训学校、组织。既有如大连海事大学、上海海事大学、集美大学等高等学府，也有专门的高级船员和技能型人才培训基地。这些学校、基地为国家培养了航运业急需的基础建设人才、管理人才、尖端人才。

1. 211 工程

1993 年 2 月，国家颁布了《中国教育改革和发展纲要》。7 月，国家教委下发了《关于重点建设一批高等学校和重点学科点的若干意见》的通知，决定设置“211 工程”重点建设项目，即面向 21 世纪，重点建设 100 所左右的高等学校和一批重点学科点。“211 工程”是实施“科教兴国”战略而进行的一项跨世纪工程，它的总目标是：力争到 20 世纪末，在教育质量、学科建设、科学研究、管理水平和办学效益等方面得到明显提高。

水运高等院校进入“211 工程”建设，对提高水运高等教育的水平意义重大。1996 年 2 月，大连海事大学被正式批准为首批“211 工程”预备立项的 29 所院校之一。大连海事大学部分学科接近或达到国际同类学科先进水平，成为国内高等教育领域（特别是航海运输领域）培养高层次人才、解决航运事业重大科技问题的基地之一，为到 21 世纪初叶把大连海事大学建成具有一定国际影响和有中国特色的社会主义大学奠定坚实的基础。截至 2000 年，大连海事大学通过对 2 个重点学科建设项目，其中包括 7 个重点实验室项目进行的重点建设，累计完成了“211 工程”投资经费 11800 万元。

通过“211 工程”建设，促进了水运高等教育水平、科研水平、管理水平、办学效益和高层次人才培养水平的提高，有效地推进教学、科研的现代化和学科建设的现代化，迎接和适应知识经济时代所面临的挑战；有利于培养和造就一支高水平的教师队伍，培养一大批高素质的交通专门人才，全面提高学校的教学和科研水平；加快了学校教育改革进程，优化了学科专业结构，改善了办学机制。

2. 水运高校规模迅速扩大

1992 年 6 月，经国家教委批准，武汉水运工程学院与武汉河运专科学校合并，1993 年 12 月正式更名为“武汉交通科技大学”；为了适应我国华南地区特别是广东、海南经济发展和对外开放对航运专门人才的需要，同年 7 月，广州海运学校和武汉水运工程学院广州航海分部合并，成立“广州航海高等专科学校”。合并成立的武汉交通科技大学是当时交通部办学规模最大，以水运工程类和航海类专业为主，兼设管理、社科类专业的综合性大学，教学和科研实力较强，可以更好地适应我国交通运输特别是内河和江海航运事业发展对人才的需要。

1993 年 8 月 22 日，江泽民总书记和丁关根、李铁映、温家宝等中央领导和有关部委、省市领导视察大连海运学院，江泽民总书记作了重要讲话，并亲笔为学院题词——“坚定、严谨、勤奋、开拓，建设世界第一流的高等航海学府。”1994 年 2 月，经国家教委批准，大连海运学院更名为“大连海事大学”，江泽民总书记亲笔为大连海事大学题写校名。

截至 2023 年，全国有 12 所高等院校开设了航海技术专业，21 所高等院校开设了轮机工程专业，35 所高等院校开设了港口航道与海岸工程专业，12 所高等院校开设了船舶电子电气工程专业。随着外派海员业务的发展，我国水运高等院校人才培养规模在不断扩大，仅大连海事大学、上海海事大学、集美大学、武汉理工大学等四大传统水运院校，从 1998 年到 2005 年毕业生数量将近翻了一番，达到 2500 人左右，这是历史上从未有过的数字。我国水运类学生培养能力逐年增强，2007 年培养规模达 17000 余人，与 2005 年同比增加 30%以上，我国水运院校数量和培训规模都位居世界首位。据不完全统计，从 2004 年至 2013 年 10 年间，全国航海院校累计向社会输送了 19.5 万不同层次的水运类专业毕业生，高等航海院校航海类毕业生约为 5000 人，有力地支持了水运事业的快速发展。

3. 水运高校联盟

我国水运行业在 21 世纪后进入快速发展轨道，综合实力稳步提升，但创新型人才培养模式落后、自主创新能力不强等问题仍然突出。2012 年 1 月 10 日，由第六届船舶与海洋工程国务院学科评议组与哈尔滨工程大学召集 14 所高校共同发起的“船舶与海洋工程大学联盟”成立大会在哈尔滨工程大学举行。船舶与海洋工程大学联盟是由哈尔滨工程大学、江苏科技大学、天津大学、华中科技大学、大连理工大学、华南理工大学、西北工业大学、中国海洋大学、大连海事大学、海军工程大学、武汉理工大学、广东海洋大学、集美大学、宁波大学 14 所高校共同发起成立的。

水运高校以船舶与海洋工程大学联盟为平台，充分利用网络等现代教育教学手段，积极推进船舶与海洋学科领域内各高校优势资源的共享，推进船舶与海洋学科领域内各高校的课程体系建设，并为高校之间实现学分互认、课程共享提供实践经验，签订了“船舶与海洋工程大学联盟共享课程建设项目合作意向书”“船舶与海洋工程大学联盟研究生实践基地共享合作框架协议”，目的是在船舶与海洋工程学科专业领域内共享、共建一批研究生实践基地，推动专业学位研究生实践教学，使之成为联盟高校间“发挥特色优势、推进资源共享、加强协同创新、促进人才培养”的重要平台。

近年来，在国家海洋强国、“一带一路”倡议等重大举措持续推进的背景下，航海类人才培养工作面临新的机遇和挑战。“共享首航”的启动，不仅是联盟统筹资源、优化配置，推动开放共享、服务创新进一步深化的建设性进展，更是共用与共享相结合新模式新机制下促进人才培养的良好开端，标志着联盟实践育人平台共享进入实质性运行阶段。2016 年 10 月 15 日，“中国航海实习船共享联盟”正式成立，联盟以大连海事大学、上海海事大学、武汉理工大学、集美大学四所海事院校为主体，广泛吸纳其他拥有实习船和具有实习船使用需求的院校、科研院所、培训机构、企业等单位共同参加。

4. 重点学科和重点实验室建设

建设重点学科有利于多学科相互依托，形成有特色的学科群体，为培养不同类型各种层次的高级技术人才提供了载体。1992 年 11 月，交通部正式批准将大连海运学院海洋船舶驾驶、轮机管理 2 个专业列为交通部“八五”首批建设和部级重点学科。从 1992 年开始至 1994 年，交通部先后完成了大连海事大学（大连海运学院）交通信息工程及控制（原航海技术）、轮机工程、载运工具运用工程 3 个部级重点学科的立项和审定工作。

在重点学科上新台阶的同时，部属普通高校博士点学科建设亦有新进展。1995 年 3 月，武汉交通科技大学经批准设立了“船舶与海洋工程”学科博士后流动站。紧接其后，武汉交通科技大学载运工具运用工程（1996 年）、大连海事大学国际法学（1998 年）、上海海运学院交通运输规划与管理（1998 年）分别取得了博士学位授予权。

截至 2023 年，大连海事大学拥有 2 个国家重点学科、10 个省部级重点学科、2 个省级重点培育学科、9 个一级学科博士学位授权点、22 个一级学科硕士学位授权点、7 个博士后流动站；上海海事大学现有 1 个国家重点（培育）学科、4 个一级学科博士点、17 个一级学科硕士学位授权点、3 个博士后科研流动站；武汉理工大学现有一级学科博士学位授权点 22 个，一级学科硕士学位授权点 45 个，博士后科研流动站 17 个，同时有 22 个硕士专业学位授权类别，39 个硕士专业学位授权领域，在国家第四轮学科评估中，材料科学与工程获 A＋等级。

5. 产学研深度合作

多年来，水运高等院校坚持将科研与学科建设相融合，努力探索为水运交通发展服务的科技创新之路。早在 1979 年，交通部批准成立大连海运学院航海科学技术研究所和上海海运学院水运经济科学研究院。此后又陆续成立武汉水运工程学院船舶工程研究所、轮机工程研究所、计算机应用研究所等。各校都发挥了各自在科技和人才方面的优势，一方面争取多承担国家项目，另一方面积极开展横向联系，开展对外科技服务，承担科研项目。1988 年 6 月，经交通部及教育部研究决定，成立交通部航海教育研究会。

水运高等院校紧密联系生产实践，积极开展科研工作，取得了丰硕成果。大连海事大学的“董氏镀铁”技术被国家列为重点出口的技术项目及重点推广项目，这项高新技术的推广应用，为国家节省了大量外汇，也为学校创造了可观效益。武汉交通科技大学研制的国产首台“WMS－Ⅰ型远洋船舶轮机仿真训练器”，1995 年 12 月通过交通部组织的技术鉴定，填补了我国自行设计、制造远洋船舶轮机仿真训练器的空白，第二台、第三台轮机仿真模拟器先后在深圳明华公司培训中心和舟山航海学校安装。上海海运学院完成的“交通工程 LED 显示系统关键技术”研究成果，在高速公路及船舶管理中得到了很好的应用。可以说，水运高等院校在落实交通部提出的“科教兴交”战略中发挥了生力军的作用。

1995 年，是水运高等教育发展改革的关键之年。从第九个五年计划开始，水运高等院校认真贯彻执行党中央关于优先发展教育的指导方针和“科教兴国”战略，根据科技市场需求信息和水运高校学科特色优势，坚持抓好科研合作和立项管理工作，积极开展与各省、市交通厅（局）及省市相关部门、企事业单位的沟通工作，全方位开展科研项目合作。

2008 年，长江海事研究中心在武汉理工大学正式揭牌成立。该中心将充分发挥高校拥有的关键技术和软科学能力，为长江海事发展中的重大问题提供技术咨询和智力支持，进一步提高其科学决策水平。2010 年，为加速企业在船舶及海洋工程领域的发展，中远船务与哈尔滨工程大学签订战略合作协议，通过技术创新积极打造企业的核心竞争力。2013 年，上海市建交委与上海海事大学签订战略合作协议，双方就建立政府与高校沟通合作平台、共建上海国际航运研究中心、共同推动协同创新中心建设、加强信息资源合作共享、合作培养优秀人才等方面达成共识。2016 年，长江引航中心分别与大连海事大学、上海海事大学、武汉理工大学和集美大学等四所航运高校签署共建合作协议。同时，长江引航中心大型船舶模拟操纵培训基地、内河引航技术研究中心暨人才培养基地分别在上海海事大学和武汉理工大学揭牌。

6. 水运高等教育国际化

改革开放以来，水运高等院校十分注重对外交往和校际交流，坚持走开放办学之路，加强与世界知名高水平大学和高等教育机构的深层次交流与合作，不断提高国际化办学水平。

在交通部的支持下，我国水运高等学校先后与俄罗斯、美国、日本、德国、加拿大、英国、韩国、澳大利亚、埃及等国家的国际著名院校正式建立合作关系，在合作办学、互派访问学者和留学生、合作科研等方面一直保持着实质性联系，合作的领域不断拓宽。1983 年 10 月，由国际海事组织主办，联合国开发计划署资助的“亚太地区海事培训中心”在大连海事大学正式成立。于 1985 年 10 月，世界海事大学第一个分校“世界海事大学大连分校”在大连海运学院成立。从 1983 年起，我国高等航海院校代表担任世界海事大学董事，应邀派教授到世界海事大学讲学，并逐年选派留学生到世界海事大学学习。

在全球经济特别是国际航运一体化趋势日益明显的今天，加强外事工作，广泛开展国际合作与交流，是水运高等院校建设和发展的必然要求。

二、水运类高等院校发展概况

（一）水运类高等院校

1. 大连海事大学

大连海事大学的发展历史，代表了中国高等航海教育的发展历程。学校在民族饱受外辱、国运衰败之际萌发创办，并肩负着“挽救航权，振兴国运”的历史使命，虽几经周折、历经磨难，但始终薪火相传，不断发展，培养了大批航运事业的栋梁之材，为振兴和发展国家航运事业作出了重要贡献。大连海事大学位于中国北方海滨名城大连市西南部。学校占地面积 136 万平方米，校舍建筑面积 95 万平方米。学校拥有设施和功能齐全的航海类专业教学实验楼群、航海训练与工程实践中心、水上求生训练馆、教学港池、图书馆、游泳馆、天象馆等;拥有航海模拟实验室、轮机模拟实验室等100余个教学科研实验室;拥有2艘远洋教学实习船。

在双一流建设的背景下,大连海事大学成为较早一批进入双一流建设名单的高校。2017年,其交通运输工程学科进入国家“双一流”建设学科名单。大连海事大学在水运领域的学科建设历史悠久,发展体系完善,设有航海学院、船舶电气工程学院、交通运输工程学院、船舶与海洋工程学院、轮机工程学院等多个院系。在学科建设、师资力量发展、科研实力提升、国际交流合作领域都有较大发展。以航海学院为例,目前设有航海技术、海事管理、地理信息科学和安全工程四个本科专业,牵头国家“双一流”建设交通运输工程学科,在交通运输强国战略对于综合型人才发展的要求下,积极开展学科和高水平人才培养建设,另设有交通运输工程及控制、航海科学技术和海上工程交通三个二级学科硕士点和博士点,已形成博士、硕士、本科等多层次、多方式的办学体系。在师资力量建设上,形成了以国内外航海界知名度高、影响大、学术造诣深的教授为带头人,以具有博士、硕士学位的中青年骨干教师为主力的多支学术梯队。在科研实力上,学院承担了多项国家自然科学基金、交通部及部属单位的科研产品,获得的科研成果处于国内领先或达到国际先进水平,结合我国在航海领域重大战略需求,发展出应用导向性更强的学科,包括海上智能运输工程、船舶运输安全保障分析、船舶导航技术等多个研究细分方向,为我国海洋强国战略的不断推进做出重要贡献。

2. 上海海事大学

上海海事大学是一所以航运、物流、海洋为特色,具有工学、管理学、经济学、法学、文学、理学和艺术学等学科门类的多科性大学。2008年,上海市人民政府与交通部签订协议,共建上海海事大学。

中国高等航海教育发轫于上海,1909年,晚清邮传部上海高等实业学堂(南洋公学)船政科开创了我国高等航海教育的先河。1912年成立的吴淞商船学校,1928年更名为吴淞商船专科学校。1959年,交通部在沪组建上海海运学院。2004年,经教育部批准更名为上海海事大学。为更好地服务上海国际航运中心建设和国家航运事业发展,根据上海市高校布局结构调整规划,上海海事大学主体搬迁至临港新城。新校于2008年10月基本建成。校园占地面积133万余平方米,总建筑面积60万平方米,绿化率52%,水域面积8万平方米。

上海海事大学商船学院是其九大学院中最大的一个学院,其前身可以追溯到1909年南洋公学船政科(吴淞商船专科学校),1995年4月,航海系、轮机系合并组建商船学院。现设有航海系、轮机工程系、航运仿真技术教育部工程研究中心、航海科学研究所、中法联合伽利略系统与海上安全智能交通研究所、上海国际海事研究中心以及上海海事大学—挪威船级社国际合作中心。设航海技术、轮机工程、船舶电子电气、能源与动力工程4个本科专业,航海技术、轮机工程为国家级特色专业建设点和上海市本科教育高地。

上海海事大学商船学院的本科教育主要承担高级航海技术人才、高级工程技术人才，以及工程类复合人才的培养任务，拥有2个一级学科博士点，4个二级学科博士点，3个一级学科硕士点，4个二级学科硕士点，5个工程类专业学位类别，6个工程类专业学位领域。包含专业技术人才、复合型人才和综合研究型人才几大类型，在人才培养层次类型上是较为丰富的。此外，上海海事大学借鉴自身发展独特的地理优势，在交通部、上海市政府的支持下，按照国际模式建立上海高级航运学院。该学院作为一个相对独立的自主办学实体存在，也是国内唯一的航运类EMBA教育基地，目的是丰富和拓展高级航运人才的培训和进行行业资格认证培训。通过整合学院的优秀师资，丰富已有的学科专业内涵，创新课程建设，着重培养具有国际视野、管理才能，同时具有有关航运领域专业知识的新型人才。

上海海事大学作为国家培养高级航海技术人才的基地，以“重素质，保质量，培养敬业精神好，外语水平高，实践能力强的高级国际航海人才”为质量方针。自1972年以来，已有7000余名航海类专业毕业生走出校门，投身航运事业，其中许多人已成为我国国内外运输和航海科技事业的骨干力量，为我国的航运现代化建设做出巨大贡献。被誉为“中国航海家的摇篮”。

3. 武汉理工大学

武汉理工大学是教育部直属的211重点高校中唯一具有航海类专业、从事航海教育及航海专业人才培养的大学。学校在航海技术、轮机工程、海事管理等专业方面形成了完整的专业人才培养体系，其中航海技术、轮机工程、船舶与海洋工程、海事管理、物流工程等专业被列入国家“卓越工程师”教育培养计划专业。学校于1998年8月获得中华人民共和国海事局颁发的船员教育和培训质量管理体系证书，是我国首批获得质量体系证书的6家单位之一。

2006年6月，由教育部批准立项建设水路公路交通安全控制与装备教育部工程研究中心（以下称交通工程中心），由教育部主管，教育部与交通部共建，依托单位为武汉理工大学。上海交技发展股份有限公司、武汉南华高速船舶工程股份有限公司、国家火炬计划武汉汽车电子产业基地、孝感市捷能特种光源照明器具有限公司参与投资和建设；交通工程中心以武汉理工大交通工程设计研究院名称注册，具有独立法人资格。交通工程中心以合作协议和资源共享的方式取得中国远洋运输（集团）总公司、国家海事局、中国船级社、中国长江航运（集团）总公司、国家智能交通系统工程技术研究中心、青岛北海船舶重工有限责任公司等单位的支持与合作。交通工程中心致力于发展交通安全共性关键技术，促进交通安全技术的交叉与应用，提高科技资源的使用效益。主要建设内容有：交通安全监控与装备实验平台、交通系统仿真实验平台、交通安全评价与预警实验室、水路公路交通安全控制与装备中试及产业化基地。中国远洋运输（集团）总公司技术中心(国家级)武汉理工大学技术分中心挂靠交通工程中心。交通工程中心拥有以严新平教授为首的学科带头人队伍,在交通安全监控及装备、交通系统仿真、交通安全评价与预警领域形成了稳定的研究团队,拥有学术骨干30人,产业化技术人员13人,近几年承担了包括国家重点基础研究发展计划(973)项目、国家高技术研究发展计划(863)项目、国家自然科学基金项目和国家攻关项目、教育部博士点基金及省部级项目在内的各类科研项目200余项,年均研究经费近3000万元。

航运学院是武汉理工大学历史悠久、特色鲜明、优势突出的学院,已有70余年的办学历史。学院内设机构和挂靠单位有航海技术系、海事管理系、研究与试验中心、水上交通安全与环境研究仿真中心、船员培训中心、木兰水上训练基地、《交通企业管理》杂志社、内河航运技术湖北省重点实验室、中国航海学会内河船舶驾驶专业委员会,并与兄弟学院共建"国家水陆运输实验实践教学示范中心""国家船舶运输实验实训教学示范中心"。

70余年来,依托雄厚的师资力量和一流的教学实验实训条件,为我国交通运输行业培养了一代又一代具有卓越追求和卓越能力、引领行业发展和实现海洋强国、海运强国战略的高级航运人才。目前航运学院已发展成为我国交通运输工程、航海科学与技术和海事管理领域人才培养、科学研究和社会服务、航海文化传承与创新的重要基地。

4. 集美大学

集美办学始于著名爱国华侨领袖陈嘉庚先生1918年创办的集美学校师范部和1920年创办的集美学校水产科、商科,迄今已有百年历史,是福建省"双一流"建设高校、福建省重点建设高校,是交通部与福建省、自然资源部与福建省、福建省与厦门市共建高校。1994年,集美师范高等专科学校、集美航海学院、集美财经高等专科学校、厦门水产学院、福建体育学院合并组建集美大学。学校以"诚毅"为校训,在长期办学实践中坚持"嘉庚精神立校,诚毅品格树人",在海内外享有广泛声誉。

学校拥有国内先进的航海雷达模拟器、大型船舶操纵模拟器、GMDSS模拟器、航运与物流仿真模拟系统和水上训练中心等,实验室总面积约为6000平方米;拥有海上专业教学实习船"育德轮",总载重吨达6.4万吨,可同时满足138名师生在船上实习,集培训、科研和运输三种功能于一体;拥有2个国家级实验教学示范中心、1个国家级虚拟仿真实验教学中心、1个国家级大学生校外实践教育基地、2个省级大学生校外实践基地、1个省级研究生教育创新基地,学院的"虚拟仿真技术在航海技术专业学生实践动手能力培养的实践与创新"项目获评省级教学成果奖一等奖;学院对航海技术专业学生实行半军事化管理,并建立了"船员教育和培训质量管理体系",确保高质量航海类人才的培养。

集美大学主动响应双一流学科和专业建设的要求,在《集美大学关于推进一流本科教育建设的实施意见》中,提出要从全面深化教学改革,积极推进分层分类人才培养,考虑到学生知识背景结构的多元化，深化分层分类教学改革；打造一流师资队伍，构建教师教学能力提升机制，有针对性地开展教育教学理念、信息化教学手段等培训；大力推进一流专业建设，推进工程教育专业认证等，加强专业内涵建设，借鉴工程教育专业认证的理念和要求，做好课程设计；此外，进一步强化实践教学，构建全方位全过程深度融合的协同育人新机制，深化校企协同育人、校校协同育人等。

在《教育部办公厅关于公布2021年度国家级和省级一流本科专业建设点名单的通知》上，集美大学的交通运输、海洋渔业科学与技术等11个专业入选国家级一流本科专业建设点，数量位居福建省属高校第一名。自2019年至今，集美大学共有25个专业入选国家级一流本科建设点。

（二）水运类高等院校地区分布

本节将水运类高等院校定义为设有水运本科专业的高等院校。从图4-1可知，全国共有89所水运类高等院校，其中山东省开设的水运类高校数量占全国总数量的11%，共10所。总体来看，全国开设水运类高校较多的地区除了山东省外，还有上海市、湖北省、江苏省和浙江省，分别为10所、9所、9所和8所。

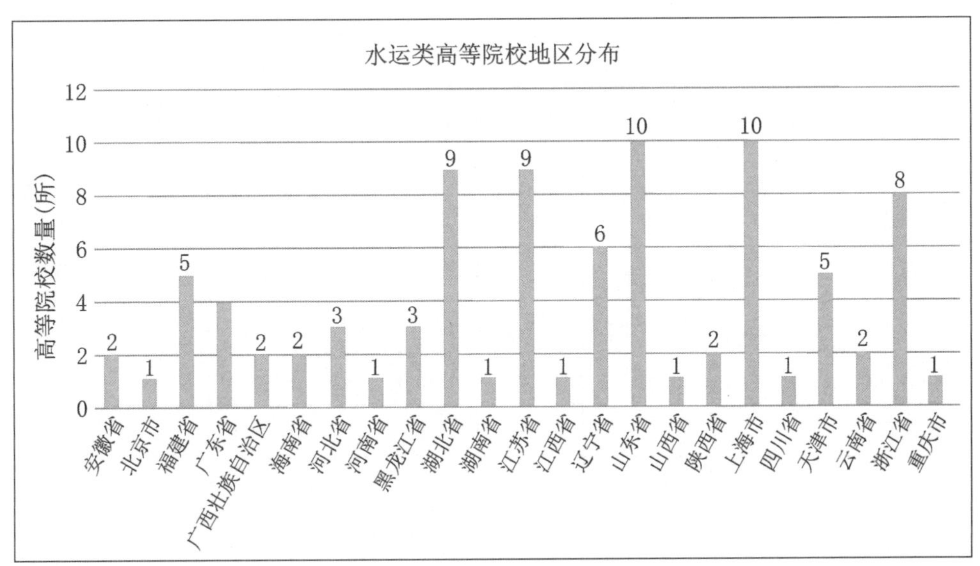

图4-1　水运类高等院校地区分布

（三）水运类高等院校层次分布

由表4-1可知，全国水运类高等院校中共有15所985院校，其中有三所在上海市、两所在山东省，同时，上海和山东也是全国开设水运类院校最多的地区。而水运类211院校主要分布在山东省、上海市、湖北省，各开设了三所水运类211院校。

表 4-1　水运类高等院校层次分布

省(区、市)	985 工程	211 工程	普通	研究所
安徽省	0	0	2	0
北京市	0	0	1	0
福建省	0	1	4	0
广东省	2	2	2	0
广西壮族自治区	0	0	2	0
海南省	0	0	2	0
河北省	0	0	2	1
河南省	0	0	1	0
黑龙江省	1	2	0	1
湖北省	2	3	4	2
湖南省	0	0	1	0
江苏省	1	2	6	1
江西省	0	0	1	0
辽宁省	1	2	3	1
山东省	2	3	7	0
山西省	0	0	0	1
陕西省	1	1	1	0
上海市	3	3	2	5
四川省	0	0	1	0
天津市	1	1	4	0
云南省	0	0	2	0
浙江省	1	1	5	2
重庆市	0	0	1	0
总计	15	21	54	14

* “211 工程”包含既是 211 又是 985 的高校。

(四)水运类高等院校一流学科建设综合竞争力排名

2023 年 6 月，第四届全国“双一流”建设与评价论坛在陕西西安隆重召开，“金平果”权威发布《中国研究生教育及学科专业评价报告(2021—2022)》，该榜由中国科教评价研究院(杭州电子科技大学)、浙江高等教育研究院、中国科学评价研究中心(武汉大学)、金平果科教评价网共同发布。这是"金平果"评价品牌连续十六年发布《中国研究生教育及学科专业评价报告》。

本次研究生教育评价的对象为中国内地的582个研究生培养单位(不含部分军事类院校和我国港澳台地区高校),共包含62个研究生院(2011年以前国家批准设立的研究生院和国家级科学院的研究生院以及军事院校的研究生院除外)、576所普通高等学校(含56所具有国家级研究生院的高校)。此次评价报告从31个地区(省、自治区、直辖市)、29个中国一流研究生院、62个研究生院、576所高校、12个学科门类、99个学术学位一级学科、392个学术学位专业(含34个自设专业)和38个专业学位一级学科共8个角度,对中国内地的582个研究生培养单位的竞争力进行了全面、系统和深入地评价,这是目前国内外最全面、最系统的研究生教育评价体系。2021年中国研究生教育竞争力排行榜的评价指标体系分为4个一级指标、17个二级指标、56个观测点。其中一级指标为:办学资源、教研产出、质量与影响、学术声誉;二级指标包括科研基地、一流大学、学位点、杰出人才、科研项目、科研经费、人才培养、科研成果、发明专利、学生获奖、论文质量、科研获奖、国家一流学科、ESI全球前1%学科和上年度优秀学科等内容。

根据中国高校一流学科建设综合竞争力排行榜所公示的高校排名,其中有23所水运类高等院校上榜。如表4-2所示,从总体得分来看,挤进前十名的学校分别是浙江大学(第三名)、上海交通大学(第四名)以及华中科技大学(第十名)。交通部直属院校大连海事大学作为历史悠久的水运类高校,一流学科综合竞争力位列第159名。而交通部共建院校武汉理工大学、长沙理工大学以及上海海事大学分别位列88名、210名和184名。

表4-2　中国高校一流学科建设综合竞争力排行榜(部分)①

学校名称	层次	排名
浙江大学	985	3
上海交通大学	985	4
华中科技大学	985	10
天津大学	985	22
华南理工大学	985	23
哈尔滨工业大学(威海)	985	24
大连理工大学	985	29

① 信息来源金平果科教评价网:http://www.nseac.com/

续表 4-2

学校名称	层次	排名
中国海洋大学	985	34
西北工业大学	985	50
宁波大学	普通	64
南京航空航天大学	211	79
中国石油大学(华东)	211	82
武汉理工大学	211	88
哈尔滨工程大学	211	107
杭州电子科技大学	普通	112
天津理工大学	普通	151
大连海事大学	211	159
江苏科技大学	普通	180
上海海事大学	普通	184
鲁东大学	普通	189
海南大学	211	202
长沙理工大学	普通	210
桂林电子科技大学	普通	226

水运高校目前主要分布在东北部地区，山东省无论从院校建设的数量还是建设层次看，都是水运发展较为突出的地区，以海洋运输为水运发展中心；其他如湖南省、湖北省、四川省等适合内河航运发展的地区，院校建设水平却略显不足。我国在水运交通领域的发展主要面向两个方面，一是海洋运输，二是内河运输。在海洋运输上，着力建设京津冀、长三角、粤港澳大湾区世界级港口群，支持山东省打造世界一流的海洋港口，推进东北地区沿海港口一体化发展，优化港口功能布局，推动资源整合和共享共用。有序推进沿海港口专业化码头及进出港航道等公共设施建设。适度超前建设粮食、能源、矿产资源的接卸、储存、中转设施，推进沿海沿江液化天然气码头规划建设。在内河航运上，要提升内河港口专业化、规模化水平，合理集中布局集装箱、煤炭、铁矿石、商品汽车等专业化码头。加强内河高等级航道扩能升级与畅通攻坚建设，完善长江、珠江、京杭运河和淮河等水系内河高等级航道网络，进一步提升珠三角高等级航道网出海能力，全面加强长三角、珠江-西江高等级航道网未达标段建设。推动重要支流航道和库湖区航道、内河旅游航道、便民码头建设。因此，具有海洋交通运输发展条件的院校要依靠海洋运输发展的优势环境，结合自身实力及国家发展需要精准定位，找到促进水运交通建设的关

键，尤其是山东省的水运高校，要以建设一流水运高校为中心；而对于背靠长江，有内河发展条件的省份也要抓住自身发展机遇，对于院校来说要从国家内河航运建设的目标出发制定发展规划和具体方向。

三、水运主干学科/专业发展概况

（一）水运主干专业发展现状

水运主干专业涵盖 9 个专业，其中包括 8 个核心专业和 1 个支撑专业，分别来自海洋工程类、水利类、交通运输类和公安管理类专业。

1. 开办学校数量分析

表 4-3　水运主干专业开办院校数量分析①

类别	专业类别	专业代码	专业	总和
核心专业	海洋工程类	081901	船舶与海洋工程	38
	水利类	081103	港口航道与海岸工程	33
	交通运输类	081804K	轮机工程	20
		081807T	救助与打捞工程	2
		081808TK	船舶电子电气工程	11
		081810T	邮轮工程与管理	1
		081803K	航海技术	21
	公共管理类	120408T	海事管理	5
支撑专业	水利类	081104T	水务工程	11

如表 4-3 所示，水运主干专业可分为 8 个核心专业和 1 个支撑专业，其中核心专业包括海洋工程类的船舶与海洋工程专业；水利类的港口航道与海岸工程专业；交通运输类的轮机工程、救助与打捞工程、船舶电子电气工程、邮轮工程与管理专业、航海技术专业；公共管理类的海事管理专业。支撑专业为水利类的水务工程专业。

在水运主干专业中，开办船舶与海洋工程、港口航道与海岸工程、轮机工程和航海技术四个专业的院校数量最多，分别为 38、33、20 和 21 所。这些开办院校较多的专业与水运航海技术有着高度的关联性，其中，轮机工程和航海技术属于交通运输类专业。而邮轮工程与管理作为 2017 年交通运输类新增专业，开设院校仅有一所。

① 信息来源于阳光高考网站：https://gaokao.chsi.com.cn/

2. 学校层次分析

表 4-4　水运主干专业院校层次分析

类别	专业类别	专业代码	专业	985院校	211院校	普通院校
核心专业	海洋工程类	081901	船舶与海洋工程	9	14	24
	水利类	081103	港口航道与海岸工程	7	11	22
	交通运输类	081804K	轮机工程	2	5	15
		081807T	救助与打捞工程	0	1	1
		081808TK	船舶电子电气工程	0	1	10
		081810T	邮轮工程与管理	0	0	1
		081803K	航海技术	0	2	19
支撑专业	公共管理类	120408T	海事管理	0	2	3
	水利类	081104T	水务工程	2	3	8

*“211 院校”中包含既是 211 又是 985 的高校。

如表 4-4 所示，船舶与海洋工程专业和港口航道与海岸工程专业不仅开办院校总数排在水运主干专业之首，其开设院校中 985 院校和 211 院校的占比也明显高于其他专业。轮机工程专业和航海技术专业开设院校总数分别为 20 所、21 所，其中普通院校占比分别为 75%和 90%。开设海事管理专业的院校只有 5 所，其中 2 所为 211 院校。

3. 地区分布情况

表 4-5　水运主干专业地区分布

地区	船舶电子电气工程	船舶与海洋工程	港口航道与海岸工程	海事管理	航海技术	救助与打捞工程	轮机工程	水务工程	邮轮工程与管理
安徽	0	0	1	0	0	0	0	2	0
福建	1	1	3	0	3	0	2	1	0
广东	2	3	2	1	2	0	2	1	1
广西	2	1	1	0	1	0	1	0	0
海南	1	0	0	1	1	0	0	0	0
河北	0	0	0	0	0	0	0	1	0
河南	0	0	1	0	0	0	0	1	0
黑龙江	0	1	1	0	0	0	1	0	0

续表 4-5

地区	船舶电子电气工程	船舶与海洋工程	港口航道与海岸工程	海事管理	航海技术	救助与打捞工程	轮机工程	水务工程	邮轮工程与管理
湖北	0	3	3	1	1	0	2	2	0
湖南	0	1	1	0	0	0	0	0	0
江苏	0	5	5	0	0	0	1	1	0
江西	0	0	1	0	0	0	0	0	0
辽宁	1	4	2	1	4	1	3	0	0
山东	1	9	3	1	3	1	3	0	0
陕西	0	1	0	0	0	0	0	0	0
上海	1	2	2	0	1	0	1	0	0
四川	0	0	0	0	1	0	0	0	0
天津	1	2	3	0	1	0	1	0	0
云南	0	0	0	0	0	0	0	2	0
浙江	0	4	3	0	2	0	2	0	0
重庆	1	1	1	0	1	0	1	0	0
总计	11	38	33	5	21	2	20	11	1

从表 4-5 可知，开设船舶与海洋工程、港口航道与海岸工程、轮机工程以及航海技术专业的高校主要分布在广东省、湖北省、江苏省、辽宁省、福建省、山东省以及浙江省。而北京市、山西省和贵州省等地区没有开设水运主干专业的高校。

4. 排名

表 4-6 2023 年中国大学专业排名①

专业	排 名	学校名称	评级
船舶电子电气工程	1	大连海事大学	A+
	2	上海海事大学	A+
	3	重庆交通大学	B+
	4	集美大学	B
	5	天津理工大学	B
	6	广东海洋大学	B

① 信息来源软科中国网站：http://www.shanghairanking.cn/

续表 4-6

专业	排 名	学校名称	评级
船舶与海洋工程	1	上海交通大学	A+
	2	哈尔滨工程大学	A+
	3	天津大学	A
	4	西北工业大学	B+
	5	大连海事大学	B+
	6	大连理工大学	B+
	7	华中科技大学	B+
	8	武汉理工大学	B+
	9	中国海洋大学	B+
	10	哈尔滨工业大学	B+
港口航道与海岸工程	1	河海大学	A+
	2	武汉大学	A+
	3	天津大学	A
	4	大连理工大学	B+
	5	中国海洋大学	B+
	6	长沙理工大学	B+
	7	同济大学	B+
	8	重庆交通大学	B+
	9	三峡大学	B+
	10	哈尔滨工程大学	B+
海事管理	1	武汉理工大学	A+
	2	大连海事大学	A+
	3	广州航海学院	B
航海技术	1	大连海事大学	A+
	2	武汉理工大学	A+
	3	上海海事大学	B+
	4	宁波大学	B+
	5	集美大学	B+
	6	重庆交通大学	B+
	7	浙江海洋大学	B
	8	北部湾大学	B
	9	烟台大学	B
	10	山东交通学院	B

续表 4-6

专业	排 名	学校名称	评级
救助与打捞工程	1	大连海事大学	无
	2	海军潜艇学院	无
轮机工程	1	大连海事大学	A+
	2	武汉理工大学	B+
	3	哈尔滨工程大学	B+
	4	上海海事大学	B+
	5	中国海洋大学	B+
	6	华中科技大学	B+
	7	集美大学	B+
	8	重庆交通大学	B
	9	江苏科技大学	B
	10	宁波大学	B
水务工程	1	河海大学	A+
	2	华南理工大学	A+
	3	北京工业大学	B+
	4	华北水利水电大学	B
	5	湖北工业大学	B
	6	厦门理工学院	B
邮轮工程与管理	1	广州航海学院	无

根据排行榜可以看出,船舶与海洋工程专业的前十名大多是具有水运或交通行业背景的高校。例如,武汉理工大学为交通部与教育部共建高校;天津大学是海洋局与教育部共建高校;上海交通大学自设立以来便具有悠久的交通行业服务历史。而华中科技大学和大连理工大学作为综合性研究型重点高校,其院校历史发展中无任何水运行业背景,但凭借自身雄厚的科研实力位列第 7 名和第 6 名。排名前十的高校中,皆为国家“985 工程”或“211 工程”建设高校。

对于港口航道与海岸工程专业,排在前十名的高校大多具有水运或交通行业的发展背景。比如,河海大学与三峡大学为水利部共建高校;长沙理工大学和重庆交通大学为交通部共建高校;天津大学为海洋局共建高校;武汉大学于 2000 年与武汉水利电力大学合并。

对于轮机工程专业,大连海事大学位居前十名高校之首,是交通部直属高校,武汉理工大学和上海海事大学分别位列第二和第四,是交通部共建高校。而哈尔滨工程大学是无水运或交通行业背景的高校。

对于船舶电子电气工程专业,位列前三的高校均为交通部直属或共建高校,分别是大连海事大学、上海海事大学以及重庆交通大学。

对于航海技术专业,位列前三位的高校均为交通部直属或共建高校,分别是大连海事大学、武汉理工大学、上海海事大学。

对于水务工程专业,河海大学是水利部共建高校,以水利为特色;华北水利水电大学是水利部与河南省共建高校。

综上所述,在水运主干专业中,开设核心专业的优秀高校主要是具有水运、船舶等相关行业背景或隶属于交通部、水利部、海洋局的高等院校。同时,也有部分综合性重点大学,例如华中科技大学、大连理工大学等。

(二)水运主干学科发展现状

水运主干学科涵盖 2 个一级学科,5 个专业,其中包括 4 个核心专业和 1 个支撑专业。

1. 开办学校数量分析

表 4-7 水运主干学科一级/二级学科数量分析

学科类别	一级学科	二级学科	院校数量
核心学科	水利工程	港口、海岸及近海工程	10
	船舶与海洋工程	船舶与海洋工程	23
		船舶与海洋结构物设计制造	12
		轮机工程	10
支撑学科		水声工程	8

如表 4-7 所示,水运主干学科分为核心学科和支撑学科,其中核心学科包括一级学科水利工程和船舶与海洋工程之下的 4 个二级学科,分别是港口、海岸及近海工程,船舶与海洋工程,船舶与海洋结构物设计制造,及轮机工程;支撑学科为一级学科船舶与海洋工程之下的水声工程。

在水运主干学科中,开设院校数量最多的两个二级学科分别是船舶与海洋工程和船舶与海洋结构物设计制造,分别为 23 和 12 所。

2. 学校层次分析

如表 4-8 所示,在水运主干学科中,港口、海岸及近海工程的开设院校中有 4 所 985 院校和 6 所 211 院校,211 院校数量占比达到 60%。水声工程学科开设院校只有 8 所,其中 211 院校有 1 所。

表 4-8　水运主干二级学科全国院校开办状况

学科类别	一级学科	二级学科	985	211	普通
核心学科	水利工程	港口、海岸及近海工程	4	6	4
	船舶与海洋工程	船舶与海洋工程	8	10	13
		船舶与海洋结构物设计制造	1	4	8
		轮机工程	1	3	7
支撑学科		水声工程	0	1	7

"211"包括既是 211 又是 985 的高校。

3. 地区分布情况

如表 4-9 所示，开设水运主干学科的院校主要分布在黑龙江省、湖北省、江苏省、山东省、浙江省以及上海市。其中上海市、山东省以及辽宁省均开设有以上所有水运主干学科。而安徽省、甘肃省、贵州省、海南省等地区没有开设水运主干学科的院校。

表 4-9　水运主干二级学科全国院校地区分布

省(区、市)	港口、海岸及近海工程	船舶与海洋结构物设计制造	轮机工程	水声工程	船舶与海洋工程
北京市	1	1	1	1	0
安徽省	0	0	0	0	0
福建省	1	0	0	0	1
甘肃省	0	0	0	0	0
广东省	0	0	0	0	3
广西壮族自治区	0	0	0	0	1
贵州省	0	0	0	0	0
海南省	0	0	0	0	0
河北省	0	1	0	0	1
河南省	0	0	0	0	0
黑龙江	0	1	2	1	0
湖北省	1	2	0	0	3
湖南省	0	0	0	0	1
吉林省	0	0	0	0	0
江苏省	2	1	0	1	2
江西省	0	0	0	0	0
辽宁省	1	1	1	1	2
内蒙古自治区	0	0	0	0	0

续表 4-9

省(区、市)	港口、海岸及近海工程	船舶与海洋结构物设计制造	轮机工程	水声工程	船舶与海洋工程
宁夏回族自治区	0	0	0	0	0
青海省	0	0	0	0	0
山东省	1	2	2	1	2
山西省	0	0	0	1	0
陕西省	1	0	0	0	1
上海市	1	3	4	1	2
四川省	0	0	0	0	0
天津市	1	0	0	0	1
西藏自治区	0	0	0	0	0
新疆维吾尔自治区	0	0	0	0	0
云南省	0	0	0	0	0
浙江省	1	0	0	1	2
重庆市	0	0	0	0	1

4. 排名

表 4-10　2021—2022 年研究生教育分专业排行榜①

学科	排名	学校名称	星级
港口、海岸及近海工程	1	河海大学	5★
	2	清华大学	5★—
	3	武汉大学	4★
	4	天津大学	4★
	5	大连理工大学	4★
	6	中山大学	3★
	7	四川大学	3★
	8	重庆交通大学	3★
	9	华北水利水电大学	3★
	10	三峡大学	3★
	11	中国海洋大学	3★
	12	西安理工大学	3★
	13	华东师范大学	3★

① 信息来源金平果科教评价网:http://www.nseac.com/

续表 4-10

学科	排名	学校名称	星级
船舶与海洋结构物设计制造	1	哈尔滨工程大学	5★
	2	上海交通大学	5★−
	3	大连理工大学	4★
	4	西北工业大学	4★
	5	上海海事大学	3★
	6	大连海事大学	3★
	7	武汉理工大学	3★
	8	华中科技大学	3★
	9	江苏科技大学	3★
	10	天津大学	3★
	11	华南理工大学	3★
轮机工程	1	上海交通大学	5★
	2	哈尔滨工程大学	5★−
	3	天津大学	4★
	4	大连海事大学	3★
	5	武汉理工大学	3★
	6	上海海事大学	3★
	7	浙江海洋大学	3★
	8	华中科技大学	3★
	9	江苏科技大学	3★
水声工程	1	上海交通大学	5★
	2	哈尔滨工程大学	4★
	3	西北工业大学	3★
	4	大连理工大学	3★
	5	江苏科技大学	3★
	6	浙江海洋大学	3★
	7	天津大学	3★

如表 4-10 所示，对于港口、海岸及近海工程学科，排在前十名的高校中，有 5 所高校拥有水运行业或交通行业背景，例如河海大学由水利部共建；武汉大学于 2000 年与武汉水利电力大学合并；天津大学与华东师范大学由海洋局共建。除了这些高校外，还有一些综合性实力雄厚的“985”院校，分别是清华大学、大连理工大学、四川大学以及中山大学。仅有位列第十的三峡大学和位列第十二名的西安理工大学为非“985”或“211”院校，

三峡大学是国家水利部和湖北省人民政府共建大学，是教育部“卓越工程师教育培养计划”高校。西安理工大学是中央与陕西省共建高校，国家中西部高校基础能力建设工程实施院校。

对于船舶与海洋结构物设计制造学科，获得 4★及 4★以上的高校均为“985”“211”院校，其中仅第二名的上海交通大学具有交通行业背景，位列第一的哈尔滨工程大学和位列第三的大连理工大学都不具有行业背景。

对于轮机工程学科，获得 4★及以上的高校均为“985”“211”院校，其中获得第一名和第三名的上海交通大学和天津大学均具有水运行业和交通行业背景，而哈尔滨工程大学不具有行业背景，是工业和信息化部直属院校。

对于水声工程学科，排在前两名的高校依旧是上海交通大学和哈尔滨工程大学，分别获得 5★和 4★。紧随其后的是西北工业大学、大连理工大学以及江苏科技大学，其中，西北工业大学是我国唯一一所以同时发展航空、航天、航海(三航)工程教育和科学研究为特色的全国重点大学，大连理工大学和天津大学均为综合性“985”重点院校。

5. 自设二级学科概况

由表 4-11 可知，大连海事大学作为交通部直属高校，在交通运输工程一级学科下拥有 2 个自设二级学科，分别是海上交通工程和航海科学与技术；同时在船舶与海洋工程一级学科下也自设了救助与打捞工程二级学科。

表 4-11　水运主干学科自设二级学科概况

一级学科	专业	开设学校	层次	是否自划线	是否有博士点
水利工程	城市水务	河海大学	211		√
交通运输工程	海上交通工程	大连海事大学	211		√
	航海科学与技术	大连海事大学	211		√
船舶与海洋工程	船舶电磁兼容技术	中国舰船研究设计中心(701 所)	普通		√
	船舶电子工程技术	中国舰船研究院	普通		√
	水下特种装备探测与控制	中国舰船研究院	普通		√
	船舶化学电源技术	武汉船用电力推进装置研究所	普通		
	船舶与海洋工程材料	上海海事大学	普通		√
	船舶通信天线技术	武汉船舶通信研究所	普通		
	救助与打捞工程	大连海事大学	211		√

水运主干本科专业中的 8 个核心专业分别为 2 个基本专业，3 个特设专业以及 3 个国家控制布点专业。如表 4-3 所示，船舶与海洋工程专业开办院校最多，达 38 所。其次

是港口航道与海岸工程，开办学校达33所。救助与打捞工程和邮轮工程与管理两个专业开办学校数量最少，仅有2所和1所。

目前我国高校水运专业发展较好的是和航海技术、船舶制造有关领域，而在如海事管理、海洋救助与打捞工程、邮轮管理等专业的建设中还处在起步探索阶段。水运交通对于我国建设多样化交通运输方式，尤其是对于大型货物的海上运输，完善综合交通运输体系建设具有重要作用。目前我国正在完善综合运输大通道，通过优化综合运输通道布局，建设立体化、综合性、大容量、快速化的交通主轴，构建多方式、多通道、便捷化交通走廊，强化主轴与走廊间的协调衔接。畅通沿江通道，加快建设沿江高铁，优化以高等级航道和干线铁路、高速公路为骨干的沿江综合运输大通道功能。升级沿海通道，提高铁路通道能力，推进高速公路繁忙路段扩容改造，提升港口航道整体效能，构建大容量、高品质的运输走廊。加强建设西部陆海新通道，发挥铁路在陆路运输中的骨干作用和港口在海上运输中的门户作用，强化东、中、西三条通路，形成大能力主通道，衔接国际运输通道。因此，高校要以国家优化综合运输通道布局、加强战略骨干通道建设为出发点，通过加强水运学科建设，为发展提供基础学科支持，提高水运的原始创新和发展能力；并通过与相关项目企业合作，支持项目建设，设置对应学科，提高水运工程学科建设的应用性功能。

四、水运高校科学研究

（一）国家级科技创新基地

国家科技创新基地是围绕国家目标，根据科学前沿发展、国家战略需求以及产业创新发展需要，开展基础研究、行业产业共性关键技术研发、科技成果转化及产业化、科技资源共享服务等科技创新活动的重要载体，是国家科技创新体系的重要组成部分。国家科技创新基地国家级科研基地可分为科学与工程研究类、技术创新与成果类以及基础支撑与条件保障类。与水运行业息息相关的国家科技创新基地分别是科学与工程研究类国家实验室和国家重点实验室、技术创新与成果类国家工程研究中心、国家工程技术研究中心以及国家工程实验室。

1984年，为加快我国社会主义现代化建设，国家计委启动了国家重点实验室建设计划；1992年，为加强与国家安全息息相关的国防工业的发展，考虑到国防科技科学研究与应用开发的大量资金需求和保密性要求，国防科工委（现工信部）决定启动国防科技重点实验室建设计划。2008年国家体制改革后，国防科技重点实验室由国家国防科技工业局、解放军原总装备部共同建设和管理。国防科技实验室体系由国防科技国家实验室、国防科技重点实验室、国防重点学科实验室三类实验室构成，分别对应科技部国家实验室、国家重点实验室、国家工程技术研究中心。

涉及水运行业的国家级科研基地不仅包含国家科技创新基地和国防科技实验室，

还包括国家地方联合工程研究中心(实验室)、国家国际科技合作基地以及国家级国际联合研究中心(工程实验室)等科研基地,基地依托校企合作或国际联合,利用项目合作平台培养高层次研发人才,进一步加强产业创新基础能力建设,促进区域产业发展。

如表 4-12 所示,国家级科研基地中,有 29 个科研基地与水运行业密切相关,分别为 1 个国家实验室、2 个国家重点实验室、2 个国家工程研究中心、5 个国家工程实验室、3 个国家工程技术研究中心、4 个国防科技重点实验室、1 个国防重点学科实验室、3 个国家地方联合工程研究中心(工程实验室)、5 个国家级国际联合研究中心(工程实验室)以及 3 个示范型国家国际科技合作基地。

表 4-12　水运类国家级科研基地概况

类别	基地名称	数量(个)
国家科技创新基地	国家实验室	1
	国家重点实验室	2
	国家工程研究中心	2
	国家工程实验室	5
	国家工程技术研究中心	3
国防科技实验室体系	国防科技重点实验室	4
	国防重点学科实验室	1
其他国家级科研基地	国家地方联合工程研究中心(工程实验室)	3
	国家级国际联合研究中心(工程实验室)	5
	示范型国家国际科技合作基地	3

1. 国家实验室

如表 4-13 所示,国家实验室是以国家现代化建设和社会发展的重大需求为导向,开展基础研究、前沿高技术研究和社会公益研究,积极承担国家重大科研任务的国家级科研机构。船舶与海洋工程国家实验室是我国面向国际船舶与海洋工程科技前沿建立的新型科研机构和开放型国家公共研究平台,船舶与海洋工程国家实验室以上海交通大学船舶海洋工程学科为基础,与机械、电信、材料和生命等强势学科交叉融合而成。目前,船舶与海洋工程国家实验室已率先建成了一批在国内领先并不可替代的实验装置,如我国首座海洋工程水池、国内第一座双轨道船模拖曳船池、国内第一座工程实用空泡水筒和我国首座装备与功能已居世界前二位的海洋深水试验池等。

表 4-13　水运类国家实验室

名称	高校名称
船舶与海洋工程国家实验室(筹)	上海交通大学

2. 国家重点实验室

如表 4-14 所示，海洋工程国家重点实验室由原国家计委批准，依托上海交通大学建设，1992 年建成运行，是我国首批批准建设的国家重点实验室。实验室定位于应用基础研究、国防科研和民用科研并重，聚焦船舶工程、海洋工程、水下工程领域国家重大需求，开展原始创新基础研究，引领国际船海工程重大力学问题研究，组织推进深海无人潜水器、新型深海开发装备、绿色高性能船舶等研发任务创新攻关，产出一批重大原始创新成果，打造一批船海领域“国之重器”，引领国际船海科技前沿发展，在海洋强国建设中发挥不可替代的作用。

表 4-14　水运类国家重点实验室

名称	高校名称
海洋工程国家重点实验室	上海交通大学
海岸和近海工程国家重点实验室	大连理工大学

海洋工程国家重点实验室拥有的海洋深水试验池（图 4-2）、多功能船模拖曳水池、风洞循环水槽、空泡水筒、水下工程实验室（图 4-3）、海洋工程水池、水声水池、船舶与海洋工程内波水槽、船舶工程结构力学实验室、船舶操纵与控制实验室（图 4-4）、船舶先进制造实验室、轮机工程实验室等十余个船舶与海洋工程领域的大型研究设施，共同组成了一个国际一流、设备先进、功能较齐全的试验研究群体，构筑了船舶与海洋工程领域重大科学技术研究和高层次人才培养的大型研究平台。近十年来，实验室在海洋工程领域获得 6 项国家科技奖励（4 项为主持获得），其中国家科技进步特等奖 2 项（1 项为主持获得），以及 25 项省部 级一等奖（16 项为主持获得）。实验室在国际海洋工程界具有重要影响力，享有良好声誉。

图 4-2　海洋深水试验池

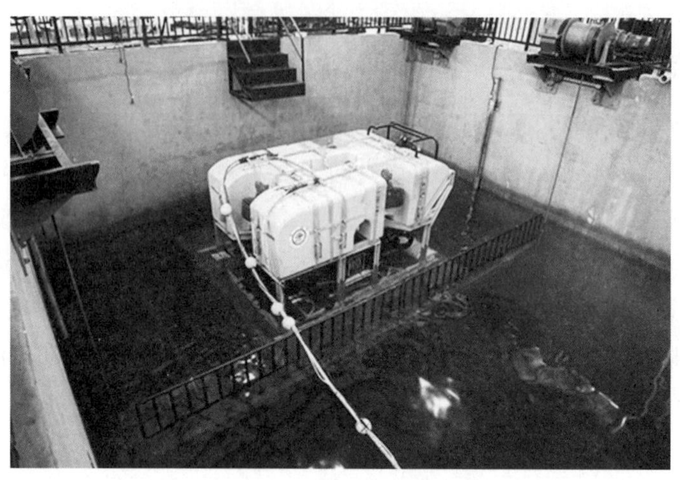

图 4-3 水下工程实验室

图 4-4 船舶操纵与控制实验室

海岸和近海工程国家重点实验室于 1986 年由国家计委批准筹建，依托大连理工大学建设。1990 年通过验收后对国内外开放。实验室定位于应用基础研究，聚焦我国沿海港口码头、跨海交通等大型基础设施建设，海岸和沿海城市防灾减灾，渤海、东海、南海三大海域油气资源开发，海洋牧场和海洋电场建设以及新型海洋能源开发等国家重大需求，开展原始创新研究，是我国海岸及海洋工程研究和人才培养的重要基地。

海岸和近海工程国家重点实验室共拥有先进的仪器设备，包括大型多功能波浪水池 2 座、不同尺度波流水槽 5 座，以及世界最大规模的循环波流试验水槽，还有水下波流地震模拟系统、深水试验箱、超大型三轴仪、岩土体高温差高压差静动三轴测试系统、土工鼓式离心机造波系统以及极地海冰现场测试系统等。海洋环境水槽如图 4-5 所示，非线性波浪水槽系统如图 4-6 所示。近五年来，实验室承担各类科研项目 1186 项，其中“973 计划”首席 2 项、课题负责 7 项，国家科技支撑项目负责 1 项、课题负责 1 项，国家重点研发计划项目负责 7 项、课题负责 21 项，国家自然科学基金委重大项目 4 项，重点项目 22 项；获得国家科技进步二等奖 2 项，自然科学二等奖 1 项，省部级科技奖励 87 项；出版学术专著 45 部，发表学术论文 2999 篇；授权国际发明专利 28 项，国内发明专利 319 项。

图 4-5 海洋环境水槽

图 4-6 非线性波浪水槽系统

3. 国家工程研究中心

水运类国家工程研究中心如表 4-15 所示。

表 4-15 水运类国家工程研究中心

名称	高校名称
船舶制造国家工程研究中心	大连理工大学
船舶导航系统国家工程研究中心	大连海事大学

船舶制造国家工程研究中心是由国家与发展委员会批准成立的国家级工程研究中心，大连理工大学为依托单位，由大连船舶制造国家工程研究中心有限公司（大连理工大学、渤海船舶重工有限公司和大连船舶重工集团有限公司是股东单位）负责建设和发展。船舶制造国家工程研究中心主要任务是以提高船舶整体制造水平、生产效率和配套能力为重点，开展新型、常规船型的系列化和优化研究；开发具有自主知识产权的造船设计和工艺技术；进行先进船舶制造技术及设备、造船生产信息化技术以及应用软件的工程化研究和系统集成，建立大规模复杂分析计算、模型试验、产品测试等服务平台；加强国际合作与交流，培养高层次的船舶研究、设计和建造人才。

船舶导航系统国家工程研究中心是由国家发展和改革委员会于 2005 年 3 月 18 日正式批准立项的国家级工程研究中心。初期的法人单位由大连海事大学、大连光洋科技工程有限公司、中远船务工程集团有限公司、锦州航星集团有限公司组成。工程研究中心拥有导航雷达仿真、海上交通信息处理、船舶导航应用产品、工程化技术验证等四个实验室，围绕着海上智能交通管理、卫星导航应用、海上信息化、航海自动化等目标积极开展各项工作，在重大科研成果产业化、工程化和集成化，在先进技术研究开发、消化、吸收和集成创新，在海上信息技术人才培养等方面完成了工程研究中心的各项建设任务，取得了丰硕的成果。

4. 国家工程实验室

如表 4-16 所示，5 所与水运紧密相关的国家工程实验室依托单位均不是高等院校，但水运高校积极参与建设。当前我国水运事业的核心任务是实现由大到强的转变，其中最关键的就是提升科研创新能力。提升科研创新能力不仅仅依靠科研院所和企业，高校也是重要的资源依托。目前众多高校拥有丰富的水运科研创新资源，技术成果也很丰富。不少水运企业和科研院所依托高校传统优势学科，形成创新联盟，发挥创新活力，共担科技项目，共建科研平台，共促成果转化，形成协同创新的机制。

表 4-16　水运类国家工程实验室

名称	高校名称
港口水工建筑技术国家工程实验室	天津大学建筑工程学院（参与）
海洋工程总装研发设计国家工程实验室	上海交通大学、哈尔滨工程大学参与
船舶与海洋工程动力系统国家工程实验室	上海交通大学参与
海洋工程装备检测试验技术国家工程实验室	上海海洋大学、上海交通大学参与
海洋水下设备试验与检测技术国家工程实验室	中国海洋大学、中国石油大学（华东）参与

5. 国家工程技术研究中心

水运类国家工程技术研究中心如表 4-17 所示。

表 4-17 水运类国家工程技术研究中心

名称	高校名称
国家内河航道整治工程技术研究中心	重庆交通大学
国家水运安全工程技术研究中心	武汉理工大学

国家内河航道整治工程技术研究中心于 2011 年 1 月由科学技术部批准组建，中心依托重庆交通大学和长江航道局共同建设，依托单位还拥有交通部内河航道整治技术重点实验室、水利水运工程教育部重点实验室、重庆市航运工程技术研究中心、重庆市水工建筑物健康诊断与设备工程研究中心等 4 个省部级研发平台。中心以航道整治技术、渠化工程与枢纽通航技术、内河筑港技术的研发为主要任务，是我国目前唯一的国家级内河整治技术研究机构。

国家水运安全工程技术研究中心于 2014 年 9 月由科技部批准立项建设，依托单位为武汉理工大学，由湖北省科技厅主管。中心针对我国交通运输安全领域的迫切需求，立足水运，河海兼顾，围绕多层次的事故分析与预防、全方位的安全监管与控制、全天候的应急指挥与搜寻等研究方向，开展高水平的水运安全工程技术研发与产业化工作。

（二）国防科技实验室体系

水运类国防科技实验室如表 4-18 所示，水运类国防重点学科实验室如表 4-19 所示。国防科技重点实验室根据国防科技和武器装备发展的需求，围绕国防科技战略目标和武器装备技术的发展趋势，开展探索性、创新性和重大关键技术的应用基础研究，建立本技术领域具有国际先进、国内领先水平的开放式研究平台，贯彻军民结合的方针，为推动军民两用技术的发展服务。

表 4-18 水运类国防科技实验室

名称	高校名称
军用水下智能机器人技术国防科技重点实验室	哈尔滨工程大学
水声技术国防科技重点实验室	哈尔滨工程大学
水下信息与控制国防科技重点实验室	西北工业大学
舰船综合电力技术国防科技重点实验室	海军工程大学

表 4-19 水运类国防重点学科实验室

名称	高校名称
多体船技术国防重点学科实验室	哈尔滨工程大学

军用水下智能机器人技术国防科技重点实验室于 2002 年开始依托哈尔滨工程大学建设。该实验室面向国家海军装备建设和海洋发展战略的重大战略需求，以支撑水下

机器人等装备研究为使命，以“体系结构与智能控制技术、声与非声环境与目标感知技术、海洋环境适配技术”三大研究方向的基础与应用基础研究和关键技术攻关为主要任务。

水声技术国防科技重点实验室在20世纪90年代围绕国防装备建设开展了高水平的应用技术研究。在武器装备建设方面，先后承担了多项重要的靶场建设项目。与某厂合作研制了某型声呐，负责接收与显控分机的研制工作。

水下信息与控制国防科技重点实验室于1993年立项，1997年10月通过验收并正式投入运行，由西北工业大学航海学院和中船重工集团第705研究所共同建设。实验室由水下航行器控制新技术实验室、水下信息处理新技术实验室和可视化数据处理中心三个实验室组成。为在复杂对抗条件下水下信息处理与控制的基础性研究创造了良好的技术基础，也为人才培养和对外开放创造了条件。

舰船综合电力技术国防科技重点实验室是以海军工程大学为主，联合中船重工集团第712研究所组建。实验室在高功率密度集成化发电技术、新型电力推进技术、大容量电能变换技术、系统网络结构及智能化监控管理技术四个研究方向开展探索性、创新性和重大技术的应用基础研究。

国防重点学科实验室以促进国防特色和新兴学科发展为目标，以国防基础科学和前沿技术领域的新原理、新方法、新技术研究为重点，注重基础性、前瞻性，是支撑国防重点学科发展的基础型研究实验基地，是国防科技实验室的重要组成部分，是培养创新型人才、支撑国防重点学科发展的又一项重大举措，对确保国防科技工业长远可持续发展具有十分重要的战略意义。

面对海防、海洋资源保护与开发以及国际上舰船高速化发展的形势，多体船已经被作为换代开发的重点新船型，多体船技术的研究也具有前瞻性、带动性和军民两用性。哈尔滨工程大学多体船技术实验室起源于哈军工时期的船模水池实验室和船舶结构实验室，在高性能水面舰艇的设计方面处于全国前列，多项技术国内领先，多次填补了国家该领域研究的空白。2008年1月，多体船技术国防重点学科实验室揭牌仪式在启航活动中心正式举行，标志着哈尔滨工程大学在船舶与海洋工程学科实现跨越发展的又一个新起点和重要契机。

（三）其他国家级科研基地

1. 国家地方联合工程研究中心（工程实验室）

水运类国家地方联合工程研究中心（工程实验室）如表4-20所示。国家地方联合工程研究中心（工程实验室）是依托企业、转制科研机构、科研院所或高校等设立的研究开发实体，创建国家地方联合工程中心（工程实验室）是国家发展和改革委员会为进一步加强区域产业创新基础能力建设，加快促进经济发展方式转变和结构调整，促进与国家科技创新体系有机衔接的一项重要举措。

表 4-20　水运类国家地方联合工程研究中心(工程实验室)

名称	高校名称
船舶辅助导航技术国家地方联合工程研究中心	集美大学
智能航运一体化应用技术国家地方联合工程研究中心	大连海事大学
先进导航与海洋智能装备技术国家地方联合工程研究中心	哈尔滨工程大学

船舶辅助导航技术国家地方联合工程研究中心是经国家发展和改革委员会于 2015 年 3 月批复建设的创新平台。该平台依托集美大学,在原省级创新平台"福建省船舶助导航工程研究中心"的基础上,整合集美大学的优势资源而建设。中心坚持走产、学、研、用相结合的发展道路,面向国内外先进的船舶助导航技术,结合国际海事组织(IMO)、国际航标协会(IALA)、国际海道测量组织(IHO)、国际海事卫星组织(INMARSAT)等机构提出的技术前沿以及各涉海企事业单位的实际科技需求,开展人才培养、科研团队建设、课题研究、学术交流、技术创新、咨询服务等工作,致力于海上辅助导航科研成果产品化运作及应用推广。

智能航运一体化应用技术国家地方联合工程研究中心是由大连海事大学牵头,联合码头网(大连)信息技术有限公司、北京海兰信数据科技股份有限公司、江苏物润船联网络股份有限公司和亿海蓝(北京)数据技术股份公司等"互联网＋航运"企业共同申报并经国家发展和改革委员会认定的国家级科研平台。中心主要围绕多维数字航道及一体化智能服务技术、航运一体化大数据应用技术和船岸协同的一体化智能航行系统技术等研究方向开展科学研究、技术开发、装备研制及成果推广应用工作。

先进导航与海洋智能装备技术国家地方联合工程研究中心依托于哈尔滨工程大学自动化学院。"十三五"以来,中心在该领域承担了包括国家重大科技专项、国防"973"项目、国家重点研发计划、国防技术基础、国防重点装备研制、黑龙江省科技攻关项目等各类研究任务,突破了新型航海用高精度光纤陀螺及惯性系统技术、高精度海上卫星精密定位技术、高动态环境下海浪监测技术、复杂海洋动力环境信息综合保障技术、高性能水下无人航行器技术、DP3 动力定位系统技术、零航速船舶综合减摇控制技术等重大关键技术,研制了一批代表国际最高水平和国际先进水平的船舶和海洋工程配套装备,并推广应用于各类舰船和海洋工程平台,解决了国家重要急需问题。

2. 国家级国际联合研究中心(工程实验室)

国家级国际联合研究中心是该领域中我国一流的科研机构承担着较多的国家科研任务,有着国际科技合作的良好基础。如表 4-21 所示,5 所国家级国际联合研究中心积极搭建国际联合研究通道,通过与国内外创新力量的强强合作与优势互补,建立关键技术支撑体系和国际化协同创新平台,加速科技成果转化,全面服务于国家海洋强国战略。例如,船舶与海洋工程力学国际联合中心依托哈尔滨工程大学(哈工程)船舶与海洋工程国家重点学科，以与美国加州大学伯克利分校、英国南安普敦大学、俄罗斯圣彼得堡国立海洋技术大学等14所本领域国际知名学府，以及法国船级社等4家国际海事研究与认证机构为主要合作伙伴而设立。该中心正与日本联合研发航行体内波评估系统、俄罗斯合作滑行艇技术研究、俄罗斯圣彼得堡国立海洋大学联合申请极地运输船相关领域国际科技合作和高技术船项目；与俄罗斯远东联邦大学在冰区平台研究领域开展合作；与美国加州大学伯克利分校、法国南特大学、法国船级社等开展数字化水池研究工作。

表4-21 水运类国家级国际联合研究中心（工程实验室）

名称	高校名称
海洋工程材料及深加工技术国际联合研究中心	哈尔滨工业大学（威海）
船舶与海洋工程力学国际联合研究中心	哈尔滨工程大学
海洋工程国际联合研究中心	大连理工大学
海底工程技术与装备国际联合研究中心	大连海事大学
海洋土木工程国际联合研究中心	浙江大学国际海洋土木工程研究中心

海底工程技术与装备国际联合研究中心由大连海事大学牵头，基于强强合作，优势互补原则，联合美国休斯敦大学、美国加州大学圣地亚哥分校、乌克兰国立技术大学、美国船级社等国外高校及科研机构共同组建而成。

3. 示范型国家国际科技合作基地

水运类示范型国家国际科技合作基地如表4-22所示。

表4-22 水运类示范型国家国际科技合作基地

名称	高校名称
海湾生态污染监控国际合作研究基地	大连海事大学
智能航运与海事安全国际科技合作基地	武汉理工大学

“国家国际科技合作基地”是指由科学技术部及其职能机构认定，在承担国家国际科技合作任务中取得显著成绩、具有进一步发展潜力和引导示范作用的国内科技园区、科研院所、高等学校、创新型企业和科技中介组织等机构载体。

2004年，在交通部和教育部“211”工程专项支持下，大连海事大学建立了环境系统生物学研究所。2010年10月获批科技部国家级海湾生态国际科技合作基地。本节在已有学科定位的基础上，进一步围绕海湾生态评估和修复技术领域，建立了船舶防污染治理、生态环境管理与规划、实施现场自动化监测和生态损伤监测风险评估为一体的研究平台。

2016年，依托武汉理工大学国家水运安全工程技术研究中心建设的“智能航运与海事安全国际科技合作基地”经科技部认定，成为“示范型国际科技合作基地”，对武汉理工大学智能航运与海事安全领域国际科技合作的质量和水平起到了积极的引领作用。

（四）部级科研基地

1. 教育部科研基地

教育部重点实验室是国家科技创新体系的重要组成部分，高等学校创新型人才培养基地，在高校学科建设、科技创新、人才培养和培育国家级科研基地中发挥着越来越重要的作用。如表 4-23 所示，与水运行业相关的 5 所教育部重点实验室分别来自河海大学、重庆交通大学、上海交通大学以及哈尔滨工程大学。

教育部工程研究中心是我国高等学校科技创新体系的重要组成部分，是高等学校加强资源共享、促进学科建设与发展、组织工程技术研究与开发、加快科技成果转化、培养和聚集高层次科技创新人才和管理人才、组织科技合作与交流的重要基地和平台。如表 4-24 所示，涉及水运行业的 9 所教育部工程研究中心分别来自浙江大学、中国海洋大学、武汉理工大学、上海海事大学以及哈尔滨工程大学。

水运类教育部国际合作联合实验室如表 4-25 所示。海洋油气工程国际合作联合实验室采用“2＋2”模式组建，主要依托大连理工大学海岸和近海工程国家重点实验室和西澳大利亚大学海洋基础研究中心，同时联合 2 家海洋工程企业为协作成员——中国海洋石油总公司和澳大利亚伍德赛德石油公司。实验室按照“一个实验室、四个创新平台、八个研究团队”的整体架构进行建设，主要研究方向包括海洋环境、海洋岩土工程、海洋工程结构、海洋“环境－结构－地基”耦合作用等。2014 年，哈尔滨工程大学与里斯本大学启动了教育部“船舶与海洋工程技术国际合作联合实验室”培育建设。联合实验室重点围绕船舶与海洋工程结构力学、水动力学、船舶设计制造技术、海洋工程技术、海洋可再生能源技术以及海洋无人系统技术等六大方向，开展相关基础科学问题、前沿技术与应用技术合作研究，突破若干核心技术。通过合作交流和联合培养，引进一批高层次创新人才，提升人才培养能力；通过多种形式的国际学术交流，进一步扩大船舶与海洋工程学科的国际影响力；建立船舶与海洋工程国际合作和协同创新的组织管理新机制。

表 4-23　水运类教育部重点实验室

名称	高校名称
岩土力学与堤坝工程教育部重点实验室	河海大学
水利水运工程教育部重点实验室	重庆交通大学
海洋智能装备与系统教育部重点实验室	上海交通大学
水动力学教育部重点实验室	上海交通大学
船海装备智能化技术与应用教育部重点实验室	哈尔滨工程大学

表 4-24 水运类教育部工程研究中心

名称	高校名称
海洋感知技术与装备教育部工程研究中心	浙江大学
海洋材料与防护技术教育部工程研究中心	中国海洋大学
海洋信息技术教育部工程研究中心	中国海洋大学
港口物流技术与装备教育部工程研究中心	武汉理工大学
集装箱供应链技术教育部工程研究中心	上海海事大学
航运仿真技术教育部工程研究中心	上海海事大学
船舶动力技术教育部工程研究中心	哈尔滨工程大学
导航仪器教育部工程研究中心	哈尔滨工程大学
船舶控制工程教育部工程研究中心	哈尔滨工程大学

表 4-25 水运类教育部国际合作联合实验室

名称	高校名称
船舶与海洋工程技术国际合作联合实验室	哈尔滨工程大学
海洋油气工程国际合作联合实验室	大连理工大学

2. 工业和信息化部科研基地

由表 4-26 可知，13 个水运类工业和信息化部科研基地位于哈尔滨工程大学、哈尔滨工业大学和西北工业大学。哈尔滨工程大学前身是创建于 1953 年的中国人民解放军军事工程学院（"哈军工"）。1970 年，以海军工程系全建制及其他系（部）部分干部教师为基础，在"哈军工"原址组建哈尔滨船舶工程学院。1994 年，更名为哈尔滨工程大学。学校先后隶属于第六机械工业部、中国船舶工业总公司、国防科工委，现隶属于工业和信息化部。是工业和信息化部、教育部、黑龙江省、哈尔滨市共建高校。学校以船舶与海洋装备、海洋信息、船舶动力、先进核能与核安全 4 个学科群为牵引，构建特色学科优势突出、通用和基础学科支撑配套、文管学科独具特色、专业结构布局合理的"三海一核"特色学科专业体系。在国家第四轮学科评估中，船舶与海洋工程学科获得 A+等级。

西北工业大学坐落于陕西西安，是一所以发展航空、航天、航海（三航）等领域人才培养和科学研究为特色的多科性、研究型、开放式大学，是国家"一流大学"建设高校（A类），隶属于工业和信息化部。

表 4-26 水运类工业和信息化部科研基地

名称	高校名称
先进船舶动力技术重点实验室	哈尔滨工程大学
船舶导航与控制重点实验室	哈尔滨工程大学

续表 4-26

名称	高校名称
先进船舶材料与力学重点实验室	哈尔滨工程大学
先进船舶通信与信息技术重点实验室	哈尔滨工程大学
舰船特辅与水下装备重点实验室	哈尔滨工程大学
海洋信息获取与安全重点实验室	哈尔滨工程大学
极地装备技术重点实验室	哈尔滨工程大学
深海工程装备与技术工业和信息化部重点实验室	哈尔滨工程大学
海洋特种材料工业和信息化部重点实验室	哈尔滨工程大学
船舶智能系统与技术实验室	哈尔滨工程大学
海洋科学与工程数学技术实验室	哈尔滨工程大学
对海监测与信息处理重点实验室	哈尔滨工业大学
无人水下运载技术重点实验室	西北工业大学

3. 交通运输行业重点实验室

交通行业重点实验室，是国家交通科技创新体系的重要组成部分，解决重大交通科技问题、获取具有自主知识产权科研成果的重要基地，聚集和培养优秀科技人才、开展交通领域高层次学术交流、促进科技成果转化的重要基地。交通行业重点实验室围绕交通中长期科技发展目标，以交通科技优先发展领域为主攻方向，针对当前和未来交通建设、运营和管理中的重大和关键技术问题。

交通行业重点实验室体系包含 8 大重点研究方向，其中水路工程类的重点研究方向是指内河通航新技术、航道治理和疏浚技术、新型港工建筑物的研制开发、大型水工构造物的检测与诊断技术等。由高等院校引领建设的水路工程类交通行业重点实验室共有 8 个，分别来自大连海事大学、上海海事大学、武汉理工大学以及重庆交通大学。其中，大连海事大学作为交通部直属高校拥有 4 个交通运输行业重点实验室，分别是船机修造工程行业重点实验室、航海动态仿真和控制行业重点实验室、水上智能交通行业重点实验室、无人船舶系统及设备关键技术交通运输行业重点实验室；武汉理工大学拥有 2 个交通运输行业重点实验室，上海海事大学以及重庆交通大学均为交通部共建高校，分别拥有 1 所交通运输行业重点实验室。如表 4-27 所示。

表 4-27　水运类交通行业重点实验室

名称	高校名称
内河航道整治技术交通运输行业重点实验室	重庆交通大学
船机修造工程交通运输行业重点实验室	大连海事大学
港口装卸技术交通运输行业重点实验室	武汉理工大学

续表 4-27

名称	高校名称
航运技术与控制工程交通运输行业重点实验室	上海海事大学
船舶动力工程技术交通运输行业重点实验室	武汉理工大学
航海动态仿真和控制交通运输行业重点实验室	大连海事大学
水上智能交通运输行业重点实验室	大连海事大学
无人船舶系统及设备关键技术交通运输行业重点实验室	大连海事大学

4. 2011 协同创新中心(表 4-28)

"高等学校创新能力提升计划"(简称"2011 计划"),是继"985 工程""211 工程"之后,中国高等教育系统又一项体现国家意志的重大战略举措。该计划由教育部和财政部共同研究制定,于 2012 年 5 月 7 日正式启动,以人才、学科、科研三位一体创新能力提升为核心任务,通过构建面向科学前沿、文化传承创新、行业产业以及区域发展重大需求的四类协同创新模式,深化高校的机制体制改革,转变高校创新方式,旨在突破高校内、外部机制体制壁垒,释放人才、资源等创新要素活力。

船舶与海洋工程是国家工业水平和核心能力的体现,是我国战略性新兴产业的重要内容。然而标志船海工业核心能力的高新船舶设计制造、深海能源资源开发和海洋空间利用的重大关键装备研发制造尚难以有力支撑海洋强国建设,且国外技术垄断和封锁日甚。针对上述需求,"高新船舶与深海开发装备协同创新中心"于 2012 年 8 月组建运行。"高新船舶与深海开发装备协同创新中心"是以满足国家建设海洋强国重大战略需求、引领船海科技前沿为导向,协同各方人才、学科、基地等优势资源构筑的协同创新体。

表 4-28　水运类 2011 协同创新中心

名称	高校名称
高新船舶与深海开发装备协同创新中心	上海交通大学

五、水运高校师资队伍与人才培养

(一)水运高校师资队伍概况

1. 水利工程学科师资队伍

(1)教师数量持续增长,生师比达到合格要求

根据 2021—2023 年高等学校科技统计资料汇编数据显示,2020—2022 年,我国水利工程从事研究与发展的教师总数从 943 人增加到 1618 人,与此同时,水利工程的在校

研究生人数从4226人上升至5942人。从增长速度来看，水利工程的高等教育与科学研究的师生队伍在不断扩大。与2020年相比，2022年的研究生人数增长了40.6%，而教师队伍则增长了71.6%。如果按照宽松的生师比算法，即生师比=折合在校生数/教师总数，本节的折合在校生数为本学科在读研究生人数，教师总数指的是从事学科研究与发展的教师数。从生师比来看，从2020年到2022年，生师比在2021年最低，在2022年又略有上升。从发展变化看，相比2020年，2022年的生师比下降了0.81。可以说，我国水利工程学科的师资队伍实现了质的正向发展，一定程度上解决了师资数量不足的问题。如图4-7所示。

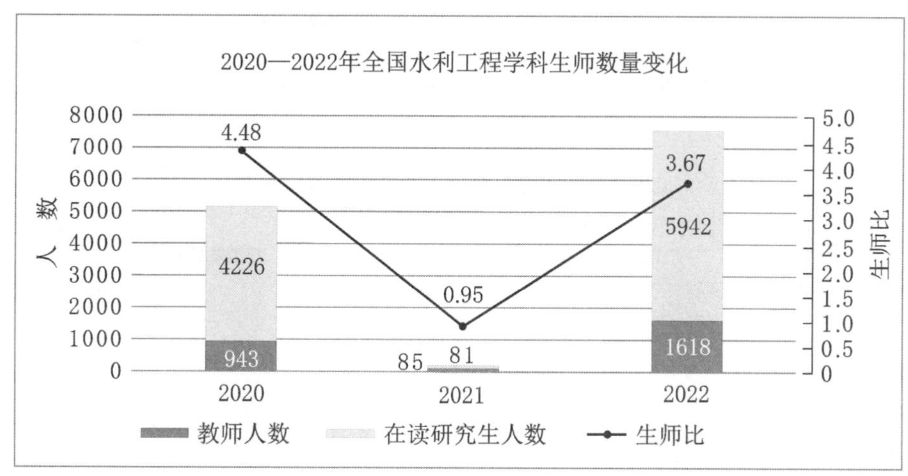

图4-7 2020—2022年全国水利工程学科的生师数量变化

(2)教师职称结构不断优化，中高级职称者占较大比例

根据2021—2023年高等学校科技统计资料汇编数据显示，2020—2022年，全国水利工程学科全职专任教师中，具有高级职称的人数从611人增加到1100人，具有中级职称的人数从297人增至387人；具有初级职称的人数增加了23人；未定级别的人数增加了70人，如图4-8所示。从职称比例结构来看，具有高级职称的教师人数在教师总数中所占比例增加了3.2个百分点，具有中级职称的教师人数的所占比例减少了7.6个百分点，具有初级职称的教师人数的所占比例增加了0.1个百分点。未定级别的教师人数的所占比例增加了4.3个百分点。从整体上来看，水利工程学科的教师以具有高级和中级职称的教师为主，其中具有高级职称的教师人数比例在64%以上，超过教师总数的一半。如图4-9所示。

2. 船舶与海洋工程学科师资队伍建设

除了水利工程学科，船舶与海洋工程也是水运高等教育的核心一级学科，包含船舶与海洋工程，船舶与海洋结构物设计制造以及轮机工程三个二级学科。根据2019年各高校官网数据，全国共有1079位教师从事船舶与海洋工程教学与科学研究。在所有专

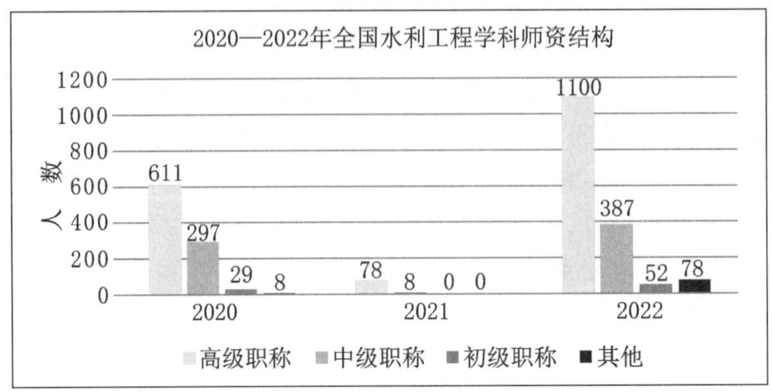

图 4-8 2020—2022 年全国水利工程学科师资结构

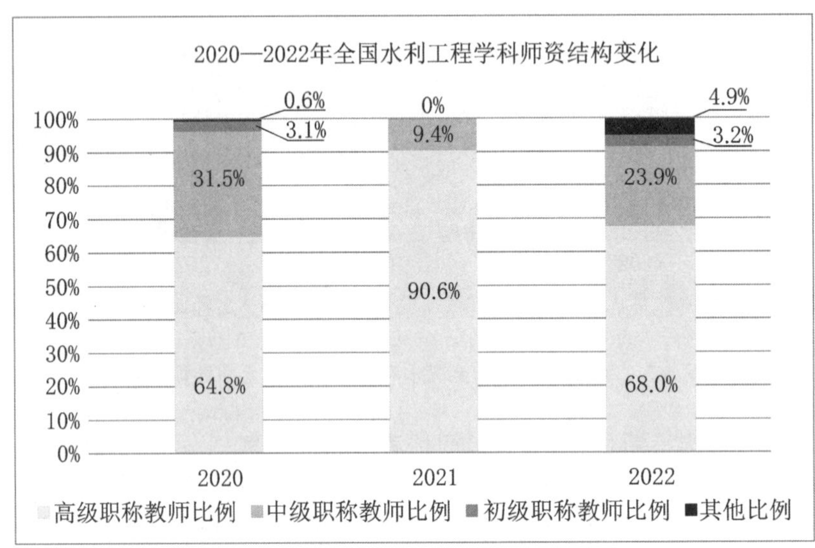

图 4-9 2020—2022 年全国水利工程学科师资结构变化

任教师中，有 25.7%的教师拥有正高级职称，40.1%的教师拥有副高职称，34.2%的教师拥有中级职称。从整体来看，船舶与海洋工程的专任教师以具有高级职称为主，占整体教师人数的 65.8%。如图 4-10 所示。

全国船舶与海洋结构物设计制造二级学科的专任教师共有 433 人，其中 124 位教师拥有正高级职称，168 位教师拥有副高职称，141 位教师拥有中级职称，分别占所有专任教师人数的 28.6%，38.8%和 32.6%。从人数来看，从事船舶与海洋结构物设计制造的专任教师数量不及船舶与海洋工程学科的 50%，但从教师职称结构来看，二者的师资结构较为相似，主要以高级职称教师为主。如图 4-11 所示。

根据 2019 年各高校官网的数据显示，全国从事轮机工程二级学科教学和科学研究的专任教师共有 698 位，包括 162 位正高级职称教师，273 位副高职称教师以及 263 位中级职称教师，分别占总专任教师人数的 23.2%，39.1%和 37.7%。如图 4-12 所示。

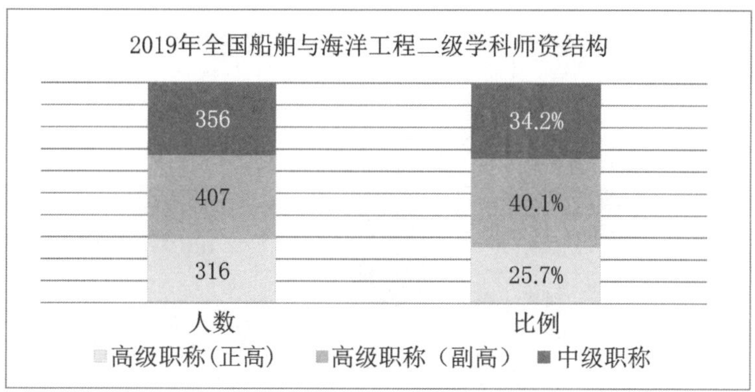

图 4-10 2019 **年全国船舶与海洋工程二级学科师资结构**

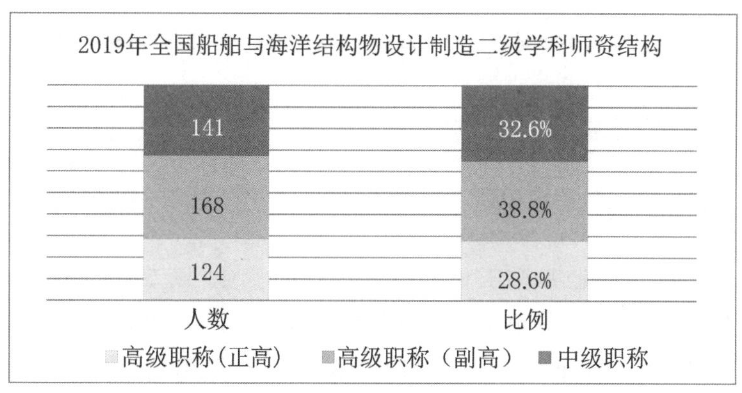

图 4-11 2019 **年全国船舶与海洋结构物设计制造二级学科师资结构**

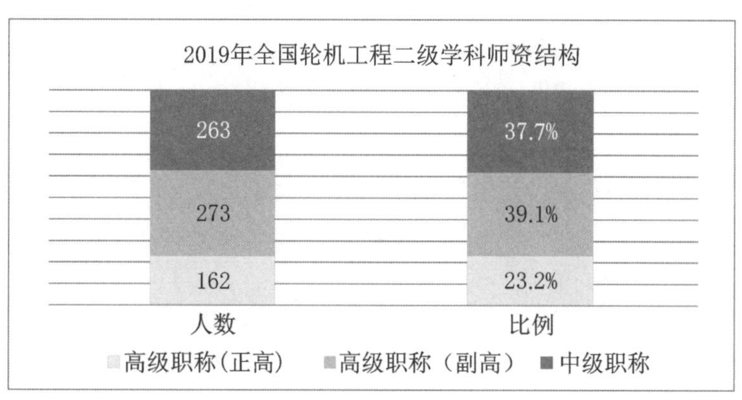

图 4-12 2019 **年全国轮机工程二级学科师资结构**

教师学历是反映师资队伍水平的一个重要标志。据 2019 年各个高校官网数据显示，水运高等教育的船舶与海洋工程一级学科的所有专任教师中，拥有博士学位的教师人数比例超过一半。从核心二级学科来看，船舶与海洋工程二级学科的专任教师中，80.6％的教师拥有博士学位；船舶与海洋结构物设计制造二级学科专任教师中，超过

90%的教师拥有博士学位;而轮机工程二级学科的专任教师中,有76.6%的教师拥有博士学位。三个核心二级学科的博士学位教师占比均超过了75%。如图4-13所示。

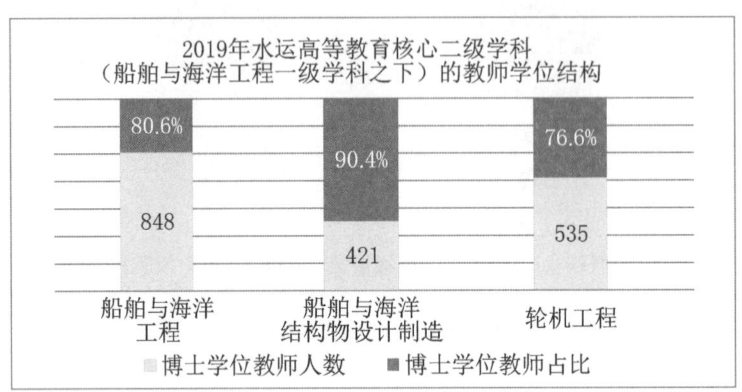

图4-13 2019年水运高等教育核心二级学科(船舶与海洋工程一级学科之下)的教师学位结构

(二)水运高校人才培养与就业

1.船舶与海洋工程

船舶与海洋工程专业是海洋工程类的水运核心专业,该专业培养的人才船舶与海洋工程专业学生毕业后可签约到船舶与海洋工程设计研究单位、海事局、国内外船级社、船舶公司、船厂、海洋石油单位、高等院校、船舶运输管理、船舶贸易与经营、海关、海上保险和海事仲裁等部门,从事船舶与海洋结构物设计、研究、制造、检验、使用和管理等工作,也可到相近行业和信息产业有关单位就业。根据2017—2019年各个高校毕业生就业质量报告数据显示,船舶与海洋工程专业的毕业生人数和就业率略有下降,但仍然保持在相对稳定的水平,其就业率均在95%以上。如图4-14所示。

图4-14 2017—2019年船舶与海洋工程专业毕业生就业情况

2. 港口船舶与海岸工程

港口航道与海岸工程专业是水利工程类的水运核心专业，毕业生主要就业去向为交通运输部门港口航道及海岸工程方面的各大设计院、科研所、工程施工及管理单位、高等学校等。根据各高校毕业生就业质量报告数据显示，该专业毕业生人数从 2017 年的 1432 人逐渐下降至 2019 年的 1313 人，就业比例也呈现了一定程度的下滑，但仍然保持在 90%以上。如图 4-15 所示。

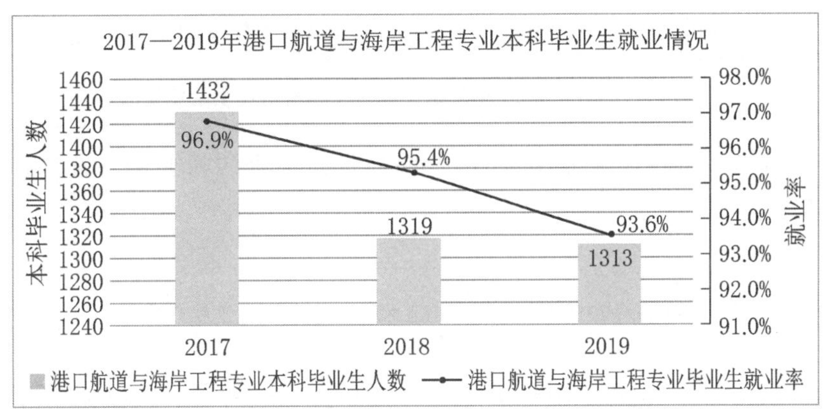

图 4-15　2017—2019 **年港口航道与海岸工程专业本科毕业生就业情况**

交通运输类的专业中，包含五个水运核心专业，分别是轮机工程，救助与打捞工程，船舶电子电气工程，邮轮工程与管理以及航海技术专业。

3. 轮机工程

中国是一个海洋大国，进出口贸易与日俱增，因此对高级海员的需求量增加，而轮机工程人才是海运行业发展不可或缺的要素。轮机工程就业方向主要是海上轮机的检测、维修及控制和陆地船舶设计制造，就业行业主要分布在机械、重工、制造、海洋、进出口贸易、环保、建筑、军事等领域。就业单位主要有海事局、研究所、造船厂、船舶主机厂、海洋运输集团。根据各高校毕业生就业质量报告数据显示，2017 至 2019 年，轮机工程的毕业生人数保持平稳，均在 2100 人左右，就业率整体呈上升趋势，由 2017 年的 97% 上涨至 2019 年的 97.2%。如图 4-16 所示。

4. 救助与打捞工程

救助与打捞工程专业毕业主要从事于海洋工程类企业，如救助打捞装备设计、生产制造、质量检验；政府、事业类单位：救助打捞、海上搜救、应急救援等。仅大连海事大学和海军潜艇学院两所高校拥有该专业。根据大连海事大学 2017—2019 年毕业生就业质量报告数据显示，救助与打捞工程专业毕业人数由 2017 年的 30 人下滑至 2018 年的 27

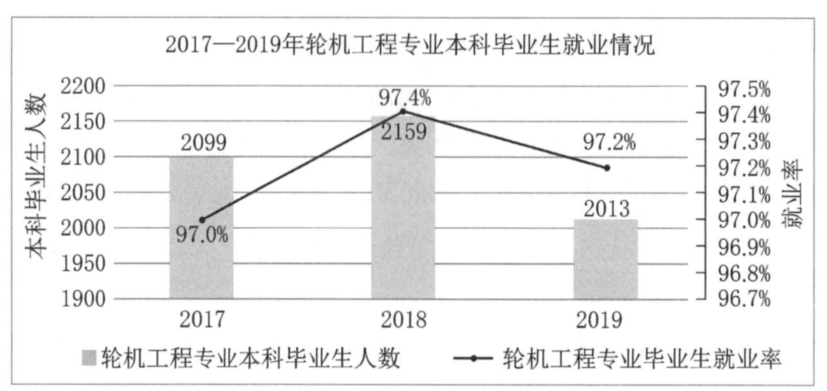

图 4-16 2017—2019 **年轮机工程专业本科毕业生就业情况**

人，2019 年回升至 29 人；从就业率来看，救助与打捞工程的就业率一直保持在 100%。如图 4-17 所示。

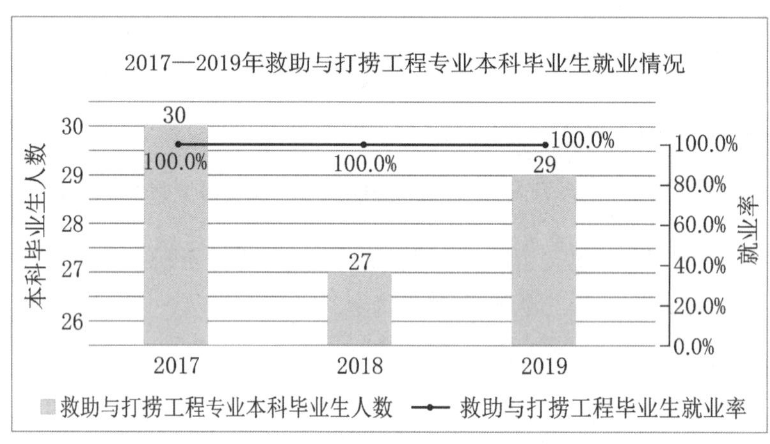

图 4-17 2017—2019 **年救助与打捞工程专业本科毕业生就业情况**

5. 船舶电子电气工程

船舶电子电气工程就业主要集中在海运类企业的电气和电机设备管理与维护领域。根据 2017—2019 年毕业生就业质量报告数据显示，该专业的毕业生人数 2017 年为 550 人，2018 年上升至 587 人，但在 2019 年又下滑至 514 人；从就业率来看，虽然 2018 年毕业生人数有一定上升，但就业率却略有下降，但总体而言，就业率依然保持在 96% 以上。如图 4-18 所示。

6. 邮轮工程与管理

邮轮工程与管理专业是水运高等教育的核心专业，此专业的就业方向主要是从事邮轮工程及管理工作，负责相关设备的维护与管理，或从事邮轮各项保障工作，邮轮相

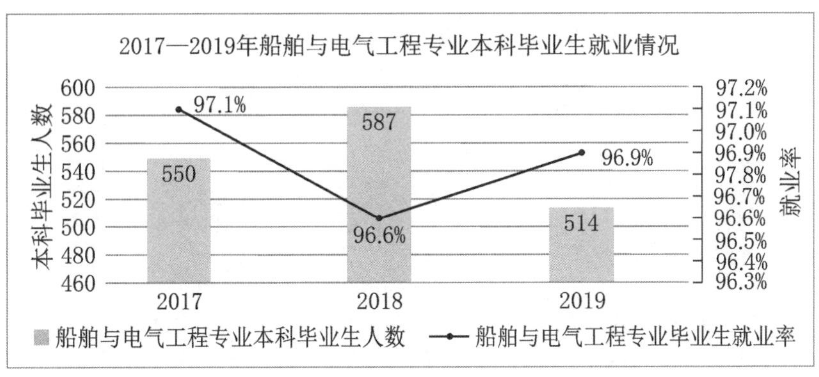

图 4-18　2017—2019 年船舶与电气工程专业本科毕业生就业情况

关设备的维护、保养，船厂参与邮轮建造维修中设备现场管理等工作。目前为止，只有广州航海学院开设了此专业，根据该校的毕业生就业质量报告数据显示，邮轮工程与管理专业的毕业生人数从 2017 年的 148 人骤降至 2018 年的 78 人，但在 2019 年时，又回升至 136 人；从就业率来看，该专业的就业率一直处于相对稳定的上升阶段，从 2017 年的 93％增长至 2019 年的 99.3％。如图 4-19 所示。

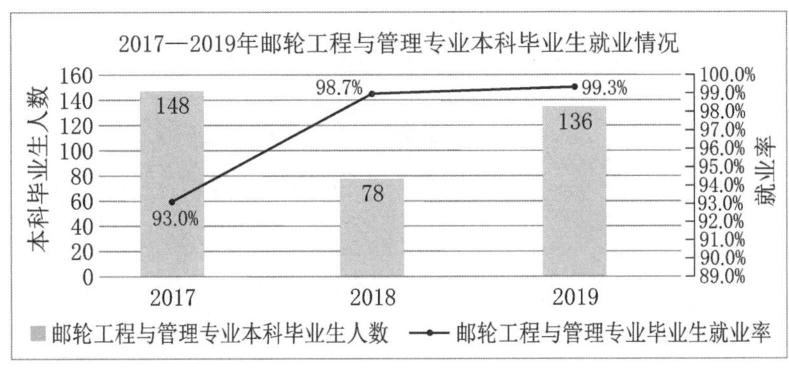

图 4-19　2017—2019 年邮轮工程与管理专业本科毕业生就业情况

7. 航海技术

航海技术专业以培养符合国际和国家海船船员适任标准要求的高级航海人才为目标，与水运和海运行业的发展息息相关。根据 2017—2019 年各高校毕业生就业质量报告数据显示，航海技术专业的本科毕业生人数在 2018 年达到峰值，共 2227 人，2019 年人数略有下降，仅有 1960 人。从就业率来看，航海技术专业的就业率一直处于下滑趋势，但依然保持在 95％以上。如图 4-20 所示。

8. 海事管理

海事管理专业是唯一一个隶属于管理类的水运核心专业，其就业方向主要为航海

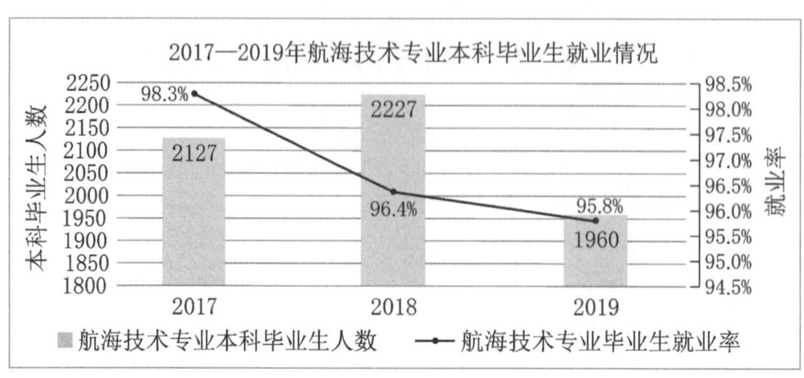

图 4-20 2017—2019 年航海技术专业本科毕业生就业情况

管理和海上事故处理等领域。根据调查显示，全国共有五所高校开办海事管理专业，分别是大连海事大学、武汉理工大学、广州航海学院、海南热带海洋学院以及山东交通学院。根据 2017—2019 年各个高校毕业生就业质量报告数据显示，海事管理专业毕业生人数在 2018 年较多，共 227 人，但 2019 年略有下降，仅 183 人；从就业率来看，依然是 2018 年就业率较高，从 2017 年的 90.1%上升至 100%，2019 年就业率略有下降，但依然保持在 98%以上。如图 4-21 所示。

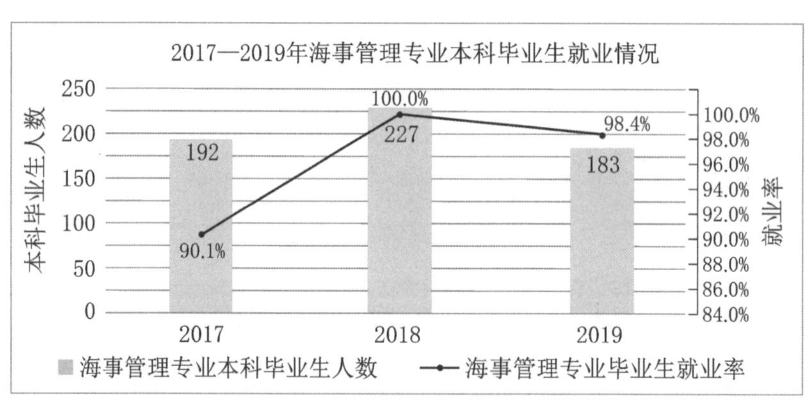

图 4-21 2017—2019 年海事管理专业本科毕业生就业情况

六、对水运高等教育发展的总结与展望

当前，水运发展承担着构建新发展格局的重大使命，构建新发展格局是重大的战略决策，也将在新时代下为水运行业带来新的发展机遇。在新发展格局的要求下，要以政策为导向，以扩大内需为重点，以服务网络化为基础，以利益多元化为纽带，以运行信息化为平台，不断深化发展。目前，我国水运行业正经历着三方面的巨变，即质量和装备的巨变、体制到观念上的巨变、中国形象和地位的巨变。从水运大国到水运强国的跃迁，我国要从制造业发展、核心科技升级、国家实力和话语权等方面着手加强水运强国的建

设。在这过程中，水运专业人才是水运业发展的智力支撑，因此我国必须加强水运高等教育的建设。

（一）水运高等教育的历史总结

1. 学科专业发展

我国水运高等院校已经形成了以有水运、船舶等相关行业背景或隶属于交通部、水利部、海洋局的高等院校为主，同时包含综合性重点大学和地方性高校的水运院校发展体系。但目前还存在院校建设地区分配不均、高层次院校较少的问题。

目前，我国的主干学科专业在不断地丰富和发展，形成了主干学科、二级学科共同发展的学科体系。我国工程教育专业认证要求专业培养目标要随社会经济发展需要及时调整，要能满足学生毕业后 5 年的发展预期。而大连海事大学、上海海事大学、集美大学、武汉理工大学等传统水运类院校的航海类专业培养目标，目前只有个别院校的个别专业在培养目标中体现了面向自主船舶的发展对水运类人才需求的变化。所以，各院校水运类专业应结合新工科建设，及时调整专业培养目标，以保证培养目标始终满足水运业未来人才需求。

2. 科学研究发展

高校科学研究方式亟待转型创新。在第四次工业革命的背景之下，对于高等教育的发展提出了新要求、新挑战。知识不再具有高高在上的垄断地位，而要真正落地生根，开花结果。产业发展也催生了新的学科组织形式，对于水运高等教育来说，一元化、单向的科学研究方式不再适应未来高等教育和社会发展的需要，高校要与市场结合起来，做满足国家重大发展需要的应用型研究。当前我国在积极探索具有中国特色的产学研合作培养模式，取得了长足的发展。水运高等院校在构建产学研模式上，也根据自身学科建设、科研条件做了适当的调整，如大连海事大学坚持统筹推进高层次科研平台和创新基地建设，围绕“双一流”重点领域，布局并形成了特色鲜明、装备精良、开放共享的高水平科研基地集群。截至目前，该校拥有 2 个国家级工程研究中心，2 个国家级国际科技合作基地，3 个国家级学科创新引智基地，1 个国家级协同创新中心等。但从总体上来说，我国的产学研模式还处在探索阶段，无论是从宏观政策环境、中观的体制机制，还是微观的操作层面，都存在诸多问题，需要大力加强理论与实践研究。

3. 师资队伍与人才培养

我国师资队伍经过较长时间发展，在学历层次和职称结构上已经有了很大提高。当前我国水运高等院校的师资队伍的来源主要有两方面，一方面是引进的水运类专业的硕士、博士毕业生，实践经验较少；另一方面是持有相关从业证书，从事水运职业的教师组成，该类教师实践技能丰富，科学研究经历略显不足。两类师资在课程体系上形成互补，但是无法形成合力，这在一定程度上限制了我国水运高等教育的全面发展。

当前普通本科院校水运类人才总体供不应求，但其培养模式和教学手段的弊端日显，突出体现在两个方面，一是本科学生从事远洋船员等职业意愿下降，职业发展缺乏有效的引导，学习主动性不强；二是原有的培养方式侧重于知识学习和理解，学生专业能力没有得到有效的锻炼。

（二）水运高等教育的未来展望

1. 学科/专业发展

对于未来我国水运高等院校的发展，要提高水运类院校建设的层次，减少地区间的发展差异。要加强对重点院校建设的投入、政府要积极与有发展潜力的高校合作，从而增强发展动力。在院校培养目标上应侧重在提升学生的能力，包括自主学习和独立获取新知识的能力；能够综合运用理论与专业知识设计方案，分析解决实际工程实践问题的能力；能应用英语就轮机工程领域相关技术进行有效的沟通交流，具备良好团队协作能力；终身学习的能力等。

大数据将是水运行业发展的重要趋势。目前大数据在港口航运产业链的应用还不广泛，我国港航产业正在受到如欧美港航产业“数字综合体”的“降维打击”，未形成独立的航运数字综合体。我国水运行业要抓住数字革命发展的关键期，在多源数据融合领域、科研团队要向多学科交叉融合转型，积极服务国家经济建设。对于高等教育，在新工科发展的背景之下，交通运输领域的发展也需要突破学科和专业的界限，由单一技术、管理类学科转向与人工智能、大数据等领域的交叉学科发展。对于具有硕士点、博士点的水运类院校，要改革水运类人才的培养模式和扩大学科发展的边界，在原有的主干专业基础上融入学科特色，形成复合型人才的培养模式，主动适应和引领受教育者对水运教育的新需求。

2. 科学研究发展

高等院校科研发展要服务国家重要战略需求。对于水运高等院校来说，要始终坚持“立足航运、服务交通”的发展理念，贯彻“提高科研质量、强化内涵发展”的工作思路，面向“四个交通”建设需求，聚焦国家交通运输、海洋与海事领域和地方经济建设重大战略需求，充分发挥学科优势和特色，不断优化科技创新政策环境，加快构建更加高效的科技创新体系，全面提升院校在国家交通、海洋与海事等领域科技创新与人才培养方面的支撑引领能力。

碳中和目前已然成为我国交通运输领域发展的基本趋势，同时也是战略要求。我国计划在2030年实现碳达峰，2060年实现碳中和。要实现碳达峰就要重点加强对交通运输领域的调整，把大量的公路运输转到水路运输。对水运行业来说，一要加强绿色水运的发展；二要进行能源结构的调整；三要增加水运行业的附加价值，进而减少能源使用的比例。航运是目前各种运输方式中最环保的，其排放量只占总量的3%，所以水运业在碳中和碳排放计划中具有重要地位。要实现碳中和的中期和远期目标，就需要推进水运行业清洁高效能源的使用，探索水运业降低污染防治的方法，将水运作为碳中和的重要手段，加强交通运输的综合管理和有效协调。

为此，高等院校要持续强化新兴学科的科研建设，以重要需求为发展背景，把握时代发展要求，着力做好重大领域创新团队和科技创新领军人才的培育工作。以碳中和为例，要积极引进本领域的优秀创新人才与团队，为优秀创新人才发展提供充足的资金与保障。此外，学校还可建立制度化、常态化的国内外学术交流活动、学术报告机制，举办各类学术报告与专题讲座，提高科研团队的专业化、国际化建设，全面提高科研工作内涵和科研能力建设。

3. 师资队伍与人才培养

建设高水平工程教育师资队伍。学校要对学术型师资进行培训，使之持有师资证书，参加相关实践培训，满足水运类师资要求；对实践型教师通过提高学历层次，使其参与教研、科研项目，提升学术能力，打造科研和实践相融合双师双能型师资队伍。

建设实践教学育人平台。针对学生所面临的实践和理论联系不紧密，专业能力不足的问题，由此开展综合性的集中实践类教学环节很有必要。此外，校外的企业导师制和实习基地的建设，能够促进产学研的融合，有助于开阔学生的视野，激发学生学习的主动性，增加学习动力。主要举措可以包括：通过外聘企业导师参与实践教学和创新创业项目共同培养学生；增设校外实习基地和校企合作育人平台，与校外实习基地建立密切合作，不断优化实习基地建设；多渠道的实践活动等。

第五章　中国铁路高等教育发展

伴随着我国经济的飞速发展，国内生产总值的不断增长，货物运输的需求也越来越大。党的十九大报告明确指出我国是交通大国，而不是交通强国。党的二十大报告再次强调加快建设交通强国。在建设交通强国的过程中，提升我国铁路货运能力成为关键一步。铁路运输作为我国的“运输大动脉”，经历了六次大提速以及高铁的快速发展，铁路货运的潜能不断被激发。

在“十二五”期间，我国自主研发的高速铁路工程建设，为我国铁路建设发展翻开了新的篇章。“十三五”期间，铁路建设依然延续了迅猛发展的态势。铁路改革同样为该阶段一大亮点，2013 年国务院机构改革，铁道部成为历史，中国铁路总公司(2019 年改制为“中国国家铁路集团有限公司”)正式成立。至此，中国铁路在货运价格、货运组织方式等各个方面经历了深化改革。铁路运输作为我国经济发展的物流动脉，在我国货运物流领域扮演着至关重要的角色。铁路货物运输方式在国家政策的扶持下不断发展。

从 2003 年起，中国铁路大规模建设正式拉开序幕。如今，中国铁路已从最初的“追赶者”变身成世界铁路的“领跑者”，尤其是中国高速铁路实现了飞速发展，成为中国一张最闪亮的“名片”。我国“四纵四横”全面建成运营，“八纵八横”高铁网建设加快推进，路网规模不断增加，中国高铁版图不断扩大，为更多人带来了“半日往返千里”的幸福感。2022 年末，全国铁路营业里程达到 15.3 万千米，相比 1949 年增长了 7 倍；高速铁路从无到有，营业里程达到了 4.2 万千米，占世界高速铁路里程的 2/3，居世界第一。“十三五”期间，我国铁路运营的总里程 14.6 万千米，覆盖 99%的 20 万以上人口的城市，高铁运营里程约 3.8 万千米，对百万人口以上城市覆盖率超过 95%，稳居世界第一位。世界上最现代化的铁路网和最发达的高铁网在中华大地快速织就。我国 14 个集中连片特困地区、革命老区、民族地区、边疆地区新增铁路里程 1.6 万千米，占同期全国铁路投产里程的 82.6%，其中新增高铁 1.3 万千米，占同期全国高铁投产里程的 81%。部分贫困地区结束不通铁路的历史，一步跨入高铁时代，为当地群众脱贫致富发挥了基础性保障作用。

2021 年和 2022 年中欧班列开行数量分别达到 1.52 万列和 1.6 万列，分别比上年增长 22.6%和 5.3%，为推动世界经济复苏及稳定全球产业链供应链，提供了新的通道链接，展现了中欧班列比海运快、比空运量大、连续稳定的发展优势和强劲韧性。针对不同区域和环境，我国铁路部门创新设计建造理念，多座具有代表性的铁路桥梁拔地而起。“世界第一座高速铁路悬索桥”“世界第一大跨度的铁路钢桁拱桥”“世界海拔最高、跨度最大的铁路钢管混凝土拱桥”等多个“世界之最”纷纷问世。目前，我国已建成世界最现代化的铁路网和最发达的高铁网，成为世界上高速铁路建设里程最长、运行速度最高、运营场景最丰富、对自然环境适应性最强的国家。放眼全球，中国铁路的国际合作空间得到进一步拓展。铁路合作项目在世界五大洲的数十个国家落地，为世界铁路发展贡献了中国智慧和中国方案。随着“一带一路”建设的深入推进，中国高铁正凭借其技术先进、安全可靠等优势，获得国际社会的广泛认可。例如由中国高铁全系统、全要素、全生产链建造的雅万高铁线路建成通车后，将成为印尼乃至东南亚的第一条高速铁路；首条以中方为主投资建设、全线采用中国技术标准、使用中国装备并与中国铁路网直接连通的国际铁路——中老铁路于2021年底建成通车，北通中国昆明，南通老挝万象，绵延一千余公里，中老两国朝发夕至的梦想走向了现实。

当前，我国经济的快速发展对交通运输提出了更高要求，形成全方位、多层次、复合型的互联互通运输网络，构建高效、便捷的轨道交通体系，是必然的发展方向之一。铁路凭借其速度快、运量大、经济、环保等诸多优势，已成为世界各国大力发展的交通运输体系，轨道交通产业面临着高速发展的机遇。展望未来，铁路技术将会朝着“更快、更新、更广”的维度进一步提升。而要满足经济高质量发展对于交通运输的要求，实现铁路领域更好的发展和转型，优秀人才的培养是重要条件，高校作为人才培养的基地，在高质量铁路交通人才培养中甚至在“交通强国”的建设中都扮演着重要角色。

一、铁路高等教育发展概况

（一）中华人民共和国成立后的铁路高等教育（1949—1990）

1. 建立新的管理体制

1949年10月1日，中华人民共和国成立。由此开创了中华民族历史的新纪元，也揭开了中国铁路教育发展的新篇章。1949年10月1日，中央人民政府铁道部成立（1954年9月20日改为中华人民共和国铁道部）。1951年3月，铁道部部长滕代远主持召开各铁路局人事、劳资、教育部门联席会议，决定人事、劳资、教育原则上分开管理，确立了铁路教育独立管理的体制。

2. 全面学习苏联教育经验

学习苏联经验改革教学，是当时铁路教育工作的基本方向。1953年，铁路各高校成立了教学改革委员会，调整与建立了59个教研组，将全体教师组织在内，建立了系科工作制度。根据苏联的专业设置和教学计划，结合我国具体情况，设置了23个专业并拟订了各专业的教学计划，编写了500多门课程大纲，制定了组织教学的基本文件。各铁路中等专业学校于科组调整后，也积极向苏联学习，实行专业教学，从学校教学的组织形式、教学内容、教学方法以及教学设施等，全面采用苏联模式。同时，陆续成立了各种学科委员会,共设置了 36 个专业,拟订了专业教学计划。

3. 铁路高等教育发展的停滞、恢复、调整

"文革"期间,教育活动被迫中断。"文革"后期,党中央开始加大对铁路工作的整顿力度,铁路教育也随之进行了初步整顿,并逐步得到了一定的恢复。根据中共中央 1969 年 10 月发出的《关于高等院校下放问题的通知》精神,北方交通大学,兰州、长沙、上海、大连铁道学院和南京、上海铁道医学院于 1970 年下放给所在省市领导,仅有正处于搬迁过程中的唐山铁道学院仍由铁道部管理。至 1977 年 11 月 10 日,经国务院批准,北方交通大学才迁回北京。1975 年 3 月 5 日,中共中央发出《关于加强铁路工作的决定》(即 9 号文件)。随着中央对铁路工作的整顿,铁道部人事局(当时主管教育)按照 9 号文件的精神,对铁路教育工作开始全面整顿。在同年 9 月,北方交通大学、兰州、长沙、上海、大连铁道学院和南京铁道医学院恢复由铁道部领导。

1977 年,各铁路高校陆续恢复高考招生。在恢复高考的同时,各铁路高校也积极准备恢复研究生招生。1978 年,经批准,西南和北方两所交大及上海、长沙、兰州、大连等 4 所铁道学院首次招收研究生共 95 名。1978 年 8 月,西南交通大学设立研究生部。1978 年 3 月,铁道部部长段君毅在部党组会上听取教育局的工作汇报后指出,要尽快充实教师队伍,"可以筹办师范学院",1980 年组建了苏州铁道师范学院。

4. 调整专业布局和培养层次

1978—1981 年间,铁道部对院校的专业设置进行了初步调整和改革。文、理、工、农、医各类专业相互结合、相互渗透是这次调整的重点,同时增加了新型和边缘学科的专业。如 1978 年 5 月 31 日,经铁道部批准,西南交通大学增设电子计算机专业,北方交通大学也于 1978 年增设了数字通信专业和电子计算机技术(软件)专业。

随着高校恢复招生,授予学位的问题逐渐提上议事日程。1980 年 2 月,第五届全国人民代表大会常务委员会第十三次会议通过了《中华人民共和国学位条例》,1981 年开始实施。根据教育部的相关规定,经过充分酝酿和调研,经铁道部批准,各铁路院校于 1980 年开始相继成立了"学位评定委员会"。1981 年 5 月 9 日,铁道部又在北京召开专家会议,审定具有硕士、博士学位授予权的专业。1981 年 11 月 3 日,西南交通大学、北方交通大学、长沙铁道学院 3 所铁路高校的 7 个专业点被国务院首批批准有权授予博士学位,西南交通大学、北方交通大学、兰州铁道学院、上海铁道学院、长沙铁道学院、南京铁道医学院被国务院首批批准有权授予硕士学位。1982 年,国务院、教育部下达了首批授予学士学位的高等院校名单,除华东交通大学因建校较晚外,其他高等铁路院校均在名单中。华东交通大学后于 1983 年通过了教育部、国务院学位委员会的审定,也具有学士学位授予权。学位授予制度的建立,规范了铁路高等学校教育,完善了铁路教育体系,促进了学科发展。

（二）全面规划铁路教育事业的改革与发展（1990—2023）

为贯彻《中国教育改革和发展纲要》，1994 年 10 月 13 日至 10 月 15 日，全路教育工作会议召开，这次会议是铁路教育改革的又一里程碑。此次会议提出了“双一流”的目标，即建设一流的铁路教育，建设一流的铁路职工队伍。这是在认真总结分析近 10 年的改革情况后提出的目标，令人鼓舞和振奋。会后，铁路各类教育都以“创一流”为目标，开展了扎实有效的工作。至 2000 年，全国有 2 所高校列入“211 工程”建设项目。

1. 扩大学校办学自主权

1993 年，铁道部印发了《关于铁路普通高等教育深化改革的若干意见》，涉及定员编制、机构设置、专业设置、招生自主权、教学投入、事业经费使用、职称评聘、基建投入、科研合作 9 个方面的内容，明确了对铁路高等院校办学自主权的权责规定，扩大了铁路高校办学自主权。

2. 完成铁路本科院校的转制

21 世纪前，由于国家集中建设的需要，铁路本科院校大多由铁道部集中管理，直到 21 世纪初，才将铁路高等教育划归教育部或所属行政省份管理，融入高等教育建设的整体布局之中。2000 年，北方交通大学从铁道部剥离，划归教育部，直至 2003 年，改为“北京交通大学”。2000 年，西安交通大学由铁道部划转到教育部管理。同年，华东交通大学从铁道部剥离，划归江西省管理。长沙铁道学院最早是 1953 年的中南土木建设学院，由铁道部管理，直至 2000 年和中南工业大学、湖南医科大学三校合并，组建了中南大学，并由教育部直接管理。此外还有如石家庄铁道大学等 11 所本科院校。这些本科院校是我国铁路高等教育发展的特色形态，在改制后大多经过合并发展成了综合性的院校，但仍然保持着自身铁路学科发展的优势，因此，也成了我国铁路高等教育发展的中坚力量。

3.“211 工程”促进铁路高校建设

1993 年，《中国教育改革和发展纲要》中明确提出：“为了迎接世界新技术革命的挑战，要集中中央和地方等各方面的力量办好 100 所左右重点大学和一批重点学科、专业，力争在下世纪初，有一批高等学校和学科、专业，在教育质量、科学研究和管理方面，达到世界较高水平”，即称“211 工程”。

西南交通大学和北方交通大学按照部门预审的审核意见，认真开展了“211 工程”的建设工作，尤其是在学科建设、师资队伍建设和开展科研工作等方面，实力有较大增强。铁道部大力支持两所院校的建设工作，仅 1993 年和 1994 年上半年，铁道部就投入建设资金 2.5 亿元，教育事业经费 1.02 亿元。

4. 扩大对外交流与合作

伴随我国改革开放的步伐，继20世纪80年代初积极开展对外交流以来，进一步扩大对外交流与合作，形成铁路教育外事工作最活跃时期，无论组团出国考察、访问、参加国际学术会议、派出学习，还是邀请国外专家、学者、主办国际学术会议等方面，都有了较大数量的增长。“请进来，走出去”，博取各国所长，对于观念的转变、师资队伍的培养、教学与教学管理水平的提高都带来了有益的帮助。为加强外事工作，各铁路高校纷纷建立外事处等办事机构，并普遍加强了对外事工作的领导。

二、铁路类高等院校发展概况

（一）铁路类高等院校

1. 西南交通大学

西南交通大学是教育部直属全国重点大学，国家首批“双一流”“211工程”“985工程优势学科创新平台”“2011协同创新计划”重点建设并设有研究生院的研究型大学，坐落于中国历史文化名城、国家中心城市——成都。学校创建于1896年，前身为山海关北洋铁路官学堂，是中国第一所工程教育高等学府，是中国土木工程、矿冶工程、交通工程高等教育的发祥地，同时也是“交通大学”最早两大源头之一。

学校以工见长，设有27个学院（书院、中心），拥有交通运输工程、机械工程两个一级学科国家重点学科，车辆工程、桥梁与隧道工程等10个二级学科国家重点学科，18个一级学科博士学位授权点，3个博士专业学位授权类别，41个一级学科硕士学位授权点，11个博士后科研流动站。交通运输工程学科位居全国第一（A＋）并进入国家“双一流”建设序列，土木工程学科位居全国A序列，材料科学、工程学、计算机科学等学科进入ESI世界排名前1%。

作为一所传统的交通院校，西南交通大学在建设过程中保留自身的发展优势，同时面向国家战略需求和交通土建行业进行升级转型。在学院建设上，设有智慧城市与交通学院、天佑铁道学院等，以及轨道交通国家实验室等高水平研究机构。此外还有前沿科学研究院、未来技术研究院、人工智能研究院等多领域、多交叉的创新型研究中心。2022年在西南交通大学的本科招生目录中，智慧城市与交通学院的主要招生专业为智能建造、智能制造工程、城市设计、新能源科学与工程、智慧交通。突破了过去传统的路桥类专业设置，发展出综合型、创新型和时代适应型的学科专业。如：智能制造工程专业，课程设置涵盖设计机械工程、电气工程和计算机科学等多个学科，旨在培养既有扎实数学、自然科学等基础理论和机械、电子、计算机等专业知识，又具备较强的工程实践能力、创新意识、团队精神与开阔的国际视野，综合运用人工智能理论、具有开发管理和应用能力的高素质创新型人才。目前已然形成具有特色化的学院建设和专业发展模式，坚持城市化、智能化和国家化的办学方向，将面向未来发展作为动力源；建设"学""研"双中心、"1＋2＋1＋X"的人才培养模式，大学一年级进行通识教育，大学二、三年级进行专业培养和能力发展，大学四年级根据不同出口、设计个性化培养体系。此外，学院坚持"科教""产教"双融合协同育人，与多家企业建立合作关系、如中国中车、华为、西门子、中国交建、阿里巴巴等，通过学校、地方、行业、企业进行多元化、开放式和项目制的合作办学，拓宽了人才培养的广度和深度。

2. 北京交通大学

北京交通大学是教育部直属，教育部、交通运输部、北京市人民政府和中国国家铁路集团有限公司共建的全国重点大学，"211 工程""985 工程优势学科创新平台"项目建设高校和具有研究生院的全国首批博士、硕士学位授予高校。学校牵头的"2011 计划""轨道交通安全协同创新中心"是国家首批 14 个认定的协同创新中心之一。2017 年，学校正式进入国家"双一流"建设行列。

学校现有在校全日制本科生 17372 人，博士研究生 2954 人，硕士研究生 8434 人，非全日制硕士研究生 1730 人，在职专业学位研究生 1730 人，成人学生 2350 人，外国留学生全年累计 1389 人。近三届本科教学成果奖评选中，获得国家级一等奖 3 项、二等奖 8 项。近三届中国学位与研究生教育学会研究生教育成果奖评选中，获得一等奖 1 项，二等奖 2 项。

学校现有中国科学院院士 3 人，中国工程院院士 9 人，中国工程院外籍院士 1 人，国家级教学名师 5 人，国务院学校委员会学科评议组成员 6 人，各类国家人才计划入选教师 71 人，中宣部"四个一批"人才 2 人。学校拥有 11 个国家级特色专业、7 个国家级综合改革试点专业、8 个国家级卓越工程师教育培养计划专业，12 个专业通过国家工程教育专业认证，3 个专业通过国家土建类专业评估。

学校建有国家级实验教学示范中心 6 个、国家级虚拟仿真实验教学中心 3 个、国家级虚拟仿真实验教学项目 3 个、国家级大学生校外实践基地 3 个、国家级工程实践教育中心 7 个；建有国家级教师教学发展示范中心。学校获评国家级一流本科课程 32 门、获评国家级精品资源共享课 19 门、国家级精品视频公开课 6 门；获批首届全国优质教材主编 4 本；获评"全国高校创新创业教育工作 50 强""国家级大学生创新创业训练计划实施工作先进单位""全国高校实践育人创新创业基地"。

学校把加强合作交流作为提高办学水平的重要途径，国内外影响力不断提升。与美、英、德、法等 57 个国家的 247 所大学及著名跨国企业建立了合作关系。在比利时鲁汶、美国休斯敦、巴西坎皮纳斯等地办有孔子学院，积极传播中国文化。学校加入国际铁路联盟（UIC）、国际铁路合作组织（OSJD），提升了在国际铁路领域的影响力和话语权；

加入中国-中东欧高校联合会,为拓展与中东欧国家教育合作交流奠定了基础。学校有国家级示范学院1个,学科创新引智基地("111基地")6个,"111基地"培育项目1个,"一带一路"教科文卫引智项目1个;累计有31位专家入选高端外国专家项目;有中外合作办学项目5个、涉外办学机构3个,开展本科、研究生层次学位教育,提升学校国际化办学水平。充分发挥校友会、基金会、董事会的作用,深化"政产学研用"协同创新,在海内外成立地方校友会51个,吸纳董事单位83家,与交通、物流、信息、能源等行业企业及地方政府等建立战略合作关系,在人才培养、科研合作等领域开展长期、广泛的合作。

3. 兰州交通大学

兰州交通大学(原兰州铁道学院)创建于1958年5月,由北京铁道学院(现北京交通大学)、唐山铁道学院(现西南交通大学)主干系科成建制迁至兰州组建而成,为我国第三所铁路本科高校,原隶属铁道部。2000年实行"中央与地方共建、以地方政府管理为主"的体制。2003年4月,经教育部批准,由"兰州铁道学院"更名为"兰州交通大学"。

作为一所西部的特色交通类本科高校,兰州交通大学在双一流院校建设中,也体现出了院校特色和地域特色。学校的土木工程、给排水科学与工程、交通运输、车辆工程、轨道交通信号与控制、电气工程及其自动化、通信工程等轨道交通学科专业群优势明显。到2022年5月,兰州交通大学共有6个学科入选省级"双一流"特色建设工程学科,其中包括土木工程、交通运输工程、环境科学与工程等一级学科。

兰州交通大学作为一所省级重点交通类大学,立足地方、面向全国,在发展过程中积累了一系列的发展经验,可以作为地方工程类、交通类高校借鉴的典范。兰州交通大学以应用基础研究为重点,以工程应用型研究为核心,以技术创新作为突破口,聚集多学科力量,组建工程技术中心,开发高新技术,加快科技成果转化为科研指导思想,借力于"西部大开发""双一流"建设等政策有利条件,建设了一批重点工程和重点学科,并涌现了一批卓越的学术带头人,科研实力不断提升。

兰州交通大学找准地方类交通院校发展的优势,始终立足地方发展,主动服务国家和地方重点项目建设,并在过程中发展出了核心技术和优势产业,部分研究成果达到了国际先进、国内一流的水平。参与了青藏、兰新、兰渝等多个铁路重大项目的研究与建设工作,是全国承担青藏铁路研究项目最多、最早的高校,解决了青藏铁路冻土的世界性难题,获得了国家技术进步特等奖。

兰州交通大学已发展成为一所以工科为主多学科协调发展、整体办学实力居甘肃省高校前列的教学研究型大学,为甘肃省高水平大学建设高校、国家"中西部高校基础能力建设工程"高校、教育部来华留学生示范基地、空军后备军官选拔培养学校、高水平运动员招收培养院校和具有推荐优秀应届本科毕业生免试攻读研究生资格高校。

4. 中南大学

中南大学是由湖南医科大学、长沙铁道大学与中南工业大学于2000年4月29日合并组建而成的，目前是教育部直属全国重点大学、国家“211工程”首批重点建设高校、国家“985工程”部省重点共建高水平大学和国家“2011计划”首批牵头高校，2017年9月入选世界一流大学A类建设高校。

中南大学现有一级学科国家重点学科6个，二级学科国家重点学科12个，国家重点（培育）学科1个，国家临床重点专科61个；设有30个二级学院，103个本科专业；博士学位授权一级学科40个，硕士学位授权一级学科48个，博士专业学位授权类别9个，硕士专业学位授权类别29个，博士后科研流动站30个。材料科学、工程学、环境科学与生态学等19个学科ESI(基本科学指标)排名居全球前1%，其中材料科学、工程学等6个学科排名居全球前1‰。

中南大学注重科研实力的建设，现有国家级创新平台31个，其中国家重点实验室4个、国家工程研究中心6个、国家工程技术研究中心2个、国家工程实验室6个、国防科技重点实验室1个、国家工程化与创新能力建设平台1个、国家临床医学研究中心3个、国家国际联合研究中心4个，牵头和参与组建国家“2011协同创新中心”2个。2000年以来，学校共获国家科技三大奖112项，其中获国家科技一等奖（特等奖）18项，10个项目入选“中国高校十大科技进展”。

中南大学将科研项目建设融入院校建设和人才培养中。交通运输工程学院的高速列车研究中心是为适应我国铁路提速和发展高速铁路的需要，于1994年由原长沙铁道学院的“车辆结构强度实验室”“列车空气动力实验室”和“CAD/CAM研究室”合并组建而成的，2003年获批为教育部重点实验室。近二十年来，始终围绕我国轨道交通发展的需求，填补了一系列研究领域的空白，在研究中心的发展过程中，通过多个科研项目的建设培养出一批领域内顶尖的科研人才，充分发挥了研究中心的优势，从本科生、研究生再到博士生均经过从基础理论学习到科学研究，再到工程应用的系统培养。其中的不少毕业生已成为所在单位的骨干力量，分布于全国铁路研究院和相关行业的企事业单位。这也标志着中南大学突破了传统人才的教育模式，完善了实践育人、创新育人的基本路径。

5. 石家庄铁道大学

石家庄铁道大学前身是中国人民解放军铁道兵工程学院，创建于1950年，系当时全军重点院校；1979年被列为全国重点高等院校；1984年转属铁道部，更名为石家庄铁道学院；2000年划转河北省，实行中央与地方共建，为河北省重点骨干大学；2010年3月更名为石家庄铁道大学；2015年7月被河北省人民政府、国家铁路局、教育部批准为共建高校；2016年被河北省列为重点支持的一流大学和一流学科建设高校。

学校设有20个学院(系、部),25个研究所。现有51个本科专业,5个博士学位授权一级学科,2个博士后流动站,14个硕士学位授权一级学科,14个硕士专业学位授权类别。近年来,学校主持承担国家“973”计划、“863”计划、国家科技支撑计划、国家自然科学基金重大项目、国家杰出青年科学基金、国家自然科学基金重点项目、国家自然科学基金科学仪器基础研究专款项目、国家自然科学基金高铁联合基金、国家自然科学基金、国家社会科学基金、国家空间探测工程等各级各类项目900多项,科研经费达近10亿元。获国家、军队和省部级科技成果奖280余项。国家科技进步特等奖2项、一等奖2项、二等奖6项,国家自然科学二等奖9项,国家技术发明二等奖1项,中国卓越研究奖1项,省部级自然科学、科技进步、社会科学一等奖55项。

学校积极推进国际交流与合作工作,与美国、英国、俄罗斯、加拿大、澳大利亚、西班牙等30多个国家和地区的40余所大学和研究机构建立了交流合作关系,在教学、科研、合作培养、学生交流等领域广泛开展合作。

(二)铁路类高等院校地区分布

本章节将铁路运输类高等院校定义为设有铁路运输类本科专业的高等院校。从图5-1可知,全国共有62所铁路运输类高等院校,其中河南省开设的铁路运输类院校数量最多,达9所。总体来看,全国开设铁路运输类院校超过5所的地区除了河南省之外,还有湖北省、江苏省,分别为5和7所。

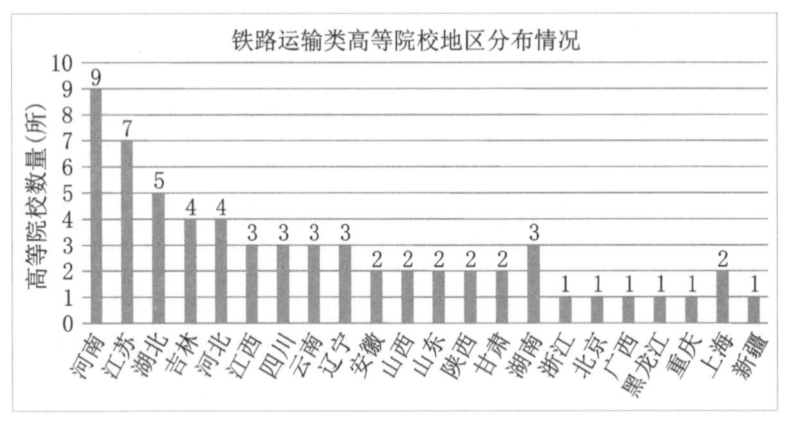

图5-1 铁路运输类高等院校地区分布

(三)铁路类高等院校层次分布

由表5-1可知,全国铁路运输类高等院校中985院校仅有1所,即位于湖南省的中南大学。而铁路运输类211高校主要集中在江苏省、河南省、四川省以及北京市,分别为2所、1所、1所和1所。总体来看,绝大多数铁路运输类院校为普通院校。

表 5-1　铁路运输类高等院校层次分布

省(区、市)	985 院校	211 院校	普通院校
河南省	0	1	8
江苏省	0	2	5
湖北省	0	0	5
吉林省	0	0	4
河北省	0	0	4
江西省	0	0	3
四川省	0	1	2
云南省	0	0	3
辽宁省	0	0	3
安徽省	0	0	2
山西省	0	0	2
山东省	0	0	2
陕西省	0	0	2
甘肃省	0	0	2
湖南省	1	1	2
浙江省	0	0	1
北京市	0	1	0
广西壮族自治区	0	0	1
黑龙江省	0	0	1
重庆市	0	0	1
上海市	0	0	2
新疆维吾尔自治区	0	0	1

*“211 院校”中包含既是 211 又是 985 的高校。

(四)铁路类高等院校一流学科建设综合竞争力排名

根据中国高校一流学科建设综合竞争力排行榜的高校排名,其中有 12 所铁路运输类高等院校上榜。如表 5-2 所示,从总体得分来看,中南大学作为唯一的 985 铁路运输类高校进入排行榜前 15 名,位列 12 名。在前 100 所高校中,有 6 所铁路运输类高校,分别是中南大学、苏州大学、郑州大学、北京交通大学、西南交通大学以及南京理工大学。

表 5-2　中国高校一流学科建设综合竞争力排行榜(部分)①

学校名称	层次	排名
中南大学	985	12
苏州大学	211	35
郑州大学	211	43
北京交通大学	211	63
西南交通大学	211	83
南京理工大学	211	91
常州大学	普通	141
中南民族大学	普通	186
长沙理工大学	普通	210
兰州交通大学	普通	219
河南工业大学	普通	224
郑州轻工业大学	普通	239

铁路运输是我国的基础保障性交通运输方式,在客运和货运领域都发挥着显著作用。目前我国要建设现代化的铁路网络,促进新建改建并举、高速普速协调发展,加快普速铁路建设和既有铁路扩能改造,着力消除干线瓶颈,推进既有铁路运能紧张路段能力补强,加快提高中西部地区铁路网覆盖水平,加强资源富集区、人口相对密集脱贫地区的开发性铁路和支线铁路建设。然而,我国铁路交通运输高等院校的建设却与我国铁路运输发展目标不相匹配,普通类院校居多,重点院校屈指可数。同时,在院校发展地区层面也存在不平衡和结构不合理的状况,中部地区如河南省、湖北省成为建设中心,而西部地区发展相对不足,与国际一流发展水平还存在较大差距。因此,要加强中西部地区铁路院校的建设,培养更多服务于中西部地区铁路发展的人才,提升中西部的铁路覆盖水平;在资源密集的省份,更要加强铁路高校的建设,因地制宜地发展经济、培养铁路运输人才,促进资源的有效、合理开发。

三、铁路运输主干学科/专业发展概况

(一)铁路主干专业发展现状

铁路主干专业涵盖 3 个核心专业,分别属于交通运输类、土木类与自动化类。本部分主要分析这 3 个专业的发展现状。

① 数据来源于金平果科教评价网:http://www.nseac.com/

1. 开办院校数量分析

如表 5-3 所示，铁路主干专业只有核心专业，无支撑专业。其核心专业分别是轨道交通信号与控制、铁道工程、轨道交通电气与控制专业。

在铁路主干专业中，轨道交通信号与控制是开设院校数量最多的专业，共 60 所。其数量是其他两个核心专业开设院校数量的 7.5 倍和 20 倍。轨道交通电气与控制为 2017 年新设专业，仅有 3 所高校开设此专业。

表 5-3　铁路主干专业开办院校数量分析

类别	专业类别	专业代码	专业	开设数量
核心专业	交通运输类	080802T	轨道交通信号与控制	60
	土木类	081007T	铁道工程	8
	自动化类	081809T	轨道交通电气与控制	3

2. 学校层次分析

如表 5-4 所示，尽管有 60 所开设轨道交通信号与控制专业的院校，但其中仅有 5 所为 211 院校，而 985 院校只有 1 所。另外，在开设铁道工程专业的院校中，有 1 所是 985 院校，2 所是 211 院校。

表 5-4　铁路主干专业院校层次分析

类别	专业类别	专业代码	专业	985	211	普通院校
核心专业	交通运输类	080802T	轨道交通信号与控制	1	5	55
	土木类	081007T	铁道工程	1	2	6
	自动化类	081809T	轨道交通电气与控制	0	0	3

*“211”中包含既是 211 又是 985 的高校

3. 地区分布情况

由表 5-5 可知，轨道交通信号与控制专业开设的院校主要分布在河南省、江苏省、湖北省等地区，分别为 9 所、7 所和 5 所。而铁道工程专业的开设院校在河北省和上海市各有 2 所。至于轨道交通电气与控制专业，是 2017 年新增的专业，该专业的开设院校分别位于山东省、陕西省和重庆市。

表 5-5　铁路主干专业地区分布

省(区、市)	轨道交通信号与控制	铁道工程	轨道交通电气与控制
北京市	1	1	0
安徽省	2	0	0

续表 5-5

省(区、市)	轨道交通信号与控制	铁道工程	轨道交通电气与控制
福建省	0	0	0
甘肃省	2	0	0
广东省	0	0	0
广西壮族自治区	1	0	0
贵州省	0	0	0
海南省	0	0	0
河北省	0	2	0
河南省	9	0	0
黑龙江	1	0	0
湖北省	5	0	0
湖南省	2	1	0
吉林省	0	0	0
江苏省	7	0	0
江西省	3	1	0
辽宁省	3	0	0
内蒙古自治区	0	0	0
宁夏回族自治区	0	0	0
青海省	0	0	0
山东省	2	0	1
山西省	2	0	0
陕西省	2	1	1
上海市	0	2	0
四川省	3	0	0
天津市	0	0	0
西藏自治区	0	0	0
新疆维吾尔自治区	1	0	0
云南省	3	0	0
浙江省	1	0	0
重庆市	1	0	1

4. 专业排名

由表 5-6 可知，对于轨道交通信号与控制专业，排名前十的院校中，大多数具有铁路行业背景，如北京交通大学、西南交通大学、兰州交通大学以及长沙理工大学。

在铁道工程专业方面，唯一获得 5★的院校为西南交通大学。紧追其后的华东交通大学和中南大学，均拥有铁道行业背景。

而对于轨道交通电气与控制专业，由于它是 2017 年新增的专业，目前只有山东交通学院、重庆邮电大学移通学院和西安交通工程学院开设此专业。其中山东交通学院是交通部共建高校。

表 5-6　2022 年中国大学分专业竞争力排行榜①

专业	排序	学校名称	水平
轨道交通信号与控制	1	北京交通大学	5★⁺
	2	西南交通大学	5★
	3	兰州交通大学	5★
	4	南京理工大学	5★⁻
	5	郑州大学	5★⁻
	6	华东交通大学	5★⁻
	7	中南大学	4★
	8	长沙理工大学	4★
	9	河南理工大学	4★
	10	上海工程技术大学	4★
	11	苏州大学	4★
铁道工程	1	西南交通大学	5★
	2	华东交通大学	4★
	3	中南大学	4★
	4	北京交通大学	4★
	5	上海工程技术大学	4★
	6	华东交通大学	4★
	7	上海工程技术大学	3★
	8	上海应用技术大学	3★

① “金平果”《2021—2022 中国大学分专业竞争力排行榜》

续表 5-6

专业	排序	学校名称	水平
轨道交通电气与控制	1	山东交通学院	4★
	2	重庆邮电大学移通学院	4★
	3	西安交通工程学院	4★

综上所述，在开设铁路主干专业的高校中，排名靠前的大多具有铁路行业或交通行业背景。

（二）铁路主干学科发展现状

铁路主干学科涵盖 1 个一级学科，其核心学科为一级学科交通运输工程之下的二级学科——道路与铁道工程。

1. 开办院校数量分析

由表 5-7 可知，只有 25 所院校开设铁路行业核心学科。随着对道路与铁道建设专业技术人才需求的增加，该学科的重要性逐渐凸显。然而，仅有 25 所院校开设该二级学科，显示出该学科在科学研究方面缺乏充足的后备力量。

表 5-7　铁路主干学科开办院校数量分析

学科类别	一级学科	专业	数量
核心学科	交通运输工程	道路与铁道工程	25

2. 院校层次分析

由表 5-8 可知，在开设道路与铁道工程学科的院校中，有 5 所 985 高校和 13 所 211 高校。这些院校中的重点院校数量占比较高，超 50%。

表 5-8　铁路主干学科全国高校层次分析

学科类别	一级学科	专业	985	211	普通
核心学科	交通运输工程	道路与铁道工程	5	13	12

*“211”中包含既是 211 又是 985 的高校。

3. 地区分布情况

如表 5-9 所示，开设道路与铁路工程的院校主要集中在北京市、辽宁省、江苏省，以及山东省，分别为 5、4、3、2 所。

表 5-9　铁路主干学科全国高校地区分布

省(区、市)	道路与铁道工程
北京市	5
安徽省	0
福建省	0
甘肃省	1
广东省	1
广西壮族自治区	0
贵州省	0
海南省	0
河北省	1
河南省	1
黑龙江	0
湖北省	1
湖南省	1
吉林省	1
江苏省	3
江西省	1
辽宁省	4
内蒙古自治区	0
宁夏回族自治区	0
青海省	0
山东省	2
山西省	0
陕西省	0
上海市	0
四川省	1
天津市	1
西藏自治区	0
新疆维吾尔自治区	0
云南省	1
浙江省	0
重庆市	1

4. 排名

由表 5-10 可知，在道路与铁道工程学科中，排名前 20 的院校均具有铁路或交通行业背景。其中，有 5 所院校获得了 5★$^{-}$ 及以上的评分，它们分别是西南交通大学、长安大学、东南大学、大连海事大学和同济大学。

表 5-10　2022 中国大学研究生教育分学科排名①

学科	排名	学校名称	星级
道路与铁道工程	1	西南交通大学	5★＋
	2	长安大学	5★
	3	东南大学	5★
	4	大连海事大学	5★－
	5	同济大学	5★－
	6	中南大学	4★
	7	北京交通大学	4★
	8	哈尔滨工业大学	4★
	9	华南理工大学	4★
	10	长沙理工大学	4★
	11	重庆交通大学	3★
	12	武汉理工大学	3★
	13	石家庄铁道大学	3★
	14	湖南大学	3★
	15	华东交通大学	3★
	16	吉林大学	3★
	17	北京工业大学	3★
	18	东北林业大学	3★
	19	南京航空航天大学	3★
	20	江苏大学	3★

5. 自设二级学科概况

为进一步扩大办学自主权，推动学位授予单位快速响应国家对高层次人才的需求，加强新兴交叉学科发展，办出特色和优势，2011 年，教育部学位管理与研究生司（学位

① 数据来源：《中国研究生教育及学科专业评价报告（2021—2022）》

办)下发 12 号文件《关于做好授予博士、硕士学位和培养研究生的二级学科自主设置的通知》,对二级学科设置办法进行了改革,学位授予单位可在获得授权的一级学科下自主设置与调整二级学科和按二级学科管理的交叉学科。2011 年以来,政府逐步实现了自主设置二级学科权力的全面下放推广,极大地促进了高校自主权的扩大,也为深化我国学位和研究生教育改革、提高服务经济社会发展需求搭建了更好的平台。

由表 5-11 可知,自设二级学科较多的高校有西南交通大学和兰州交通大学。高校的自设二级学科均与轨道交通行业密不可分。

表 5-11 铁路主干学科自设二级学科概况

一级学科	专业	开设院校	层次	是否自划线	是否有博士点
机械工程	城市轨道交通技术与装备	西南交通大学	211		√
电气工程	轨道交通电气化与信息	西南交通大学	211		√
交通运输工程	城市轨道交通工程	中南大学	985	√	√
	轨道交通电气自动化	兰州交通大学	211		√
	轨道交通通信工程	兰州交通大学	211		√
	铁路环境控制	中国铁道科学研究院	普通		√

我国铁路交通领域的发展需要综合运用新技术手段,改革创新经营管理模式;重点提高铁路网整体运营效率,统筹考虑运输需求和效益,合理规划建设铁路项目,这也对高校的学科建设提出了更高要求。从当前铁路高等教育学科和专业发展概况分析,目前我国铁路专业发展状况并不理想,主要反映在新兴专业的设计和发展上,轨道交通电气与控制为 2017 年新设专业,目前仅有 3 所高校开设此专业,体现了我国高校并未主动把握铁路专业发展的趋势和方向。此外,自设二级学科主要是那些与铁路行业发展紧密结合的相关铁路专业,发展时间较短,往往需要更多时间和投入才能看到成果,目前我国的二级学科领域也并不丰富,需要挖掘发展潜力,培养相关师资与人才。

四、铁路高校科学研究

"交通强国,铁路先行",历史经验揭示了铁路建设在国家发展战略中的关键地位,而唯有发展科技与掌握核心技术,才能让我国铁路不断突破创新,走在世界前列。当前,新一轮科技革命和产业变革蓄势待发,谁抢占了科技高地,谁就能抢占未来发展的制高点,在激烈竞争中脱颖而出。党的二十大以来,我国铁路建设始终坚持开展科研攻关和实践运用,高速铁路、高寒铁路、高原铁路、重载铁路技术已经达到了世界领先水平。如何全面建成更高水平的现代化铁路强国,是新时代铁路类高等院校必须回答的问题。高校紧抓学科优势,主动对接国家战略部署,依托大交通一流学科集群,打造支撑新时代铁路发展的学科体系；积极建设支撑铁路科技创新发展平台集群，与科研院所合作参与以企业为主体的铁路科技协同创新体系，巩固产学研用机制；打造结构合理、层次分明、水平突出、充满活力的高水平科技创新群体，形成一支铁路科技创新战略力量，以铁路重大战略需求为导向，加强主动科研，开展重大项目集中攻关。

（一）国家级科技创新基地

如表 5-12 所示，国家级科研基地中，有 24 个科研基地与铁路行业密切相关，分别为 1 个国家实验室、2 个国家重点实验室、1 个国家工程研究中心、9 个国家工程实验室、3 个国家工程技术研究中心、3 个国家地方联合工程研究中心（工程实验室）、2 个国家级国际联合研究中心（工程实验室）、2 个示范型国家国际科技合作基地以及 1 个省部共建国家重点实验室。

表 5-12　铁路类国家级科研基地概况

类别	基地名称	数量（个）
国家科技创新基地	国家实验室	1
	国家重点实验室	2
	国家工程研究中心	1
	国家工程实验室	9
	国家工程技术研究中心	3
其他国家级科研基地	国家地方联合工程研究中心（工程实验室）	3
	国家级国际联合研究中心（工程实验室）	2
	示范型国家国际科技合作基地	2
	省部共建国家重点实验室	1

1. 国家实验室

现代轨道交通国家实验室是在已有的牵引动力国家重点实验室（西南交通大学）基础上进行筹建的（表 5-13）。该实验室是我国于 2006 年确定的第二批 10 个国家实验室之一，也是我国西部地区高校唯一的国家实验室，同时也是中国轨道交通领域唯一的国家实验室。实验室的定位是围绕高速铁路、重载运输以及新型城市轨道交通（即“一高一重一新”）开展科学研究与技术创新，以引领轨道交通技术的发展。

表 5-13　铁路类国家实验室

名称	高校名称
现代轨道交通国家实验室（筹）	西南交通大学

2004 年，西南交通大学着眼我国高速铁路发展的需要，提出了建设轨道交通国家实

验室的设想。围绕我国高速铁路发展的迫切需要,凝练轨道交通领域重大科学问题,结合铁路行业引进消化吸收再创新的技术方针,该大学于 2004 年 5 月正式提交了建设轨道交通国家实验室的申请报告。行业主管部门铁道部、学校主管部门教育部以及四川省政府高度重视和支持了西南交通大学的申请,并多次与科技部进行函电和会商,希望得到科技部对建设轨道交通国家实验室的支持。作为我国目前唯一建有轨道交通国家重点实验室的高校,西南交通大学也是西部地区唯一拥有国家实验室的高校。

2. 国家重点实验室(表 5-14)

表 5-14　铁路类国家重点实验室

名称	高校名称
牵引动力国家重点实验室	西南交通大学
轨道交通控制与安全国家重点实验室	北京交通大学

牵引动力国家重点实验室是经国家计委批准建设的国家重点开放研究实验室,其依托单位为西南交通大学。该实验室于 1995 年通过了国家验收,并在 2003 年、2008 年和 2013 年三次通过了国家评估,其中两次被评为优秀国家重点实验室。实验室在科技部、教育部、行业主管部门铁道部和依托单位西南交通大学的大力支持下,在试验平台建设方面取得显著成效。作为工程类实验室,实验室重视设备建设,自主研发了一整套多数达国际先进甚至领先水平的机车车辆试验研究装备。

图 5-2　牵引动力国家重点实验室

轨道交通控制与安全国家重点实验室依托北京交通大学的交通运输规划与管理、交通信息工程及控制、通信与信息系统三个国家级重点学科及全国评估排名第一的“系统科学”学科成立。实验室紧密结合国家轨道交通的长远发展与现实需求,秉承“结合背景开展应用基础理论研究,结合实际重大需求形成关键技术”的研究理念,致力于轨道交通控制与安全科学技术方面具有创新性的应用基础理论和基础性工作研究,为中国轨道交通控制与安全保障技术整体达到世界先进水平进行前瞻性理论技术储备,以形成适合我国国情的具有自主知识产权的轨道交通控制与安全核心技术及装备体系，建成轨道交通领域从事应用基础理论和基础性工作研究的国际一流的学科基地，为我国轨道交通控制与安全领域的原始创新、集成创新、引进消化吸收再创新以及高水平人才的培养提供平台。在原创性科学研究、取得国际领先的重大研究成果和培养杰出创新人才等方面起到不可替代的作用。

图 5-3　轨道交通控制与安全国家重点实验室

3. 国家工程研究中心(表 5-15)

轨道交通运行控制系统国家工程研究中心于 2008 年 1 月经国家发改委批复立项建设，由北京交通大学牵头，联合中国铁路建设投资公司、中国铁路通信信号股份有限公司、中国铁道科学研究院共同组建。工程中心依托国家政府资金、政策与股东单位的基础研究、人才、科研和综合实验等优势，严格依照现代化企业经营管理模式进行实体运作。宗旨是通过建立核心技术工程化研究、验证测试有利于技术创新、成果转化的机制，培育、提高自主创新能力，搭建产业与科研之间的桥梁，研究开发轨道交通运行控制系统产业关键性技术，加快科研成果转化，促进产业技术进步和核心竞争力的提高。

表 5-15　铁路类国家工程研究中心

名称	高校名称
轨道交通运行控制系统国家工程研究中心	北京交通大学

4. 国家工程实验室(表 5-16)

表 5-16　铁路类国家工程实验室

名称	高校名称
高速铁路系统试验国家工程实验室	北京交通大学参与
高速铁路建造技术国家工程实验室	中南大学参与
高速列车系统集成国家工程实验室	西南交通大学、北京交通大学、同济大学参与

续表 5-16

名称	高校名称
城市轨道交通系统安全保障国家工程实验室	西南交通大学参与
城市轨道交通工程建设工艺与技术国家工程实验室	清华大学、北京交通大学参与
城市轨道交通列车通信与运行控制国家工程实验室	北京交通大学参与
城市轨道交通数字化建设与测评技术国家工程实验室	天津大学、石家庄铁道大学
城市轨道交通绿色与安全建造技术国家工程实验室	北京交通大学、清华大学参与
城市轨道交通系统安全与运维保障国家工程实验室	北京交通大学参与

国家工程实验室是国家科技创新体系的重要组成部分，是依托企业、转制科研机构、科研院所或高校等设立的研究开发实体。目前，与轨道交通相关的国家工程实验室共有 11 所，其中由高等院校参与共同建设的实验室共有 9 所，构建了以企业、科研院所为主体，高校广泛参与，产学研用紧密结合的轨道交通科技创新体系。

高速铁路系统试验国家工程实验室(图 5-4)是 2007 年经国家发改委批准，依托中国铁道科学研究院，联合北京交通大学、铁道第三勘察设计院集团有限公司建设的国家级创新平台。2013 年完成该实验室的工程验收。该实验室作为我国首批启动建设的 6 个国家工程实验室之一，是国家创新体系的重要组成部分，是建设创新型国家战略部署的重要内容。实验室包含一个基地(环行铁道试验基地，现名为“国家铁道试验中心”)，两个中心(试验检测技术开发中心、测试数据处理与试验仿真中心)，七个子系统(高速动车组子系统、线路工程子系统、通信信号子系统、接触网与牵引变电子系统、安全保障子系统、客运服务子系统和环保与节能子系统)，是固定设备和移动设备相结合、试验基地和正线试验相结合，具有国际先进水平的高速铁路系统试验技术创新平台。它可以用于开展高速铁路系统试验验证、应用基础理论和新技术研究，培养掌握高速铁路系统技术的高层次专业人才和现代化管理人才，提升我国高速铁路的自主创新能力和产业核心竞争力，并为大规模铁路建设提供技术和人才支持。

图 5-4　高速铁路系统试验国家工程实验室

高速铁路建造技术国家工程实验室(图 5-5)是 2008 年经国家发改委批准，由中国铁路工程总公司、中南大学、中国铁道科学研究院和铁道第三勘察设计院集团有限公司联合建设。实验室包括高速铁路线桥隧静力实验室、高速铁路线桥隧动力学实验室、先进工程材料与耐久性实验室、高速铁路建造数字实验室和高速铁路建造先进装备实验室五个分实验室，重点解决高速铁路建造关键技术。

图 5-5 高速铁路建造技术国家工程实验室

高速列车系统集成国家工程实验室(图 5-6)是 2009 年经国家发改委批准，依托中国南车集团建设的国家级试验平台。该实验室以中国南车四方股份公司为主体，以国家工程实验室开放的研究平台为基础，在中科院力学所、铁科院、西南交通大学、北京交通大学、同济大学等科研院所的通力协作下，采取产学研用相结合的创新模式，结合项目的实施，统筹安排项目、人才和基地建设，营造激励自主创新的环境，培养产学研结合的科技创新人才和高级工程技术人才，形成创新团队，实现从技术突破的单一目标向科技持续创新能力提高的综合目标转变。

为贯彻落实《国家中长期科学和技术发展规划纲要(2006—2020)》《“十二五”国家自主创新能力建设规划》《战略性新兴产业“十二五”规划》和《国务院关于城市优先发展公共交通的指导意见》，着力提高城市轨道交通自主创新能力，促进城市轨道交通快速发展。2014 年 11 月 13 日，国家发改委下发通知，要求组织实施城市轨道交通创新能力建设专项，打造城市轨道交通领域试验、车辆、通信与运行、安保、建设等五大国家工程实验室，构建城市轨道交通创新网络，以期推动我国城市轨道交通技术水平进入国际先进行列。继此纲要提出后，我国政府又出台了《中长期科技发展规划纲要(2021—2035)》，构建以突出核心竞争力，建设创新强国为重点的中长期科技发展战略。

城市轨道交通系统安全保障技术国家工程实验室于 2016 年 9 月由国家发改委正式公示成立。该实验室由中铁信息工程集团有限公司(中国铁路信息技术中心)牵头联合

图 5-6　高速列车系统集成国家工程实验室

深圳市地铁集团有限公司、西南交通大学、深圳市永达电子信息股份有限公司、中铁信弘远(北京)软件科技有限责任公司共同建设,实验室主管单位为中国铁路总公司。实验室针对城市轨道交通复杂技术装备、复杂时空分布、复杂场景位移带来的严峻挑战,探索以“软件定义”及“数据驱动”的信息技术将城市轨道交通物理实体系统映射到网络虚拟空间中,重构其生产设计、测试验证、运营管理和维保服务等制造过程,形成城市轨道交通系统的主动性安全方法和技术。

城市轨道交通工程建设工艺与技术国家工程实验室,由北京城建设计发展集团股份有限公司牵头,清华大学、北京交通大学、南京地铁集团有限公司共同建设而成。针对我国轨道交通检测设备、施工技术与设备、运维装备、信息化水平相对落后的问题,建设城市轨道交通工程建设工艺与技术创新平台,为开展城市轨道交通建设与运营数字工程技术、综合检测、检测数据处理技术和智能软件系统、施工技术、运营维修养护等技术、工艺、装备的研发和工程化提供支撑,以提高轨道交通工程建设质量和效率,实现基础设施综合检测设备节能环保、安全可靠，方便运维。

城市轨道交通列车通信与运行控制国家工程实验室，2016 年 9 月入围国家工程实验室名单。该实验室由交控科技股份有限公司牵头，采用“政产学研用”协同模式，联合北京交通大学、北京市轨道交通建设管理有限公司、北京地铁车辆装备有限公司共同建设完成。通过 4 年的建设，实验室基本建成了中国城市轨道交通通信信号系统的代际体系。未来，实验室将开展智慧城轨系统的研究和成果转化，进一步巩固中国城市轨道交通列控领域核心技术的领先地位。

城市轨道交通数字化建设与测评技术国家工程实验室，2016 年 3 月由国家发改委批复成立。中国铁路设计集团有限公司为主建单位，天津大学、石家庄铁道大学、天津轨道交通集团、中铁十二局为联建单位。实验室建于中国铁设研发基地内。实验室建设五个研究实验平台，围绕我国城市轨道交通工程智慧、绿色、安全和可持续发展的迫切需求，建设城市轨道交通数字化与测评技术研发和应用示范平台，支撑开展城市轨道交通数字化建设、综合检测监测及评估、减振降噪、环境控制等技术、工艺和装备的研发与工程化应用。

城市轨道交通绿色与安全建造技术国家工程实验室由北京城建设计发展集团股份有限公司牵头负责，联合北京交通大学、清华大学、南京地铁集团有限公司等单位建设而成。围绕我国城市轨道交通工程安全、环保、高效和可持续发展的迫切需求，重点建设城市轨道交通绿色建造技术研发与应用示范平台，引领国家在城市轨道交通领域技术发展的先进性和创新性。

城市轨道交通系统安全与运维保障国家工程实验室是全国城轨交通行业中首个由建设与运营业主单位牵头建设的国家工程实验室。实验室采取了“1＋7＋N”的创新建设模式，由广州地铁集团牵头，集合北京交通大学、中南大学、广州地铁设计研究院股份有限公司、北京锦鸿希电信息技术股份有限公司、株洲中车时代电气股份有限公司、广州广电运通金融电子股份有限公司和广州新科佳都科技有限公司等 7 家联建单位，以及 50 余家合作单位进行实验室建设，参与平台建设人数超 500 人。凭借该建设模式，博采众长、精准发力，已建成基于工业互联网技术，依托地铁运营现场实景，涵盖多系统、多专业的新型工程实验室。

5. 国家工程技术研究中心（表 5-17）

表 5-17　铁路类国家工程技术研究中心

名称	高校名称
国家磁浮交通工程技术研究中心	同济大学
国家轨道交通电气化与自动化工程技术研究中心	西南交通大学
国家列车智能化工程技术研究中心	浙江大学

国家磁浮交通工程技术研究中心筹建于2001年12月。2005年4月，通过科技部验收。2012年7月，因原主体单位上海磁浮交通发展有限公司重组，中心依托单位变更为同济大学。中心拥有上海中低速磁浮试验线和“三个一”高速磁浮试验线，主要承担并组织国内优势力量和资源开展磁浮交通工程技术消化、吸收和装备的国产化研究，是我国磁浮交通技术研发、试验、产业推广和人才培养的重要基地。如图5-7所示。

图5-7　国家磁浮交通工程技术研究中心

上海中低速磁浮试验线位于浦东新区临港，于2006年底建成，同时完成了车辆组装与调试。2008年11月，上海低速磁浮线上实现三节连挂列车85 km/h速度试验运行，同年12月，上海低速磁浮试验线实现了列车的101 km/h试运行速度。如图5-8所示。

图5-8　上海中低速磁浮试验线

“三个一”高速磁浮试验线位于同济大学嘉定校区，于 2006 年 4 月建成并投入使用。该试验线是我国首次自主设计、研制和集成了高速磁浮交通试验线系统，是国内唯一的高速磁浮交通系统综合性研发试验平台，可为高速磁浮交通技术的研发、系统集成、软件调试、部件性能考核与改进提供基本试验条件。能实现一列车、五个分区、双端供电的试验环境，列车最高试验时速可达到 100 km/h。

国家轨道交通电气化与自动化工程技术研究中心以西南交通大学为依托，在轨道交通供电综合监控(SCADA)技术，牵引变电所综合自动化技术等六大优势方向的研究，居国内领先地位。工程中心有一批专业知识造诣深厚、锐意进取的技术带头人，拥有一批具有敏锐市场意识和丰富转化经验的科研骨干，实力雄厚。工程中心依托西南交通大学现有的成熟技术和产品，进一步工程化、产业化。同时，围绕高速铁路、重载铁路以及城市轨道交通的快速发展，深入开展高速铁路供电综合调度自动化系统等技术的研究，加大工程急需的新技术和新装备的研发力度，使之在轨道交通领域得到推广应用。如图 5-9 所示。

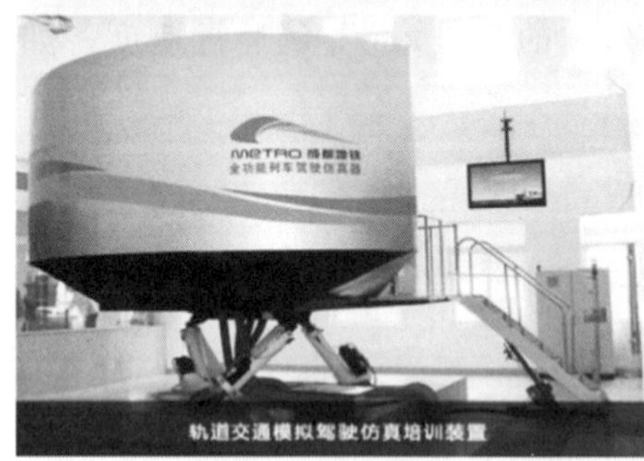

图 5-9　国家轨道交通电气化与自动化工程技术研究中心

国家列车智能化工程技术研究中心是科技部支持建设的国家级工程技术研究中心，由浙江大学和浙大网新集团联合组建，其中列车牵引动力优化技术研究所与列车牵引动力实时仿真和优化试验中心依托浙江大学电气工程学院建设运行。中心重点围绕列车高效、绿色、安全、智能的运行要求，突破牵引动力相关关键与共性技术，研发相关产品，培养高端人才，为行业发展提供技术支撑和人才支撑。

(二)其他国家级科研基地

1. 国家地方联合工程研究中心(工程实验室)(表 5-18)

表 5-18　铁路类国家地方联合工程研究中心(工程实验室)

名称	高校名称
轨道交通装备设计与制造技术国家地方联合工程研究中心	大连交通大学
轨道交通基础设施运维安全保障技术国家地方联合工程研究中心	华东交通大学
轨道交通列车安全保障技术国家地方联合工程研究中心	中南大学

轨道交通装备设计与制造技术国家地方联合工程研究中心是由大连交通大学牵头,联合长春轨道客车股份有限公司、大连经济技术开发区瑞尔高技术产业公司等企业,共同申报并经国家发展和改革委员会认定的国家级科研平台,依托的法人单位是大连交大轨道交通工程研究中心有限公司。中心结合大连交通大学轨道交通特色研究,快速适应国家轨道装备发展,先后与中车集团下的长春轨道客车股份有限公司,齐齐哈尔轨道交通装备有限责任公司,大连机车车辆股份有限公司,唐山机车车辆有限公司,青岛四方机车车辆股份有限公司等签订校企合作协议,在人才培养,联合研究,共同开发等方面展开合作,为提升校、企发展提供了人才和技术保障。在此基础上,先后申请并获批大连交大轨道交通工程研究中心、辽宁省重大平台—现代轨道交通工程技术研究中心和国家技术转移示范机构等多层次各级科研平台和服务平台,走出了一条"官、产、学、研、用"的发展模式。

轨道交通基础设施运维安全保障技术国家地方联合工程研究中心(华东交通大学)是 2017 年度国家发改委批准建设的创新平台。工程研究中心拥有交通运输工程一级学科博士点,建有铁路环境振动与噪声教育部工程研究中心、江西省交通基础设施环境与安全 2011 协同创新中心、江西省岩土工程基础设施安全与控制重点实验室、江西省土木工程结构耐久性工程实验室、江西省轨道交通电气化与自动化工程研究中心、江西省轨道交通基础设施安全与维护重点实验室等省部级平台。工程研究中心紧密围绕国家轨道交通产业发展规划,立足江西省轨道交通基础设施产业发展关键问题,充分利用学校轨道交通学科现有资源和优势,通过产学研合作,开展轨道交通线下基础设施(路基、桥梁、隧道)和轨道结构服役安全保障技术、轮轨系统环境安全保障技术、牵引供电设施安全保障技术的研发,在基础设施实时在线监测技术、轨道测控设备、轨道减振降噪技术及装备、牵引供电系统故障检测等领域形成核心竞争力。通过制度和平台建设,培养一支高水平技术研发团队,打造国内一流的科技创新平台,成为我国该领域的工程技术研发与成果转化中心、人才培养中心及科技成果集聚、转化、辐射基地。

轨道交通列车安全保障技术国家地方联合工程研究中心于2017年由国家发改委授牌，坐落于中南大学铁道校区成熟科研地块，毗邻高速铁路建造技术国家工程实验室，具有浓郁的铁路技术研发氛围，占据了产学研联合攻关的优良地段。工程研究中心拥有“轨道交通列车空气动力性能与安全技术”“列车被动安全保护技术”“轨道交通复杂环境灾害防治技术”“轨道交通列车安全监测及管控技术”等实验平台群。

2. 国家级国际联合研究中心（工程实验室）（表5-19）

表5-19 铁路类国家级国际联合研究中心（工程实验室）

名称	高校名称
现代交通通信与传感网络国际联合研究中心	西南交通大学
轨道交通控制与安全国际联合研究中心	北京交通大学

2015年，西南交通大学申报的“现代交通通信与传感网络国际联合研究中心”正式由科技部获批。该基地依托信息科学与技术学院，是西南交通大学获得科技部批准的第一个国家国际科技合作基地（国家级国际联合研究中心类）。中心依托学科平台“信息与通信工程”和“交通信息工程及控制”两个博士授权点和博士后科研流动站，已拥有“无线通信与编码”111引智基地、“信息编码与传输”四川省重点实验室和四川省国际科技合作基地、“高速光信息传输处理及传感应用”四川省国际科技合作基地，以及2个四川省青年科技创新研究团队，主要聚焦于现代交通、无线通信、光纤通信、光纤传感与网络安全的交叉领域。近年来，该中心已建成国际化开放性研究平台，吸引了领域内一大批顶级学者来访交流，先后主办了IEEE ITW、HMWC、IWSDA、SPOC、ICOCN、WOCC等国际会议，在国内外产生了较大影响。中心已与国外10多所大学相关学者和组织建立了长期的学术联系，包括美国的哈佛大学、澳大利亚的悉尼大学、瑞士联邦理工学院、挪威的卑尔根大学、英国的Surrey大学、Leeds大学、国际铁联、IEEE VTS、加拿大的渥太华大学等。

2016年，由科技部认定，由北京交通大学轨道交通控制与安全国家重点实验室牵头，联合轨道车辆结构可靠性与运用检测技术教育部工程研究中心，中车研究院、北京交控科技有限公司、英国伯明翰大学、德国布伦瑞克工业大学、西班牙马德里理工大学、德国IMA公司共同成立的轨道交通控制与安全国际联合研究中心正式批复建立，这也是北京交通大学首个国家级的国际科技合作基地。该基地的建设将以满足国家战略需求为目标，以国内外市场需求为导向，在既有轨道交通科技成果基础上，强化国际合作创新，在轨道交通系统安全保障与运营战略方向上进行覆盖“基础前沿研究、共性关键技术研发、集成与应用示范”的全链条部署，全面提升我国轨道交通系统技术、设施、装备和运营的安全、效能、体系化和国际化水平。

3. 示范型国家国际科技合作基地(表 5-20)

表 5-20　铁路类示范型国家国际科技合作基地

名称	高校名称
轨道车辆运用工程国家国际科技合作基地	北京交通大学
现代轨道交通车辆设计与安全评估技术国家国际科技合作基地	西南交通大学

轨道车辆运用工程国家国际科技合作基地由北京交通大学联合长春轨道客车有限公司,德国德铁国际公司以及德国亚琛工业大学、瑞典皇家工学院、澳大利亚伍伦贡大学申请,研究合作领域涉及交通运输工程中的国家级重点学科“载运工具运用工程”。2018 年 2 月,获科技部正式批复。基地通过与国外相关大学、研究所和国际知名公司的科技合作、学术交流、人才培养等,形成具有持续创新能力的轨道车辆运用工程国际科技合作、领先的人才引进及培养模式。该基地为国内外的专家学者及工程技术人员提供开放的学术交流环境,联合国内外大学、科研院所、知名公司开展多边的科学研究与工程技术服务,逐步形成“开放、流动、联合”为特色的、科学有效的运行管理模式。深化行业发展潜质,提升我校学科及基地在国内外的知名度,使其成为具有重要影响力的国际科技合作基地示范单位和科技创新中心。

现代轨道交通车辆设计与安全评估技术国家国际科技合作基地依托西南交通大学牵引动力国家重点实验室建设而成,围绕机车车辆设计、轨道交通系统、列车运行安全评估等领域,与意大利、英国、荷兰、澳大利、加拿大等国家的研发机构开展科学研究与技术创新,联合培养人才和举办国际会议,发挥了良好的引领示范作用。

4. 省部共建国家重点实验室(表 5-21)

为深化科技体制机制改革,进一步完善国家重点实验室体系建设,科技部决定通过创新机制、省部共建的方式建设一批省部共建国家重点实验室,以加强中央和地方的资源集成,加大创新驱动区域经济社会发展的力度。省部共建国家重点实验室是国家为加强区域创新体系建设而设立,肩负着提升区域自主创新能力之重任,在国家科技创新体系中扮演着“奠基者”的重要角色,处于国家科技创新的顶端。科技部自 2003 年启动该项目以来,在全国重点高校、科研机构或高科技企业组建的高水平实验室中遴选了 300 多家作为培育基地,2017 年 5 月,有 24 个实验室通过评估“转正”。2020 年 4 月,共计有 41 个省部共建国家重点实验室,涉及 19 所高校。截至 2022 年 12 月底,全国至少有 59 个正式成立/揭牌的省部级国家重点实验室,至少有 24 个在筹省部级国家重点实验室。

表 5-21　铁路类省部共建国家重点实验室

名称	高校名称
省部共建交通工程结构力学行为与系统安全国家重点实验室	石家庄铁道大学

省部共建交通工程结构力学行为与系统安全国家重点实验室于 2009 年 9 月筹建；2010 年 2 月获批省部共建国家重点实验室培育基地，2020 年 2 月获批省部共建国家重点实验室。实验室面向国家和区域交通运输重大需求，致力于交通工程结构力学行为与系统安全的共性关键科学问题研究，为交通基础设施建设与运营安全提供理论和技术支撑，成为京津冀和交通运输行业科技创新、人才培养、学术交流的重要基地。主要研究方向包括：复杂环境下路基结构服役行为与安全保障、桥梁力学行为与安全控制、隧道结构力学行为与变形控制、车辆动力学与交通工程机械故障诊断。

（三）部级科研基地

1. 教育部科研基地

由表 5-22 可知，与铁路行业密切相关的教育部科研基地共有 21 个，包含 12 个教育部重点实验室、8 所教育部工程研究中心以及 1 所教育部国际合作联合实验室，其主办单位均为铁路局相关科研院校。

表 5-22　铁路类教育部科研基地概况

教育部重点实验室	
名称	高校名称
城市地下工程教育部重点实验室	北京交通大学
城市交通复杂系统理论与技术教育部重点实验室	北京交通大学
载运工具先进制造与测控技术教育部重点实验室	北京交通大学
高速铁路线路工程教育部重点实验室	西南交通大学
磁浮技术与磁浮列车教育部重点实验室	西南交通大学
材料先进技术教育部重点实验室	西南交通大学
交通隧道工程教育部重点实验室	西南交通大学
轨道交通安全教育部重点实验室	中南大学
载运工具与装备教育部重点实验室	华东交通大学
铁道车辆热工教育部重点实验室	兰州交通大学
光电技术与智能控制教育部重点实验室	兰州交通大学
道路与铁道工程安全保障教育部重点实验室	石家庄铁道学院

续表 5-22

教育部工程研究中心	
名称	高校名称
隧道及地下工程教育部工程研究中心	北京交通大学
电力牵引教育部工程研究中心教育部工程研究中心	北京交通大学
轨道交通电力传动教育部工程研究中心	北京交通大学
高速铁路网络管理教育部工程研究中心	北京交通大学
轨道车辆结构可靠性与运用检测技术教育部工程研究中心	北京交通大学
先进驱动节能技术教育部工程研究中心	西南交通大学
铁路环境振动与噪声教育部工程研究中心	华东交通大学
连续挤压教育部工程研究中心	大连交通大学
教育部国际合作联合实验室	
名称	高校名称
轨道交通工程动力学国际合作联合实验室	西南交通大学

西南交通大学肇建于1896年，由时任直隶总督王文韶上奏设立，是中国近代建校最早的高等学府之一，也是中国近代交通矿冶、土木工程教育的发源地，曾先后定名为“山海关北洋铁路官学堂”“唐山交通大学”“唐山铁道学院”等，素有“中国铁路工程师的摇篮”和“东方康奈尔”之称。西南交通大学为铁路而诞生，因铁路而发展。作为中国轨道交通事业发展进程中最为重要、影响最大的一所高等学府，西南交通大学有力支撑了中国轨道交通事业从无到有、从弱到强的历史性跨越，中国轨道交通发展史上的多个“中国第一”“世界第一”诞生自西南交大。目前，学校已经构建起了支撑我国轨道交通现代化建设和服务区域经济发展的学科、人才、科研“三大体系”，正广泛联合社会力量及多方资源开展协同创新，积极推进我国轨道交通领域的原始创新和集成创新，培养造就在世界范围内具有竞争力的高质量拔尖创新型人才，为轨道交通建设、运营以及区域经济发展提供强有力的科技支撑和人才保障。

北京交通大学位于首都北京“学府胜地”海淀区，作为交通大学的三个源头之一，北京交通大学的历史渊源追溯到1896年。前身是清政府创办的北京铁路管理传习所，是中国第一所专门培养管理人才的高等学校，是中国近代铁路管理、电信教育的发祥地。一个多世纪以来，经过数代交大人励精图治、艰苦奋斗，北京交通大学已成为推动国家经济社会发展，特别是交通行业与首都区域科技创新和高层次人才培养的重要基地。近年来，学校紧紧抓住国家深入推进工业化、城镇化、信息化，建设综合运输体系特别是加快发展轨道交通，以及北京建设中国特色世界城市的重要机遇，为服务国家交通、物流、信息、新能源等行业以及北京经济社会发展作出了积极贡献。

兰州交通大学创建于1958年，由唐山铁道学院（现西南交通大学）和北京铁道学院

(现北京交通大学)部分系科成建制迁兰组建,原名兰州铁道学院,是我国第三所铁路院校。20 世纪 50 年代末至 90 年代末,学校隶属铁道部领导,实行行业办学管理体制。2000 年,根据国家统筹规划,划归甘肃省管理,实行"中央与地方共建,以地方政府管理为主"的管理体制。2003 年 4 月,经教育部批准,更名为"兰州交通大学"。

中南大学由原湖南医科大学、长沙铁道学院与中南工业大学于 2000 年 4 月合并组建而成,是教育部直属全国重点大学、国家"211 工程"首批重点建设高校、国家"985 工程"部省重点共建的高水平大学和国家"2011 计划"首批牵头高校。

大连交通大学创建于 1956 年,时为大连机车车辆制造学校;1958 年升格为大连铁道学院,隶属原铁道部管理;2000 年 2 月划转为辽宁省政府管理,实施"中央与地方共建,以地方管理为主"的管理体制;2004 年 5 月经教育部批准更名为大连交通大学。大连交通大学是一所以轨道交通和复合型软件人才培养为特色的高等学校。

华东交通大学是一所以工科为主、以交通运输为特色的教学研究型大学。1971 年,全国教育工作会议提出,将上海交通大学内燃机车等 3 个专业以及同济大学铁道工程专业调入上海铁道学院,并更名为华东交通大学。同年 9 月 22 日,国务院、中央军委决定将学校迁往江西。校址选在南昌双港。1978 年,中央同意原上海铁道学院不再搬迁,华东交通大学继续在南昌建校,由原铁道部和江西省双重领导,以原铁道部为主。2000 年,学校转制为"中央与地方共建、以地方管理为主",是江西省重点加强建设的高等院校,是博士学位授予单位。

2. 铁路行业重点实验室

为了深入贯彻习近平新时代中国特色社会主义思想和党的十九大、十九届二中、三中、四中、五中全会精神,落实国家科技体制改革、科技创新基地体系建设部署要求,按照《铁路行业科技创新基地管理办法(试行)》,国家铁路局组织开展了铁路行业科技创新基地申报和认定工作。2020 年 12 月 15 日,国家铁路局召开 2020 年铁路科技创新工作会议,公布了首批铁路行业科技创新基地的认定结果。首批铁路行业科技创新基地包括 7 家铁路行业重点实验室和 10 家铁路行业工程研究中心。

铁路行业重点实验室是铁路行业理论创新、提升科技攻关能力的重要平台,主要任务是立足国家重大战略实施、国家重大工程需求、铁路未来发展,围绕安全、便捷、高效、绿色、经济的主导方向,开展基础研究、应用基础研究、前瞻性技术以及相关公益性技术研究,解决铁路现代化建设中的技术难题,开展铁路行业科技创新。

铁路行业工程研究中心是促进重大科技成果转化和产业化的孵化器,主要任务是立足提升铁路工程建设、装备制造、运输服务、综合支撑等领域技术水平,开展前沿引领技术、共性关键技术、现代工程技术创新,促进科技创新成果的工程化、产业化,提供成熟的先进技术、工艺及其技术产品和装备。

由表 5-23 可知,7 所铁路行业重点实验室均由铁路相关科研院校为依托单位,包括北京交通大学、西南交通大学、石家庄铁道大学、兰州交通大学以及同济大学。而10所铁路行业工程研究中心中，仅有1所依托于高等院校——西南交通大学的运营安全保障铁路行业工程研究中心，有6所工程研究中心以企业为主体单位，联合高校和科研院所共建而成。

表5-23　铁路行业重点实验室

铁路行业重点实验室	
名称	高校名称
宽带移动信息通信铁路行业重点实验室	北京交通大学
列车自主运行控制铁路行业重点实验室	北京交通大学
运营主动安全保障与风险防控铁路行业重点实验室	北京交通大学
先进能源牵引与综合节能铁路行业重点实验室	西南交通大学
基础设施安全与应急铁路行业重点实验室	石家庄铁道大学
四电BIM工程与智能应用铁路行业重点实验室	兰州交通大学
磁浮技术铁路行业重点实验室	同济大学
运营安全保障铁路行业工程研究中心	西南交通大学
高速列车本构安全技术铁路行业工程研究中心	中南大学参与
特殊复杂环境下长大桥梁建造技术铁路行业工程研究中心	北京交通大学参与
特殊复杂环境下长大隧道建造技术铁路行业工程研究中心	东北大学，山东大学，西南交通大学参与
列车自主运行智能控制铁路行业工程研究中心	北京交通大学，中南大学，同济大学，西南交通大学，北京航空航天大学，北京理工大学，兰州交通大学，北京邮电大学，华东交通大学参与
牵引供电技术铁路行业工程研究中心	清华大学，西南交通大学，北京交通大学参与
北斗导航装备与时空信息技术铁路行业工程研究中心	北京交通大学参与

中国-拉共体轨道交通联合实验室于2018年获得科技部国际司批准，行业主管部门为国家铁路局。该实验室由西南交通大学牵头，联合巴西、阿根廷等拉美知名高校以及国内轨道交通龙头企业共建，将开展中拉间共性关键技术、前沿引领技术、现代工程技术的攻关创新，特别是备受关注的巴西-秘鲁“两洋铁路”、阿根廷-智利“两洋隧道”等项目的可行性和前瞻性基础研究。该实验室项目将以两洋铁路建设、城际铁路建设和高温超导磁悬浮交通、重载铁路技术等为依托，为中拉轨道交通科技合作提供技术支持、人才培养和学术交流平台，共同促进相关技术的融合和发展。如表5-24所示。

表 5-24 铁路类联合实验室

名称	高校名称
中国-拉共体轨道交通联合实验室	西南交通大学

3. 2011 协同创新中心(表 5-25)

表 5-25 2011 协同创新中心

名称	高校名称
轨道交通安全协同创新中心	北京交通大学(主体单位), 西南交通大学、中南大学参与

轨道交通安全协同创新中心是教育部、财政部 2013 年 5 月首批批复的 14 家“2011 协同创新中心”之一。中心于 2012 年 8 月由北京交通大学牵头,联合西南交通大学、中南京大学、中国铁道科学研究院、中国中车股份有限公司、中国铁建股份有限公司等 5 家单位共同组建。共建单位中三所高校均有多个高水平创新平台,拥有一大批理论研究成果,培育了大量的创新人才;三家企业是行业内最具研究实力和生产实力的单位,强强联合的模式形成了从理论研究、技术开发、试验验证到工程应用的链条。该中心的建设目标是为我国高速铁路等轨道交通建设提供技术创新等方面的支持,提高我国轨道交通安全技术水平;在轨道交通运营控制安全、轨道交通基础设施安全、轨道交通移动装备安全三个领域,通过自主协同创新,形成切实有效的理论体系,研发具有自主知识产权的系列关键技术、关键装备;解决运营控制系统的自主可控,基础设施服役安全、移动装备安全保障提升等三大问题。

我国铁路交通运输的发展遵循创新驱动、深化改革的基本原则。注重新科技深度赋能应用,提升交通运输数字化智能化发展水平,为促进交通运输的提效能、扩动能、增动能发挥了重要作用。通过立足行业、依托高校和科研基地的模式,为国家的地区重大项目的建设提供了智力支持,并培养了一大批具有原始创新能力的领军人才,推动了铁路交通的高质量发展。目前我国仍需加快突破制约人民美好出行、货物高效流通瓶颈的铁路运输困境,强化铁路运输与其他交通运输方式的有机衔接,如打通公路省际待贯通路段,提升江海联运、铁水联运发展水平;加强铁路基础设施养护,建设交通基础设施长期性能科学观测网,鼓励自动化巡查、信息化巡查,提高管理养护的机械化和标准化;提升干线铁路覆盖度等水平,打造区域经济发展圈;构建高效货物服务系统,建设高效货物服务网络、大力发展货物多式联运和专业化物流服务等。而这都需要高校结合国家发展的现实需要,继续加强科技研究、学科研究,为科技进步建言献策,提出改进方案。通过推动铁路交通智能化、信息化拉动交通运输整体水平提升。

五、铁路高校师资队伍与人才培养

（一）铁路高校师资队伍概况

道路与铁路工程学科是铁路高等教育的核心二级学科，其学科研究和发展与铁路行业息息相关。因此，本节将从铁路高等教育的核心二级学科深入探讨铁路高等教育师资队伍建设。

1. 教师职称结构分布较均匀，高级职称者占较大比例

根据 2019 年全国各个高校官网的数据显示，全国共有 1982 名专任教师从事道路与铁路工程学科的教学与科学研究工作。其中，587 位专任教师拥有正高职称，699 位教师拥有副高职称，696 位教师拥有中级职称，分别占全部专任教师人数的 29.6％，35.3％以及 35.1％。从职称比例结构看，具有高级职称的教师人数比例达到 64.9％，超过总专任教师数的一半。如图 5-10 所示。

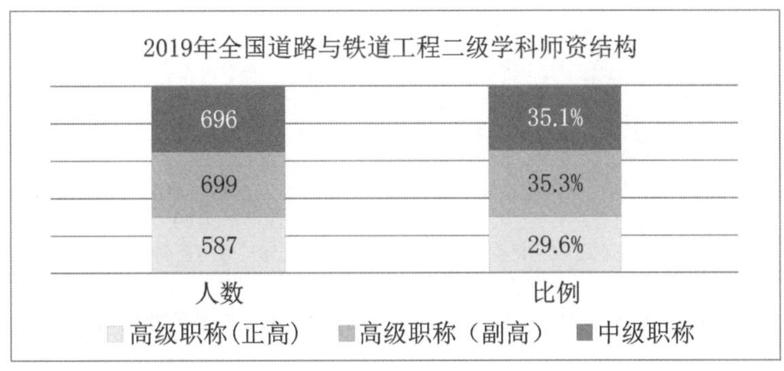

图 5-10　2019 年全国道路与铁路工程二级学科师资结构

2. 教师学历不断提高，研究生学历教师所占比例高

教师学历是反映师资队伍核心竞争力的重要指标之一。根据 2019 年各个高校官网的数据显示，在 1982 位道路与铁道工程学科专任教师中，有 1246 位教师拥有博士学位，占比达到 60％以上。如表 5-26 所示。

表 5-26　道路与铁道工程教师博士学位概况

核心学科	博士学位教师人数	博士学位教师占比
道路与铁道工程	1246	62.9％

（二）铁路高校人才培养概况

1. 轨道交通信号与控制

轨道交通信号与控制专业是隶属于交通运输类的铁路高等教育核心专业，主要研究轨道交通控制、传感器、电子技术等方面的基本知识和技能，培育高速铁路、客运专线、地铁及城市轨道交通等领域的信息和控制方面的专门人才，以适应轨道交通事业的快速发展。该专业的就业方向主要为铁路、地铁类单位。根据 2017—2019 年各高校毕业生就业质量报告数据显示，轨道交通信号与控制专业的本科生毕业人数在 2018 年达到峰值，共 1346 人，2019 年略有下降，减少至 1212 人；从就业率来看，2018 年同样是就业率的峰值时期，达到 95.3%，而 2019 年的就业率降低了 1.7 个百分点，但依然保持在 93%以上。如图 5-11 所示。

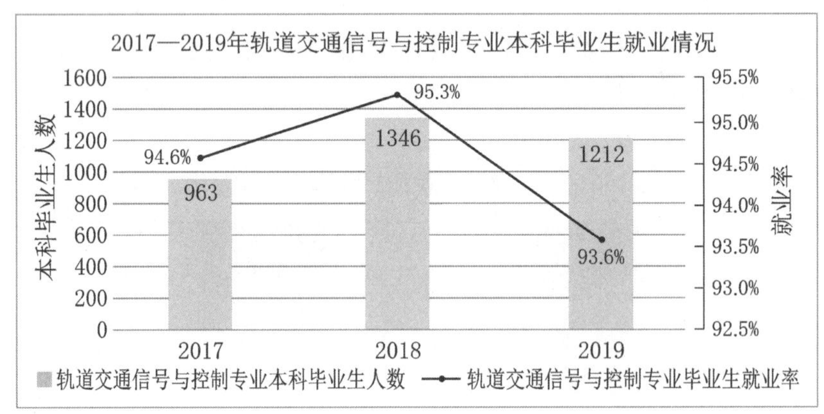

图 5-11　2017—2019 年轨道交通信号与控制专业本科毕业生就业情况

2. 铁道工程

铁道工程专业是隶属于土木类的铁路高等教育核心专业，主要研究铁道的规划、设计、施工、管理和养护等方面的基本知识和技能，涉及铁道、交通和土建等领域。铁道工程专业自 2014 年被教育部正式批准设立以来，全国共有八所高校开设此专业，分别是北京交通大学、石家庄铁道大学、华东交通大学、上海工程技术大学、兰州交通大学、西安交通工程学院、湖南交通工程学院以及中南大学。根据 2017—2019 年高校毕业生就业质量报告数据显示铁道工程专业本科毕业生人数总体呈现增长趋势，由 2017 年的 371 人增长至 2019 年的 801 人；同时，尽管就业率在一定范围内有所波动，但依然保持在 97%以上。如图 5-12 所示。

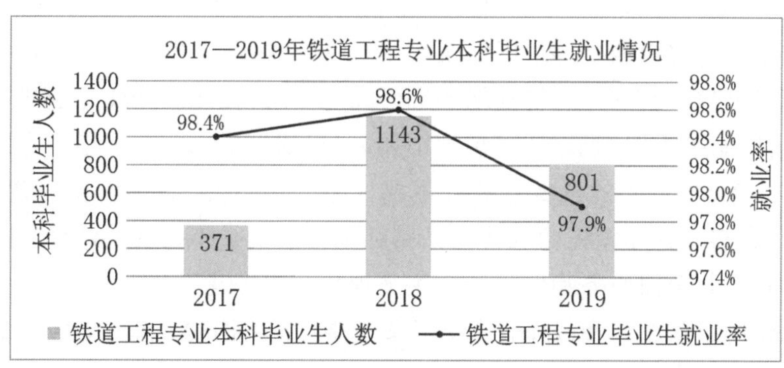

图 5-12　2017—2019 年铁道工程专业本科毕业生就业情况

3. 轨道交通电气与控制

轨道交通电气与控制专业是自动化类的铁路高等教育核心专业，该专业以培养适应轨道交通电气工程及其相关领域生产和管理一线需要的应用型人才为目标，主要就业方向为轨道交通单位。轨道交通电气与控制专业于 2017 年正式被教育部批准成为新增本科专业，目前，全国共有三所高校开设此专业，分别是山东交通学院、重庆邮电大学移通学院以及西安交通工程学院。根据高校毕业生就业质量报告数据显示，轨道交通电气与控制专业的本科毕业生由 2017 年 934 人上升至 2019 年 1659 人，增加比例达 70%以上；同时，相比于 2017 年，2019 年的就业率也提高了 3.4 个百分点。如图 5-13 所示。

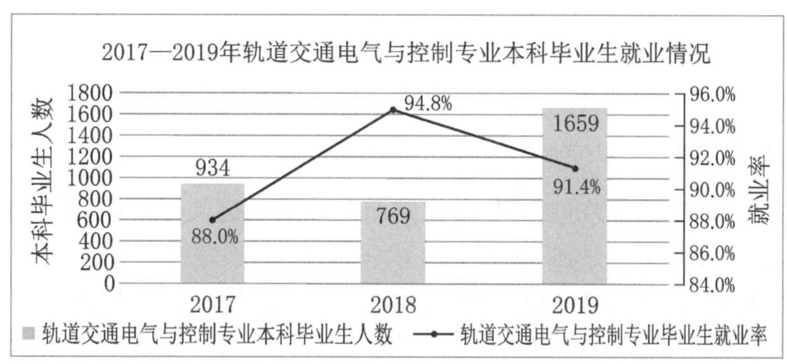

图 5-13　2017—2019 年轨道交通电气与专业本科毕业生就业情况

六、对铁路高等教育发展的总结与展望

党的十八大以来，铁路建设取得了举世瞩目的辉煌成就，铁路投资、新线投产规模均创造了历史最高水平。我国已建成世界上最现代化的铁路网和最发达的高铁网，铁路的货运量、货物周转量、客运量及旅客周转量持续性增长。铁路作为国家重要的基础设施，是国民经济的大动脉，也是大众化的交通工具、综合交通运输体系的骨干。铁路强

国的建设对于交通强国的整体建设具有举足轻重的作用。2019 年 9 月，在党中央、国务院印发了《交通强国建设纲要》后，国铁集团结合铁路实际，立即成立了《新时代交通强国铁路先行规划纲要》(以下简称《规划纲要》)研究起草组，在深入开展专题研究、广泛听取有关方面意见的基础上编制形成了《规划纲要》,《规划纲要》于 2020 年 8 月出台，明晰了中国铁路 2035 年、2050 年的发展目标和主要任务。2035 年，我国将率先建成服务安全优质、保障有力、实力国际领先的现代化铁路强国；到 2050 年，我国将全面建成更高水平的现代化铁路强国，全面服务和保障社会主义现代化强国建设。此外，从 11 大板块提出全方位、系统化的行动布局和战略任务。主要包括：铁路网的完善、技术装备的创新、运输服务的优质供给、专业精良的人才队伍建设、安全发展的持续性及绿色铁路优势的发挥等。这份纲要回答了如何进行新时代的铁路建设，为新时代铁路发展规划了道路，也为建设更高质量、更贴近国家现实需要、未来发展的高等教育指明了方向。2023 年 3 月，交通运输部、国家铁路局、中国民用航空局、国家邮政局、中国国家铁路集团有限公司联合印发《加快建设交通强国五年行动计划(2023—2027 年)》(以下简称《行动计划》),制定实施《行动计划》是贯彻落实党的二十大精神的具体行动，是扎实推进《交通强国建设纲要》《国家综合立体交通网规划纲要》实施、做好“十四五”“十五五”两个五年规划衔接的重要抓手，是当好中国式现代化的开路先锋、率先实现交通运输现代化的关键举措。《行动计划》认真贯彻落实党的二十大战略部署，与“两个纲要”重点任务相结合，提出了未来五年加快建设交通强国的行动目标和行动任务，是指导加快建设交通强国的重要文件。

(一)铁路高等教育发展的历史总结

1. 院校专业发展

我国近十年来，中国铁路，尤其是高速铁路和城市轨道交通，得到快速发展，铁路的规划、设计和施工技术全面进步，规范和技术不断更新，铁路领域的发展正在发生着质的飞跃，这也对我国铁路高等院校的发展提出了新的要求。目前，铁路高等教育的人才培养目标正在逐渐由强调工程知识、技能逐渐过渡到强调工程能力和创新意识上。但是目前很多铁路高等院校在培养目标上仍然面临着诸多问题。

主要包括院校的培养目标模糊，定位不明确；部分本科院校大多重视学术型人才，而轻视应用型人才；有部分高校明确提出进行应用型人才培养，可是在人才培养目标定位上，却按照学术型人才培养，培养目标模糊，使学生在学习过程中没有明确定位，学的知识多而杂，最终使培养的应用型人才缺乏足够的应用技能。

2. 科学研究发展

在我国人才的轨道交通快速发展的进程中，高校承担了不少的基础科学研究和项目攻关任务，如在西南交大、北京交大、中南大学等高校以及科铁院等科研院所和高铁装备制造企业的通力合作和配合下，我国高速铁路在短时间内站到了全球高铁技术的前沿，但在这个过程中，各类创新主体的定位并不明晰，存在资源和任务分配上的偏差。

高校和科研院所"越位"、研究机构和企业之间"错位"的问题日益突出。高校和科研院所不仅承担了大量本应由企业承担的应用研究和开发研究，甚至由于基础研究的导向、激励和支持不足，直接通过校办企业和院办企业进入生产领域，在一定程度上破坏了基础研究和共性技术研究的公共性。大学和科研院所做了大量本该由设计院、工研院、产研院和企业研发机构做的工作，导致基础研究薄弱、原始创新能力不强。

3. 师资队伍与人才培养

随着我国轨道交通的迅猛发展，交通运输行业在管理、技术和技能人才上都很短缺，在规划、建设、运营和经营等各个环节上，都缺乏高素质的群体。在高质量人才培养的驱动下，只有组织起高质量的人才培养团队，才能解决我国轨道交通领域人才短缺的困境。然而，当前在师资队伍建设和铁路人才培养的模式方面都存在诸多不足。

一方面，师资力量薄弱且结构不合理。目前我国在铁路类地方本科高校中普遍存在师资队伍整体薄弱，缺少优秀的学科带头人的现象，师资队伍的学缘结构、专业结构、年龄结构和职称结构不尽合理。尤其是在需要一大批熟悉铁路领域基本业务和专业知识的"双师型"教师时，大部分高校教师多年从事理论教学工作，缺乏相关行业实际工作经验，导致培养铁路行业应用型人才的任务往往难以实现。

另一方面，目前我国高校铁路人才培养对比国外交通类高校安全工程专业人才培养而言，缺少特色。无论是人才定位、知识结构还是产学研融合等方面，都比较模糊。课程体系建设与其他专业一样，主要以理论知识为主，而人才定位与高校办学定位、地方发展特色以及行业人才需求衔接少，多数课程都脱离了行业实际的应用型人才培养，仍采用"通用型"人才培养目标，而知识结构以及课程内容则显得比较陈旧。此外，由于教育教学和实际行业发展之间的脱节，学生在学习过程中比较被动。一方面学习内容与实际工作相关性不大，另一方面课堂教学气氛比较枯燥。此外，教师的教学手段与现代化教学理念的融合不足，课堂教学效率相对低下。

（二）铁路高等教育发展的未来展望

1. 院校专业发展

当前铁路领域正全面推进智能化建造、智能装备、智能运营等领域的技术创新，完善并发展铁路领域的学科建设成为重中之重。铁路本科院校要立足国家和地方的实际需求不断发展，尤其要加强铁路本科院校的学科专业发展，铁路专业本身具有较强的行业属性、多学科交叉性、专业技能应用性。因此，院校应从人才培养方案、师资引进及培养、校企合作以及学生就业或升学等方面进行改进和发展。

要全面改进、优化人才培养方案，找准专业优势与定位，契合领域对于专业能力的期望。对于传统的铁路院校如西南交通大学，应坚持自身发展特色，注重综合型人才培养；对于应用型本科院校，要格外注重学生动手实践能力的培养，不断改进人才引进制度，充分吸纳专业优秀师资，形成多研究方向、多元化的教师团队；还要注重专业先进实验设备的建设，结合当前智能化、信息化时代的发展背景，设计实训项目协助专业发展等。对于不同层次、专业优势的铁路类本科院校，要充分借鉴国内外优势院校的发展经验，不断提高自身的专业建设水平，形成多样化、多形态化的专业发展模式。

2. 科学研究发展

随着智能技术和高铁等应用需求的不断发展，未来将会对铁路发展的架构进行持续优化与扩展。面向未来，铁路在更高速度、更大运量的基础设施成套技术方向需要进一步研究；在特殊艰险环境的桥梁、隧道面临新的技术难题需要攻破，基于多种技术手段及数据源的数据获取、生产、应用、分发等智能化、自动化水平需要提高。智能化铁路建设成为我国铁路领域未来的发展方向。铁路高等教育需要在综合创新型人才培养、基础理论研究、技术应用等方面发挥更为重要的作用。

伴随中国轨道交通相关企业自身研发体系的日渐完善、技术开发能力的快速提升，无论是实然还是应然的角度看，高校在轨道交通创新体系中的分工都应更加向基础研究和前沿技术领域聚焦，更加侧重基础科学的研究，提高原始创新能力。但这并不表明高校不承担应用型研究项目或者应用型研究不重要，而是对于高校作为一类创新主体，在国家的知识创新体系和技术创新体系建设中有明确的定位。科技创新的基础和支撑是人才创新，这也要求高校不仅要把产出一流科研成果作为目标，还要格外重视一流人才的培养，而后者是高校建设更为重要的目标，因此，高校要注重基础科学的研究。

目前我国在全面推进绿色低碳转型，深入推进运输结构的调整，逐步构建以铁路、船舶为主的中长途货运系统，加快铁路专用线的建设，推动大宗货物和中长途货物运输“公转铁”“公转水”的建设。对于具有铁路发展优势的高校来说，要加强对铁路运输结构调整的理论研究支持，培养对应人才，促进铁路领域的现代化和高质量发展。因此，高校一方面要加强理论研究与实际应用之间的联系，让理论研究服务于国家战略需要，另一方面要提高与铁路结构转型有关的基础学科研究水平。

3. 师资队伍与人才培养

在我国铁路“走出去”发展战略的背景下，高校铁路要培养创新型人才。培养课程的设置中应该是以实用性内容为主；对于教师来讲，要主动提高自身的实践技能水平；高校也要做到以“双师型”教师作为选择标准，激发工程类院校专业教师的变革和整体综合能力的提升。对于人才培养，要加强实践性课程安排，提升职业技能培训的比例，课堂教学过程中避免纯理论性教学。因此高校在人才培养过程中，可以采用校校合办院校模式、校企双主体培养模式以及校校互派学生模式，通过强化实践培训，构建“走出去”人才培养模式，以中国铁路岗位、职业技能培训为主，通过输出型人才培养模式构建，实现校校办学优势互补以及校企深化合作，明确人才培养目标。以作业工程师为培养目标，既符合当下高校教育改革的目的，又满足铁路专业发展理念。通过轨道交通的卓越工程师培养目标，构建符合铁路专业创新人才培养模式，是高校铁路专业人才培养核心。

第六章　中国民航高等教育发展

作为国民经济和社会发展的重要行业和先进的交通运输方式,改革开放40多年来,中国民航运输业随着国民经济的发展不断壮大,中国民航在一次次腾飞中实现着从民航大国向民航强国的伟大跨越。确保乘客人身安全是民航的首要责任,“十三五”期间,我国民航安全工作成绩突出,各项安全指标好于预期,截至2020年9月底,全国运输航空已连续安全飞行121个月、8669万小时,并连续18年确保了空防安全,中国民航的安全水平处于世界前列。“十三五”期间,中国民航签署《中欧民用航空安全协定》,高票连任国际民航组织一类理事国,加快推动中国安全技术标准走向国际。中国民航飞行品质监控基站一期项目正式上线投入运行,标志着中国民航在“大数据+飞行安全”能力建设方面开辟出了新天地——通过深度挖掘和运用海量的飞行品质监控数据,有效实施数据驱动的风险预警和重点监管,助力民航安全风险管控水平再上新台阶。自从中国网购成为一种消费新时尚,中国国际货运航班量呈爆发式增长趋势。民航国际化程度高,能够满足距离远、范围广、时效性要求高的通达需求,对推进“一带一路”倡议、拓展我国对外开放的深度和广度具有独特优势。截至2019年底,我国已与96个“一带一路”共建国家和地区签订了双边政府间航空运输协定,与其中54个国家保持定期客货运通航。在我国民航飞机的自主研究上,针对航空俱乐部、通用航空公司、飞行学校以及私人飞行的市场需求量身打造的高安全、高舒适、低成本轻型运动飞机“领雁”AG50成为与“嫦娥、天问、鹊桥、玉兔、北斗、蛟龙”齐名的“大国重器”。截至2020年10月,传统通用航空企业509家,运营航空器2913架,分别较“十二五”末增长81.1%和30.3%。2019年,传统通用航空运行106.5万小时,比“十二五”末增长36.7%。特别是在疫情防控期间,航空医疗救援和通用航空运输发挥着越来越重要的作用,2020年1月20日至10月31日,全国141家通用航空企业使用1002架航空器执行了378次疫情防控任务,运送各类药品和物资90余吨。

中国民航运输业在国家综合交通运输体系中的地位日益提升,在促进经济社会发展、推动国际合作、保障国家重大国际活动、抗震救灾中发挥着不可替代的作用,国际声望和影响力日益增强。

一、民航高等教育发展概况

（一）民航高等教育的兴起(1949—1999)

1. 20世纪50年代初，民航航校迅速发展

1949年中华人民共和国成立后，便开启了民航发展的征程。为了适应国民经济和社会发展对民航的需求，新中国在人民革命军事委员会下，设立了民用航空局。1949年11月9日，震惊中外的“两航起义”爱国运动为新中国民航事业的开展奠定了初期的物质和技术基础。由此，新中国民航事业的建设正式启航。我国民航事业发展的前提之一是培养民航各类专业技术人才。1950年1月，军委民航局计划建立正规的民用航空学校，从此，民航航校便迅速发展。1950年9月25日起，分别在天津成立军委民航局第二民用航空学校（现中国民航大学）；在上海成立军委民航局第三民用航空学校；在重庆成立军委民航局第一民用航空学校。至1952年，民航院校共招收学生1600名，拥有教职工300余名。1956年，中国民用航空局航空学校成立（现中国民用航空飞行学院），同年9月，更名为中国人民解放军第十四航空学校。

20世纪50年代末，随着国民经济的调整，各类民航院校进行了调整与合并。军委民航局第二民用航空学校经过多次易名和调整后，于1963年9月与第十四航校的地勤部分合并重组为中国民用航空机械专科学校。

2. 20世纪70年代末，民航高等教育体系初步成型

1977年后，民航院校陆续恢复招生，培养能胜任远程国际航线飞行的高级飞行员。这一期间的调整以军转民和由专科升本科为特点，标志着我国民航教育正式进入普通高等教育阶段。1981年8月，经国务院批准，中国民用航空机械专科学校由专科升格为中国民用航空学院，开展本科教育；1987年11月，民航局第二民用航空学校升格为本科院校，更名为中国民用航空飞行学院。1997年经国务院学位委员会批准，民航本科院校开始进行研究生教育。

在改革开放的浪潮下，民航事业进入发展新阶段，积极对外开放，树立国际航空地位。1980年9月，民航局首次与美国签署协议。协议指出，积极开展国际技术和人才合作，实施联合国开发计划、国际民航助学金以及国际技术协作等工作。1982年11月，中国民航学院收到来自联合国240万美元援款，用于筹建民航训练中心，加强民航训练设施现代化建设。1980—1985年期间，民航局共选送100多名人员，分别去马尼拉、曼谷、新加坡等地的民航训练中心进行短期培训学习。

3. 20 世纪 90 年代中后期:多元人才培养模式

从 20 世纪 80 年代开始,我国民航教育进入了普通高等教育阶段,也正好处于全国高等教育体系进入恢复、调整和快速发展时期。“八五”期间,民航局共投资 30 亿元,用于扩建民航院校。到了 90 年代中后期,随着新时期民航业的迅速发展,我国飞行人才的极度紧缺问题逐渐浮出水面。为了缓解飞行人才极度紧缺的局面,国内各航空公司纷纷联合办学,逐渐形成了多元化办学体制。1993 年 8 月,中国南方航空公司与北京航空航天大学正式合作成立飞行学院,专为南方航空公司培养所需的初始飞行人才。除了校企合作的办学方式,中国民航总局还通过对外合作交流的方式,大力开展海外飞行人才培训模式。90 年代中后期,经中国民航总局批准,中国国际航空公司等航空企业先后在非民航类普通大学生中招收学生送往国外进行飞行训练。

(二)民航高等教育快速发展(2000—2020)

1. 加入 WTO,增强国际竞争力

20 世纪初,中国加入世界贸易组织(下文称 WTO)已是大势所趋。2001 年 12 月 11 日,中国正式加入 WTO,中国民航面临更加激烈的国际竞争与挑战,也意味着中国民航教育体系迎来更大程度上的开放和改革。2000 年初,我国民航飞行人员培养模式具有很强的计划性和单一性。加入 WTO 后,为加强民航教育的国际竞争能力,中国民航总局积极推动民航教育的质量工程研究,并于 2003 年底提出了实施民航教育质量工程计划,民航飞行技术专业作为民航教育特色专业成为民航教育质量工程关注的重点。

WTO 机制对飞行员教育体制产生了影响。20 世纪 90 年代中期以前,我国仅有一所培养民航飞行人员的高校,即中国民航飞行学院。90 年代中后期,由于市场对飞行人员的需求急剧增加,部分飞行学院的职业技能培训交由国外飞行学校完成,或由国内大型航空公司与国内航空学院合作联合完成。无论是政府独资创办飞行学院还是校企联合培养,飞行员教育的对外开放程度仍十分狭小,无法真正开放中国的民航飞行人员培养市场。同时,WTO 体制对我国飞行员的综合素质提出了更高的要求。中国民航飞行学院结合国家和行业的要求以及公司人才需要,按照“基础宽、语言好、能力强、素质高”的人才培养指导思想,逐步确立了国家学历、行业执照、外语能力“三位一体”的高素质、复合型人才培养模式。这种模式适应了新形势下民航飞行技术专业的培养目标定位,也是对飞行技术专业人才质量标准的科学诠释。

2. 民航院校实力增强

民航院校人才培养以就业为导向,以行业为依托,为民航行业的发展培养了大量的专业人才和高层次管理人才,是民航人才培养的主要基地。“十一五”期间,民航局积极

协调国家有关部门，落实院校重点投资 34 亿元，争取教育培训专项经费 1.2 亿元，2007—2011 年累计争取国家奖助学金约 6500 万元，惠及 3.5 万名学生。为推动民航特殊专业人才培养模式创新，2009 年民航局出台了《民航院校飞行、机务、空管专业建设规划》，加强了特色师资队伍建设和课程教材建设，推动了教育资源共享。“十二五”期间，累计培养飞行、机务、空管专业人才 3 万余人，民航局直属院校特有专业毕业生就业率长期保持在 95%以上。“十三五”期间是民航高校深化各项事业改革创新的重要时期。民航局冯正霖局长在中国民航飞行学院工作调研时提出了“建设高水平特色大学”的目标要求，中国民航大学也提出了“特色一流大学，特色一流学科，特色一流专业”的“三一流”建设目标。面对新时代的新要求，我国民航高校围绕《民航教育培训“十三五”规划》，全面提升六大发展能力，全力助推“双一流”民航行业特色大学建设进程。2022 年，为全面贯彻落实党中央、国务院决策部署，指导民航适航审定系统稳步提升效能，促进产业高质量发展，服务国家发展战略，民航局编制印发了《“十四五”民航适航发展专项规划》，明确了在“十四五”期间，应对适航审定系统面临的发展形势，围绕坚守安全底线、促进产业高质量发展、服务国家发展战略三个方面，以贯彻智慧民航建设为主线，以“五个融合”为路径，以提高体系效能为重点，要落实践行新发展理念、加强机制完善、持续制度改进、强化能力建设等四方面共 14 项主要任务，构建更加适应民航强国战略需要的适航体系和适航管理能力。

民航局直属院校中国民航飞行学院，是世界一流飞行大学。该校始终秉承“在为行业和社会服务中求发展”的理念，努力建设高水平研究型大学。经过几年的改革和建设，以中国民航飞行学院为代表建设的飞行技术专业，得到了教育部、民航局的充分认可。2007 年中国民航飞行学院的飞行技术专业被教育部评为国家特色专业，飞行人才培养模式被教育部评为国家人才培养模式创新实验区，2007 年开展了以培养飞行员硕士为标志的研究生教育，进一步提高了飞行教育的办学层次。目前，该校已成为民航学科专业门类齐全、航空宇航科学技术与交通运输工程两大学科群交叉融合、具有鲜明特色学科体系的多学科高等学府，专业涉及工、管、理、文、法 5 个学科门类，拥有 13 个一级学科硕士点，涵盖 49 个二级学科硕士点，拥有 3 个国家级特色专业建设点，形成了一批在全国和民航专业有较大影响的优势学科。飞行学院以“以飞为主、协调发展”为办院方针，着力提高飞行员培养能力，截至 2014 年底，该校为中国和亚非国家培养了 10 万名各类毕业生。中国 95%以上的民航机长毕业于此，2011 年中国民航评选出的首批 7 名特级飞行员全部毕业于此。

民航局直属院校中国民航大学，是世界上规模最大的民航高等学府。2018 年 5 月，国务院学位委员会正式批准中国民航大学为新增博士学位授予单位，安全科学与工程一级学科为新增博士学位授权点。这是我国民航系统首个博士学位授予单位，同时填补了国内航空安全领域博士点空白，标志着中航大形成了“学士、硕士、博士”完整的学位授权体系，办学层次和办学水平迈上了一个新台阶，为建设具有中国特色的世界一流民航大学奠定了坚实基础。

3. 民航强国的战略机遇

党的十九大报告提出建设“交通强国”战略，自此我国民航事业迎来了发展史上黄金时期。民航局与时俱进，于2018年12月发布《新时代民航强国建设行动纲要》(以下简称《纲要》)。《纲要》要求，到2020年，重点补齐空域、基础设施、专业技术人员等核心资源短板，大幅提升有效供给能力，实现从航空运输大国向航空运输强国的跨越；到2035年，重点发展国际航空、支线航空、低成本航空、货运航空，大力促进通用航空发展，实现从单一的航空运输强国向多领域民航强国的跨越；到21世纪中叶，重点推进航空业全产业链发展，实现从多领域民航强国向全方位民航强国的跨越。民航强国的全面建设需要强有力的人才支撑，这为民航教育事业发展带来良好的战略机遇，同时也对民航高校全面深化改革实现创新发展提出了更高要求。

与此同时，我国高等教育改革也迎来了全新态势。2010年，中共中央、国务院印发《国家中长期教育改革和发展规划纲要(2010—2020年)》，该文件明确提出将促进高校办出特色作为重要内容，明确提出对高校进行分类管理，引导高校合理定位，在不同领域、不同层次办出特色，并要促进多学科的融合与交叉，重点拓展培养应用型、复合型、技能型人才。这一系列改革措施极大地推动民航院校的学科建设、创新型人才培养和科学研究创新。

4. 科教兴业，人才强业

2009年4月，民航局局长李家祥率调研组先后到民航科研单位、院校调研。李家祥就民航科教工作指出，中国民航要实现又好又快的发展，必须把科技、教育和人才工作做好。同年九月，民航科教大会顺利召开。会议通过了《关于进一步加强民航科教工作的意见》等11个文件，对民航科教工作作出全面部署。为贯彻落实国家科技自主创新和民航强国战略，2011年1月，民航局首次发布人才队伍建设专项规划《民航业人才队伍建设中长期规划(2010—2020年)》(以下简称《规划》)。《规划》围绕民航强国建设目标，提出民航重点专业、重点区域、高层次专家、中青年英才、蓝天学子五大人才培养工程，以及重大项目人才培养平台、实习实践平台、远程教育平台、国际交流平台等四大平台建设。同年12月，民航局编制完成《民航院校教育改革和发展“十二五”规划》，提出为民航培养数量充足、素质优良的全方位、多层次人才，成为指导民航院校建设发展的重要文件。2016年，民航局召开了全国民航科教创新大会，正式发布了《关于推进民航科技教育创新发展的意见》。随后不久，民航局针对科教创新提出了“三出四型五基地”的发展目标，即形成“出成果、出人才、出效益”的体制机制；创建基础技术研究型、应用技术开发型、成果转化枢纽型和技术政策暨服务智库型科研院所；打造民航基础技术研究基地、应用技术开发基地、核心技术产业基地、成果转化效益基地和创新人才发展基地。

一系列文件的出台，在不同阶段有力地指导了民航的科教人才工作，为科教人才事业的可持续发展奠定了坚实的政策基础。2011 年 1 月 10 日，中国民航第一所综合性科学技术研究院——中国民航科学技术研究院正式成立，这是中国民航科技发展历史上一座极为重要的里程碑，也是我国由民航大国向民航强国迈进过程中一件具有深远意义的大喜事。随后，中国民航首家试飞机构——民航上海航空器适航审定中心试飞室获民航局批准成立，中国民航首批 3 名试飞员陆续学成归国，标志着中国民用航空器型号合格审定局试飞体系初步建立。2017 年，中国民航科教创新工作仍在扎实地向前推进，并且有了新的亮点。其中，“广域航空安全监控技术及应用”项目获得国家重点研发计划项目立项。该项目充分整合行业内科研力量，广泛吸纳行业外技术优势，由中国民航大学牵头，集中了行业内外该领域 18 家高等院校、科研院所、运行单位和生产企业，为基于自主知识产权的中国民航航空器全球追踪监控系统建设提供科技支撑和示范验证。

为适应民航发展对人才的需求，民航局党组始终把人才培养放在战略高度，全面加强民航院校建设，使民航院校逐渐成为强有力的智力支持。党的十八大以来，民航科教投入累计近 100 亿元，初步搭建了涵盖民航主要科研专业方向的基础平台。力争至“十四五”初期民航科教创新总投入 500 亿元，提前为“十四五”争取国家科技项目立项做好布局。

直属民航局的院校现有中国民航大学、中国民航飞行学院、中国民航管理干部学院、广州民航职业技术学院、上海民航职业技术学院 5 所。2017 年，民航直属院校共招收学生 21636 人，其中，研究生 882 人，普通本专科生 18573 人，成人招生 2181 人；民航直属院校在校生数达到 70291 人，其中，研究生 2743 人，普通本专科生 62706 人，成人在校生 4842 人；民航直属院校共毕业学生 16846 人，其中，硕士研究生 822 人，普通本专科 13868 人，成人学生 2156 人。2018 年，民航直属院校人才培养规模再创新高，共招收学生 23119 人，在校生数达到 72944 人，相比上一年的招收学生和在校生数分别增长 6.9%和 3.8%。本专科专业总数超过 60 个，专任教师超过 3200 人，副高以上职称教师超过 1200 人。民航特有专业毕业生就业率达 95%以上。2022 年，民航直属院校共招收学生 23389 人，其中研究生 1719 人，普通本专科生 21466 人，成人招生 204 人；民航直属院校在校学生数达到 81604 人，其中，研究生 4567 人，普通本专科生 75069 人，成人在校生 1968 人；民航直属院校共毕业学生 22015 人，其中，硕士研究生 1115 人，普通本专科生 19703 人，成人学生 1197 人。

与此同时，民航局鼓励和引导非民航直属院校开办高质量的民航教育，支持航空企业培训航空专门人才。目前，已有 15 家非民航局直属的高等院校经教育部批准，可以通过高考招收飞行技术专业学生，年招生计划已经突破 1200 人，有效填补了飞行员培养缺口。

二、民航类高等院校发展概况

(一)民航类高等院校

1. 中国民航大学

中国民航大学是中国民用航空局直属的一所以培养民航高级工程技术和管理人才为主的高等学府,是中国民用航空局、天津市人民政府、教育部共建高校。学校入选天津市“双一流”建设计划,是天津市高水平特色大学建设高校,安全科学与工程入选天津市一流建设学科,航空宇航和交通运输入选天津市特色学科(群)。

作为一所行业院校,中国民航大学以“主动适应,合理布局,巩固优势,特色发展”为原则,聚焦新时代民航强国建设任务,制定了《中国民航大学本科教育教学改革攻坚行动方案》,深入推进各类人才培养模式变革。在“新文科建设”的背景下,中国民航大学有7个项目获批教育部和天津市新文科研究与改革实践项目,主要包含行业院校如何产学研协同育人、专业实践经验、复合型航空人才复语能力培养体系建构与实践、民航应急管理人才培养体系的实践探究等方面。目前学校拥有3个国家级特色专业、3个国家级专业综合改革试点专业、4个教育部卓越工程师教育培养计划专业,交通运输专业为首个通过教育部工程教育专业认证的航空类交通运输专业,电子信息工程专业为教育部CDIO工程教育模式改革试点专业,中欧航空工程师航空工程研究生层次学科领域加入教育部、天津市卓越计划。学校获得近两届国家级、省部级教学成果奖共计33项,其中国家级2项、省部级31项。

中国民航大学不断加强航空专业认证建设,深化航空领域“引进来”与“走出去”相结合的战略。学校积极展开与国际航空院校的合作,与法国航空航天大学校集团(GEA)共同创办中欧航空工程师学院,系统引进法国工程师教育模式。工程师教育培养方案由法中双方共同确立,分为专业基础课程、专业课程、企业实习与实践等培养环节,主要目标是培养航空领域的精英工程师。该模式注重学生工程实践能力的培养,主要包括课内实验和企业实习两部分。课内实验主要依托中欧学院综合实验平台开展,企业实习环节包括:蓝领实习、技术实习、专业实习,依次在工程师阶段第一年、工程师阶段第二年、工程师阶段第四年开展,先后完成8个月、三个层次的企业实习实践培养。当前中国民航大学的校企合作取得了一定的成绩,在学院创建了一批学生学习实践基地和创新创业基地,培养了一大批具备系统航空工程知识结构及较强的实践与创新能力的复合型人才。此外,学校还与美国安博瑞德航空航天大学、英国曼彻斯特城市大学等院校联合开展学分互认和双学位项目。

2. 中国民用航空飞行学院

中国民用航空飞行学院直属中国民用航空局，其前身是1956年5月经周恩来总理批准成立、由毛泽东主席任命军政领导的中国民用航空局航空学校。同年9月，经国防部批准，学校更名为中国人民解放军第十四航空学校。1963年5月，教育部向国务院报告，将学校列入高等学校名单。同年10月，按中央军委指示，学校更名为中国民用航空高级航空学校。1987年12月，更名为中国民用航空飞行学院。

经过近60多年的建设与发展，学校已成为全球民航职业飞行员培养规模最大、能力最强，享誉国内，在世界民航专业有着极高影响力的全日制高校。中国民航80%以上的机长都毕业于此，学校被誉为“中国民航飞行员的摇篮”、中国民航管理干部的“黄埔”。学校位于成都平原的腹地——四川省广汉市，占地19000多亩，建筑面积150多万平方米，固定资产总值超过90亿元(不含土地资产值)，教学仪器设备总值62亿元。目前，学校拥有5个机场，其中的洛阳和绵阳机场，集航班保障和训练于一体，年旅客吞吐量均突破100万人次；学校配有奖状、夏延、新舟600、西门诺尔、TB、赛斯纳-172等21种型号共400余架初、中、高级教练机，以及包括波音737-300、空客320等在内的全飞行模拟机、固定模拟机和练习器45台；有各型航空发动机500余台，以及国内高校中最先进的360度全视景塔台指挥系统；馆藏图书超过150万册、电子图书超过580万册、国内外数据库52个，是我国民航类规模最大的综合图书馆，并建有千兆校园网。

学校建有中、美、法三国六方合作创办的航空发动机维修培训中心，其用于教育教学的实体发动机，占国内机队配型发动机的80%左右。同时，学校是获美国本迪克斯/金氏公司和莱康明动机、大陆发动机等知名航空企业授权的维护、大修中心，是中国民航授权的“ICAO”飞行员、管制员英语“考官”培训中心、考试中心，航空器维修执照考试中心、飞行签派员培训中心、工程技术训练中心，并为中国民航立法、建标提供技术支持和培训。

学校在理、工、文、管、法5个学科门类下形成了一批在国际、国内和民航界有重大影响的品牌专业群和优势学科，是联合国重点推广的“MPL”课程试点单位。学校有7门国家级、省级重点专业，有17门国家级或省部级精品课程。其中，飞行技术专业是国家级人才培养模式创新实验区，航行实验室为“四川省实验示范中心”。

近5年，学校先后承担了包括国家重点研发计划、国家自然科学基金、国家社会科学基金等国家级项目33项，获国家级、省部级科技成果奖127项。学校现有包括中国民航飞行技术与航空安全重点科研基地、中国数字仿真联合实验中心(与川大智胜合作)、高原飞行研究所和航行实验室(四川省实验示范中心)等在内的国家和省部级科研基地(重点实验室)7个。

今天，作为中国民航高等教育的主力军，中国民用航空飞行学院肩负着新的历史使命。它将通过革故鼎新，努力使自己成为具有世界先进水平和鲜明特色的一流民用航空大学，为科教兴国战略的实施、为建设民航强国和持续保障安全做出新的更大贡献。

3. 南京航空航天大学

南京航空航天大学创建于1952年10月，是新中国自己创办的第一批航空高等院校之一。1978年被国务院确定为全国重点大学；1981年经国务院批准成为全国首批具有博士学位授予权的高校；1996年进入国家“211工程”建设；2000年经教育部批准设立研究生院；2011年，成为“985工程优势学科创新平台”重点建设高校；2017年，进入国家“双一流”建设序列。学校现隶属于工业和信息化部。2012年12月，工业和信息化部、中国民航局签署协议共建南京航空航天大学。2018年12月，工业和信息化部、教育部、江苏省共建南京航空航天大学。

学校现设有186个学院和218个科研机构，建有国家级重点实验室7个、省部共建协同创新中心1个、国家地方联合工程实验室1个、国防科技工业创新中心1个、国家工科基础课程教学基地2个、国家级实验教学示范中心4个。有本科专业66个、硕士一级学科授权点32个、博士一级学科授权点17个、博士后流动站17个。现有航空宇航科学与技术、力学等一级学科国家重点学科2个，二级学科国家重点学科9个，国家重点（培育）学科2个，国防特色学科10个。

在国防科技领域，学校参与了我国几乎所有航空重要型号的预研、技术攻关、试验研究，有多项技术在“嫦娥”系列等航天工程中得到了成功应用，为我国航空航天事业发展做出了重要贡献。在国民经济领域，学校积极推进政产学研合作，促进科技成果转化，为经济社会发展提供了有力支撑。学校大力推进开放办学，积极开展协同创新，先后建立了一批产学研合作研究基地；开展广泛的国际交流与合作，已与国外近百所著名高校及知名研究机构建立了长期稳定的合作关系，形成了“服务航空航天民航、服务江苏，面向全国、面向世界”的开放型办学新格局。

南京航空航天大学在“双一流”的新一轮建设中，始终突出“培养一流人才、服务国家战略需求、争创世界一流”的建设导向，在院校与学科建设中取得了丰硕的成果。南京航空航天大学在航空航天、民航学院的建设上，形成了独特的学院建设模式，形成了以航空学院、航天学院、民航学院、通用航空与飞行学院等为核心的多样化、多细分领域、多培养模式的院校发展结构。民航学院于1993年成立，2012年工业和信息化部、中国民用航空局共建南京航空航天大学民航特色学科专业。在专业建设中，民航学院找准自身定位，充分发挥综合型大学和学院特色优势，服务于国家、地方经济建设和民航行业发展。学院下设有空中交通系、交通运输系、民航工程系、土木与机场工程系4个专业。其中交通运输和土木工程专业为国家一流专业、国家特色专业建设点，该专业下设有4个不同方向，主要培养民航领域紧缺人才和适应现代民航事业发展需求的既有运输知识体系、又有较强管理能力和良好协作精神的高素质与复合型高层次人才。在课程建设上，开发出学院特色课程，如航空公司运营与管理、收益管理、机场数据综合应用与机场信息系统管理等；同时注重实践条件的建设，较好满足了从学士到博士的升学需求。

在新一轮的“双一流”建设中，南京航空航天大学以加强学科建设作为重要着力点，尤其重视探索学科建设的内在规律和系统逻辑，推动学科建设更加科学化；还要建设更为精细化的学科，弥补关键领域重点环节存在的不足，瞄准“一流工科、卓越理科、精品文科、特色交叉”的高标准学科布局，整体性地优化完善学科体系建设的组织体系、运行模式和体制机制；在整体的学科建设上，进一步突出全校“一盘棋”的学科建设理念，瞄准“一体两翼”的学科建设新体系，加快“双一流”的建设学科和支撑学科等发展。

4. 沈阳航空航天大学

沈阳航空航天大学是一所以航空宇航为特色，以工为主，工、理、文、经、管、艺等学科协调发展的多科性高等院校，是教育部、中国航空工业集团公司与辽宁省人民政府三方共建高校，是国家国防科工局与辽宁省人民政府共建高校，是辽宁省装备制造业紧缺人才(航空航天)培养基地，已经基本建设成为“国防科技人才培养基地”“辽宁老工业振兴人才培养基地”，努力打造“国内一流的装备制造技术工程研究基地”。

学校注重优势学科群建设，现已形成了以“航空装备设计制造与试验技术”为主要研究方向的航空宇航学科群和以“航空信息化与控制技术”为主要研究方向的信息科学学科群。根据《辽宁省教育厅关于公布普通高等学校第三批一流本科教育示范专业遴选结果的通知》，学校的航空航天工程、安全工程、机械电子工程、信息与计算科学等 10 个专业获批辽宁省第三批一流本科教育示范专业。学校注重产学研研究，在教育部产学合作协同育人项目平台权威发布的《教育部高等教育司关于公布 2020 年产学合作协同育人项目立项名单的通知》中，沈阳航空航天大学的“面向人工智能的实践教学模式探索与构建”等 25 个项目获批立项，获批数量在 993 所高校中排名 100；在教育部产学合作协同育人项目平台权威发布的《教育部高等教育司关于公布 2021 年第二批产学合作协同育人项目立项名单的通知》中，沈阳航空航天大学的“基于“雨课堂”构建《经济法》信息化教学课程方案”等 32 个项目获批立项。在课程建设上，将 OBE 理念深入贯彻到课程标准的建设中，注重课程目标的设置，课程间教学内容的衔接。在科学研究领域积极进行科研团队建设，在与中国航发沈阳发动机研究所联合完成的科研项目，建立了符合工程应用的热声疲劳分析方法和寿命预测模型，产生了重要的军事和社会效益。在其他的国家与地方重点航空科研项目上，也取得了一批标志性成果，填补了国内相关领域的技术空白。

5. 北京航空航天大学

北京航空航天大学(以下简称北航)成立于 1952 年，由当时的清华大学、北洋大学、厦门大学、四川大学等八所院校的航空系合并组建，是新中国第一所航空航天高等学府，现隶属于工业和信息化部。学校所在地北京，分为学院路校区、沙河校区，占地3000多亩，总建筑面积230余万平方米。建校以来，北航一直是国家重点建设的高校，是全国第一批16所重点高校之一，也是20世纪80年代恢复学位制度后全国第一批设立研究生院的22所高校之一，首批进入“211工程”，2001年进入“985工程”，2013年入选首批“2011计划”国家协同创新中心，2017年入选国家“双一流”建设高校名单。

学校学科繁荣，特色鲜明。确立了“顶尖工科、一流理科、精品文科、优势医工”的学科建设方针，现有工、理、管、文、法、经、哲、教育、医和艺术10个学科门类。在航空、航天、动力、信息、材料、仪器、制造、管理等学科领域具有明显的比较优势，形成了航空航天与信息技术两大优势学科群，国防科技主干学科达到国内一流水平，工程学、材料科学、物理学、计算机科学、化学、社会科学总论六个学科领域的ESI排名进入全球前1%，工程学、材料科学进入全球前1‰，具备了建设世界一流学科的基础。在2023年“软科世界一流学科排名”中，航空航天工程学科蝉联世界第一。

学校拥有国家级人才培养模式创新实验区6个、实验教学示范中心5个，现有国家级教学名师8名、教学团队5个，“全国高校黄大年式教师团队”3个，国家级一流本科课程74门。建校70余载，北航为国家培养了大批学术精英、兴业人才和治国栋梁，为国家主流行业和骨干单位输送了20多万优秀毕业生，毕业生一次就业率保持在98%以上。近6年北航有18名校友当选为院士。

建校70余年来，北航创造了40多项国内第一的科研成果，在尖端技术研究领域始终居于国内高校前列，研制发射（试飞）成功的多种型号飞行器填补了国内多项空白，如中国第一架轻型旅客机“北京一号”、亚洲第一枚探空火箭“北京二号”、中国第一架无人驾驶飞机“北京五号”“蜜蜂”系列飞机、共轴式双旋翼无人驾驶直升机等。学校学术论文数量和质量协同增长，实现了在《Nature》《Science》等顶级期刊发表文章的突破。

学校面向全球，开放交融。持续深化“UPS国际化发展战略”，构建北航国际交流合作网络和平台，形成全方位、多层次、宽领域对外开放格局，有力提升了学校的国际影响力和竞争力。先后与全球200余所著名高等院校、一流研究机构和知名跨国公司建立了长期稳定的合作关系。发起成立及加入了“欧洲顶尖工科大学联盟(T. I. M. E.)”“一带一路航天创新联盟”“国际宇航联合会”等13个国际大学联盟及学术组织。成立费尔北京研究院、中法未来城市实验室、中英空间科学与技术联合实验室、中德先进制造联合实验室等41个高端国际教育科技合作平台。

（二）民航类高等院校地区分布

本节将设有民航运输类本科专业的高等院校均归为民航类高等院校进行统计分析。从图6-1可知，陕西省和四川省开设的民航类院校数量最多，均为6所。总体来看，全国开设较多民航类院校的地区中除了陕西省和四川省之外，还有山东省、河南省，均为5所。

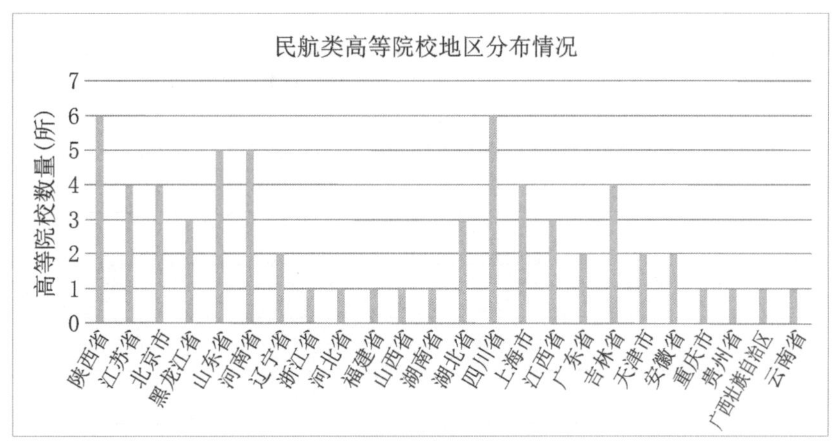

图 6-1　民航类高等院校地区分布

(三)民航类高等院校层次分布

由表 6-1 可知,全国民航类高等院校中共有 18 所 985 院校,其中有 4 所在北京市;紧追其后的是上海市、陕西省和四川省,分别开设了 3 所、2 所和 2 所 985 民航类高校。全国有 23 所 211 民航类高等院校,主要在北京市、上海市和四川省。

表 6-1　民航类高等院校层次分布

省(区、市)	985 院校	211 院校	普通院校
陕西省	2	2	4
江苏省	0	2	2
北京市	4	4	0
黑龙江省	1	2	1
山东省	0	0	5
河南省	0	0	5
辽宁省	1	1	1
浙江省	1	1	0
河北省	0	1	0
福建省	1	1	0
山西省	0	0	1
湖南省	1	1	0
湖北省	1	1	2
四川省	2	3	3

续表 6-1

省(区、市)	985 院校	211 院校	普通院校
上海市	3	3	1
江西省	0	0	3
广东省	0	0	2
吉林省	0	0	4
天津市	0	0	2
安徽省	1	1	1
重庆市	0	0	1
贵州省	0	0	1
广西壮族自治区	0	0	1
云南省	0	0	1

“211 院校”包括既是 211 又是 985 的高校

(四)民航类高等院校一流学科建设综合竞争力排名

根据中国高校一流学科建设综合竞争力排行榜的高校排名,其中有 21 所民航类高等院校上榜。如表 6-2 所示,从总体得分来看,前十名高校中有 7 所高校的民航类专业排序靠前,分别是北京大学(第一名)、清华大学(第二名)、浙江大学(第三名)、上海交通大学(第四名)、复旦大学(第六名)、四川大学(第七名)以及华中科技大学(第十名)。总体来看,21 所民航类高校均挤进排行榜前一百名,体现了民航类人才要求之高。

表 6-2　中国高校一流学科建设综合竞争力排行榜(部分)

学校	层次	排名
北京大学	985	1
清华大学	985	2
浙江大学	985	3
上海交通大学	985	4
复旦大学	985	6
四川大学	985	7
华中科技大学	985	10
中南大学	985	12
厦门大学	985	16

续表 6-2

学校	层次	排名
西安交通大学	985	17
同济大学	985	19
哈尔滨工业大学	985	24
大连理工大学	985	29
电子科技大学	985	30
北京航空航天大学	985	32
北京理工大学	985	33
西北工业大学	985	50
合肥工业大学	211	67
南京航空航天大学	211	79
西南交通大学	211	83
南京理工大学	211	91

我国航空类院校大多具有发展基础，在发展上具有良好水平，但在发展程度上差异性较大，高校主要分布在东北部地区，而西部航空院校整体发展先天不足，后天积弱。目前我国航空交通主要面临区域发展不平衡问题，要推动区域机场群协同发展，建设京津冀、长三角、粤港澳大湾区、成渝等核心发展区域的世界级机场群。适时启动能力紧张枢纽机场改扩建工程，强化枢纽机场综合保障能力。合理加密机场布局，稳步建设支线机场和专业性货运枢纽机场，提升综合性机场货运能力和利用率。因此，航空优势院校要向国际航空类院校发展看齐，建设世界一流航空院校；同时不能满足于已有发展成果，固步自封，要立足前沿，具备发展优势的东部地区，要加强院校在航空区域协同方面的建设与发展，拉动航空不发达地区的航运网络建设，尤其是西部边疆地区的航空高校发展，以更好地服务于区域航空运输，补足发展短板，激发航空运输动能。高校还应具有前瞻意识和未来意识，具有先进的发展理念，成为我国构建现代航空运输体系中的重要一环。

三、民航主干学科/专业发展概况

(一)民航主干专业发展现状

民航主干专业涵盖 8 个专业，1 个交通运输类专业以及 7 个航空航天类专业(5 个基本专业和 2 个特设专业)。本部分内容主要分析这 8 个专业的发展现状。

1. 开办院校数量分析

如表6-3所示，民航主干专业分为1个核心专业和7个支撑专业，分别属于交通运输类和航空航天类。其中，开办院校达到或超过20所的专业为飞行技术、航空航天工程、飞行器设计与工程、飞行器制造工程和飞行器动力工程专业，开设数量分别为21、20、33、39、27所。

表6-3 民航主干专业开办院校数量分析

类别	专业类别	专业代码	专业	开设数量
核心专业	交通运输类	081805K	飞行技术	21
支撑专业	航空航天类	082001	航空航天工程	20
		082002	飞行器设计与工程	33
		082003	飞行器制造工程	39
		082004	飞行器动力工程	27
		082005	飞行器环境与生命保障工程	3
		082006T	飞行器质量与可靠性	5
		082007T	飞行器适航技术	9

2. 院校层次分析

如表6-4所示，在民航主干专业中，航空航天工程专业开办院校不仅总量达到了20所，并且其中211院校的数量占比超过了60%。对于核心专业——飞行技术，在开设此专业的21所院校中，仅有3所985院校、4所211院校，其中211院校数量占比仅为19.0%。在支撑专业中，飞行器环境与生命保障工程专业开办院校数量较少，仅为3所，但开办院校均为211院校，其中有2所985高校。

表6-4 民航主干专业学校层次分析

类别	专业类别	专业代码	专业	985	211	普通院校
核心专业	交通运输类	081805K	飞行技术	3	4	17
支撑专业	航空航天类	082001	航空航天工程	12	13	7
		082002	飞行器设计与工程	11	17	16
		082003	飞行器制造工程	4	6	33
		082004	飞行器动力工程	7	9	18
		082005	飞行器环境与生命保障工程	2	3	0
		082006T	飞行器质量与可靠性	1	1	4
		082007T	飞行器适航技术	1	2	7

* “211”含既是211又是985的高校。

3. 地区分布情况

如表 6-5 所示，开办民航主干专业的院校主要集中在北京市、河南省、山东省、陕西省、四川省等地区，其中北京市拥有开办所有民航主干专业的院校。核心专业——飞行技术，其开设院校主要分布在北京市、山东省和江苏省，每个省份均为 3 所。而海南省、宁夏、西藏、新疆等地区没有院校开设民航主干专业。

表 6-5　民航主干专业地区分布

省(区、市)	航空航天工程	飞行器设计与工程	飞行器制造工程	飞行器动力工程	飞行器环境与生命保障工程	飞行器质量与可靠性	飞行器适航技术	飞行技术
北京市	5	2	1	2	1	1	1	3
安徽省	0	0	1	0	0	0	0	0
福建省	0	1	0	1	0	0	0	0
甘肃省	0	0	0	0	0	0	0	0
广东省	2	1	1	0	0	0	0	1
广西壮族自治区	0	0	1	1	0	1	0	0
贵州省	0	0	2	1	0	0	0	0
海南省	0	0	0	0	0	0	0	0
河北省	0	2	1	0	0	0	0	0
河南省	0	2	3	1	0	2	2	2
黑龙江	0	2	1	2	1	0	0	1
湖北省	0	2	3	0	0	0	0	0
湖南省	2	1	0	1	0	0	0	0
吉林省	0	1	2	4	0	0	0	0
江苏省	1	3	3	1	1	0	1	3
江西省	1	1	3	1	0	0	1	2
辽宁省	1	2	1	1	0	1	1	1
内蒙古自治区	0	0	1	0	0	0	0	0
宁夏回族自治区	0	0	0	0	0	0	0	0
青海省	0	0	0	0	0	0	0	0
山东省	1	3	3	2	0	0	1	3

续表 6-5

省(区、市)	航空航天工程	飞行器设计与工程	飞行器制造工程	飞行器动力工程	飞行器环境与生命保障工程	飞行器质量与可靠性	飞行器适航技术	飞行技术
山西省	0	2	1	0	0	0	0	0
陕西省	1	4	3	4	0	0	0	1
上海市	1	1	2	0	0	0	0	1
四川省	3	1	2	3	0	0	2	1
天津市	0	0	3	1	0	0	0	1
西藏自治区	0	0	0	0	0	0	0	0
新疆维吾尔自治区	0	0	0	0	0	0	0	0
云南省	0	0	0	0	0	0	0	1
浙江省	1	1	0	0	0	0	0	0
重庆市	1	1	1	1	0	0	0	0

4. 专业排名

以下将以“金平果”《2023 中国大学分专业排行榜》提供的民航主干专业的院校竞争实力的排名数据为参考，来对民航主干专业的发展进行分析。

由表 6-6 可以看出，航空航天工程专业，获得 4★及 4★以上的分别是南京航空航天大学、西北工业大学、上海交通大学以及清华大学，具有民航行业背景的院校南京航空航天大学位居第一，其次是西北工业大学，是中国唯一一所以同时发展航空、航天、航海(三航)工程教育和科学研究为特色的全国重点大学。排列在前十名的高校中，还有具有交通行业背景的高校，分别是位列第三名的上海交通大学和位列第七名的中南大学。

飞行器设计与工程专业，位列前三名的院校均有丰富的民航行业背景和雄厚的专业实力，分别是新中国第一所航空院校——北京航空航天大学、西北工业大学以及南京航空航天大学。位列第四至第十名的高校，虽然不是全都具有民航行业背景或交通行业背景，但大多为 985 重点高校。

飞行器制造工程专业，排列前十名的高校中，不仅有上文所出现的北京航空航天大学和南京航空航天大学，同时还有位列第四名的沈阳航空航天大学、位列第六名的南昌航空大学、位列第八名的中国民航大学和位列第十名的中国民用航空飞行学院。

飞行器动力工程专业，其上榜高校与飞行器制造工程专业大致相同，除了具有鲜明特征的民航院校外，其余上榜院校大多为 985 重点高校。

核心专业——飞行技术，开设这个专业的院校中，获得4★及4★以上的院校分别是中国民用航空飞行学院、南京航空航天大学和中国民航大学。

综上所述，在开设民航主干专业的院校中，排名靠前的主要是以下几类院校：具有丰富的民航行业背景院校，如北京航空航天大学、南京航空航天大学、中国民航大学等；工业和信息化部直属院校，如北京理工大学、西北工业大学、哈尔滨工业大学等；具有交通行业背景的院校，如中南大学、上海交通大学等。

表6-6　2023—2024 **中国大学分专业竞争力排行榜**

专业	排序	学校名称	水平
航空航天工程	1	南京航空航天大学	5★
	2	西北工业大学	5★－
	3	上海交通大学	4★
	4	清华大学	4★
	5	电子科技大学	3★
	6	大学四川大学	3★
	7	中南大学	3★
	8	大学北京理工大学	3★
	9	大学沈阳航空航天大学	3★
飞行器设计与工程	1	北京航空航天大学	5★
	2	西北工业大学	5★－
	3	南京航空航天大学	5★－
	4	哈尔滨工业大学	4★
	5	北京理工大学	4★
	6	西安交通大学	4★
	7	南京理工大学	3★
	8	厦门大学	3★
	9	沈阳航空航天大学	3★
	10	南昌航空大学	3★
	11	复旦大学	3★
	12	哈尔滨工程大学	3★
	13	沈阳航空航天大学浙江大学	3★
	14	大连理工大学	3★

续表 6-6

专业	排序	学校名称	水平
飞行器制造工程	1	西北工业大学	5★
	2	哈尔滨工业大学	5★
	3	南京航空航天大学	5★－
	4	沈阳航空航天大学	5★－
	5	中北大学	4★
	6	南昌航空大学	4★
	7	北京航空航天大学	4★
	8	中国民航大学	3★
	9	同济大学	3★
	10	中国民用航空飞行学院	3★
	11	南昌航空大学科技学院	3★
	12	上海工程技术大学	3★
	13	南京航空航天大学金城学院	3★
	14	西安航空学院	3★
	15	重庆交通大学	3★
	16	天津中德应用技术大学	3★
	17	西安明德理工学院	3★
	18	桂林航天工业学院	3★
飞行器动力工程	1	北京航空航天大学	5★
	2	西北工业大学	5★－
	3	南京航空航天大学	4★
	4	沈阳航空航天大学	4★
	5	哈尔滨工程大学	4★
	6	北京理工大学	3★
	7	南昌航空大学	3★
	8	中国民航大学	3★
	9	哈尔滨工业大学	3★
	10	郑州航空工业管理学院	3★
	11	中国民用航空飞行学院	3★
	12	西安交通大学	3★
飞行器环境与生命保障工程	/	/	/

续表 6-6

专业	排序	学校名称	水平
飞行器质量与可靠性	/	/	/
飞行器适航技术	/	/	/
飞行器适航技术(2022 年排名)	1	南京航空航天大学	5★−
	2	北京航空航天大学	4★
	3	中国民用航空飞行学院	3★
	4	沈阳航空航天大学	3★
飞行技术	1	中国民用航空飞行学院	5★
	2	南京航空航天大学	5★−
	3	中国民航大学	4★
	4	昆明理工大学	3★
	5	北京航空航天大学	3★
	6	上海工程技术大学	3★
	7	太原理工大学	3★
	8	南昌理工学院	3★

(二)民航主干学科发展现状

民航主干学科涵盖 1 个一级学科和 3 个二级学科,其中包括 1 个核心学科和 2 个支撑学科。

1. 开办院校数量分析

如表 6-7 所示,民航主干学科分为核心学科和支撑学科,其中核心学科为一级学科航空宇航科学与技术下设的航空宇航科学与技术二级学科,支撑学科包括一级学科航空宇航科学与技术下设的飞行器设计和人机与环境工程两个二级学科。

在民航主干学科中,开设院校数量最多的二级学科是核心学科——航空宇航科学与技术,为 45 所,是开设飞行器设计学科院校数量的 3 倍多,是开设人机与环境工程学科院校数量的 9 倍。

表 6-7　民航主干学科数量分析

学科类别	一级学科	专业	数量
核心学科	航空宇航科学与技术	航空宇航科学与技术	45
支撑学科		飞行器设计	14
		人机与环境工程	5

2. 院校层次分析

如表 6-8 所示，在民航主干学科中，核心学科——航空宇航科学与技术不仅开设院校总数最多，其包含的 985 和 211 重点院校的数量也是最多，分别为 18 所和 23 所。总体来看，三个主干学科的开设院校均包含 985 和 211 院校。

表 6-8　民航主干学科全国开办院校层次分析

学科类别	一级学科	专业	985	211	普通
核心学科	航空宇航科学与技术	航空宇航科学与技术	18	23	22
支撑学科		飞行器设计	1	1	13
		人机与环境工程	1	1	4

*“211”中包含既是 211 又是 985 的高校。

3. 地区分布情况

从表 6-9 中可以看出，民航主干学科的开设院校主要集中在北京市、江苏省、陕西省、四川省以及上海市。对于核心学科——航空宇航科学与技术学科，其开设高校主要分布在北京市、陕西省、四川省以及上海市，分别为 7、6、4、3 所。而安徽省、甘肃省、海南省、云南省、青海省等地区没有院校开设民航主干学科。

目前，民航主干学科在全国的覆盖率仍需提升，不同省份、院校的民航优势学科要相互促进、共同发展。当前我国正在有序推进通用机场规划建设，构建区域短途运输网络，探索通用航空与低空旅游、应急救援、医疗救护、警务航空等融合发展。优化航路航线网络，加强军民航空管基础设施建设，推广应用空管新技术。当前我国的航空专业仅有一个核心学科和少量支撑学科，在二级学科发展上十分有限，这体现了我国高校航空专业的融合性发展不足，高校航空学科和专业的建设现状不能满足国家需求，因此，要推动对应地区航空优势院校的学科专业建设，淘汰不合理专业，开设有迫切新增需求的、有长期发展潜力的航空专业；在没有航空主干专业的边疆省份，大力发展航空院校，边疆地区作为我国与其他国家接壤的区域，对于提高国际化远程航运能力和水平具有重要作用。

表 6-9　民航主干学科全国院校地区分布

省(区、市)	人机与环境工程	飞行器设计	航空宇航科学与技术
北京市	2	5	7
安徽省	0	0	0
福建省	0	1	1
甘肃省	0	0	0

续表 6-9

省(区、市)	人机与环境工程	飞行器设计	航空宇航科学与技术
广东省	0	0	1
广西壮族自治区	0	0	1
贵州省	0	1	0
海南省	0	0	0
河北省	1	0	1
河南省	0	1	1
黑龙江	0	0	2
湖北省	1	0	2
湖南省	0	0	2
吉林省	0	0	1
江苏省	1	1	2
江西省	0	1	1
辽宁省	0	1	2
内蒙古自治区	0	0	0
宁夏回族自治区	0	0	0
青海省	0	0	0
山东省	0	0	1
山西省	0	0	2
陕西省	0	2	6
上海市	0	1	3
四川省	0	1	4
天津市	0	0	2
西藏自治区	0	0	0
新疆维吾尔自治区	0	0	0
云南省	0	0	0
浙江省	0	0	1
重庆市	0	0	2

4. 排名

由表 6-10 可知，飞行器设计学科，排在前十的高校大部分为 985 院校，其中获得 4★及以上的院校分别是北京航空航天大学、国防科技大学、复旦大学、哈尔滨工业大学以及西北工业大学。位列第六至第十二名的院校中，有两所高校具有交通行业背景，分别是上海交通大学和西安交通大学。

人机与环境工程学科，排在首位的高校依旧是北京航空航天大学，紧随其后的是国防科技大学和西北工业大学。

表 6-10　中国大学研究生教育分学科排名

学科	排名	学校名称	星级
飞行器设计	1	北京航空航天大学	5★
	2	国防科技大学	5★—
	3	复旦大学	4★
	4	哈尔滨工业大学	4★
	5	西北工业大学	4★
	6	南京航空航天大学	3★
	7	北京理工大学	3★
	8	清华大学	3★
	9	上海交通大学	3★
	10	厦门大学	3★
	11	西安交通大学	3★
	12	南京理工大学	3★
人机与环境工程	1	北京航空航天大学	5★
	2	国防科技大学	5★—
	3	西北工业大学	4★
	4	哈尔滨工业大学	3★
	5	南京航空航天大学	3★
	6	北京理工大学	3★
	7	清华大学	3★
	8	南京理工大学	3★

5. 自设二级学科

由表 6-11 可知，自设民航主干二级学科的院校都具有丰富的民航行业背景，其中南昌航空大学在一级学科航空宇航科学与技术下自设了 3 个二级学科；中国民航大学作为中国民航局唯一直属院校，在一级学科安全科学与工程下设置了 2 个二级学科；北京航空航天大学则在一级学科交通运输工程之下自设了 1 个二级学科。

表 6-11　民航主干学科自设二级学科概况

一级学科	专业	开设学校	层次	是否自划线	是否有博士点
交通运输工程	适航技术与管理	北京航空航天大学	985	√	√
航空宇航科学与技术	航空材料加工与检测技术	南昌航空大学	普通		
	焊接科学与技术	南昌航空大学	普通		
	航空航天安全工程	西北工业大学	985	√	√
	航空噪声与振动工程	南昌航空大学	普通		
	通用航空飞行器设计与制造	沈阳航空航天大学	普通		√
安全科学与工程	航空器适航审定工程	中国民航大学	普通		√
	航空运输大数据工程	中国民航大学	普通		√

四、民航高校科学研究

民航业是我国经济社会发展重要的战略产业，是综合交通运输体系的有机组成部分，其发达程度体现了国家的综合实力和现代化水平。在 2008 年的全国民航工作会议上，民航局提出了建设民航强国的战略构想。建设民航强国关键在于一支全方位、多层次、专业化、国际化的高素质人才队伍，根本在于民航科教事业的创新。

党的十八大报告站在全球视野的角度，把科技创新摆在国家发展全局的核心位置，提出科技创新是提高社会生产力和综合国力的战略支撑。2016 年 5 月召开的全国科技创新大会正式吹响了我国建设世界科技强国的号角。为了推动民航科教创新工作迈上新台阶，随后不久，民航局召开了全国民航科教创新大会，正式发布了《关于推进民航科技教育创新发展的意见》。为充分发挥科技创新的引领作用、教育培训的支撑作用和深化改革的动力作用，建设创新型民航行业，民航局针对科教创新提出了“三出四型五基地”的发展目标。2018 年，民航局组织开展民航科技创新“四型”科研院和“五大”基地评审工作，在最终确认名单中，中国民航大学、中国民用航空飞行学院、北京航空航天大学以及南京航空航天大学四所高等院校获批“四型”科研院所和“五大”基地。如表 6-12 所示。

表 6-12　民航“四型五大”基地

申报单位	依托主体	类型
中国民航大学	中国民航大学民航空管研究院	基础技术研究型科研院所
	中国民航大学适航学院	应用技术开发型科研院所
	中国民航科技产业化基地	成果转化枢纽型科研院所
	中国民航大学中国民航环境与可持续发展研究中心(智库)	技术政策暨服务智库型科研院所

续表 6-12

申报单位	依托主体	类型
中国民用航空飞行学院	中国民用航空飞行学院民机复合材料维修研究中心	基础技术研究型科研院所
北京航空航天大学	北京航空航天大学	基础技术研究基地
南京航空航天大学	南京航空航天大学	创新人才发展基地

我国民航类高等院校集教学、科研、产业于一身，在办学过程中与行业发展紧密结合，促进先进航空科技与现代交通运输两大学科有机融合，积极主动探索建立适应行业发展需求的科技创新平台。

(一)国家级科技创新基地

如表 6-13 所示，国家级科研基地中，共有 21 所科研基地与民航业有关，分别为 1 所国家实验室、1 所国家重点实验室、2 所国家工程研究中心、1 所国家工程实验室、7 所国防科技重点实验室、3 所国防重点学科实验室、5 所国家地方联合工程研究中心(工程实验室)以及 1 所示范型国家国际科技合作基地。

表 6-13　民航类国家级科研基地概况

类别	基地名称	数量(所)
国家科技创新基地	国家实验室	1
	国家重点实验室	1
	国家工程研究中心	2
	国家工程实验室	1
国防科技实验室体系	国防科技重点实验室	7
	国防重点学科实验室	3
其他国家级科研基地	国家地方联合工程研究中心(工程实验室)	5
	示范型国家国际科技合作基地	1

1. 国家科技创新基地

(1)国家实验室(表 6-14)

表 6-14　民航类国家实验室

名称	高校名称
航空科学与技术国家实验室(筹)	北京航空航天大学

航空科学与技术国家实验室于 2006 年 12 月由科技部批复筹建，依托于北京航空航

天大学。实验室着眼于提升国家航空科技的核心竞争力和原始创新能力,针对制约我国航空科技发展的重大问题,开展一系列基础性、战略性、前瞻性、综合性的研究工作,已经初步成为体制机制创新的、开放的、资源共享的、综合性的国家公共研究平台。航空科学与技术国家实验室加强创新驱动发展战略顶层设计,初步形成了全国航空基础研究创新体系;加强基础研究和高技术前瞻部署,扎实支撑重大专项的实施;健全科技创新体系,成为航空重大基础设施和航空高端人才的聚集地;作为我国唯一的航空领域国家实验室,挑战世界航空科学与技术的极限,论证并发布了多项指标达到世界第一的航空重大系统。

(2)国家重点实验室(表 6-15)

表 6-15 民航类国家重点实验室

名称	高校名称
机械结构力学及控制国家重点实验室	南京航空航天大学

机械结构力学及控制国家重点实验室的依托单位是南京航空航天大学,主要依托学科为力学、航空宇航科学与技术、控制科学与工程三个国家双一流建设重点学科。实验室面向国家航空航天等战略需求,结合现代科技的发展趋势,以先进飞行器为主要载体,以力学与控制、信息和材料等学科的交叉发展为特色,以原创性研究和系统集成为核心,建成并巩固我国机械结构力学与控制领域知识创新、技术创新和人才培养最重要的基地,形成并不断壮大国际知名的研究队伍、国际前沿的研究方向,为提高我国在本领域的原始创新能力作出贡献,并在相关国际前沿产生更大的影响力。

(3)国家工程研究中心(表 6-16)

表 6-16 民航类国家工程研究中心

名称	高校名称
卫星导航应用国家工程研究中心	北京航空航天大学
无人机系统国家工程研究中心	西北工业大学

卫星导航应用国家工程研究中心依托于北京航空航天大学建设而成,是我国导航基础产品技术研发平台,在卫星导航应用核心技术创新、科研成果转化、规范标准制定、产业综合实力提升等方面发挥巨大作用。

无人机系统国家工程研究中心依托于西北工业大学,围绕推进无人机产业的快速发展,重点加强无人机系统关键共性技术、成套工艺和装备的开发与工程化,研制相关标准和规范,进行先进成熟无人机系统工程技术的推广和应用,培养无人机系统领域的创新技术人才和团队,构建我国的无人机系统产学研用技术和创新体系,为保障国家安全和促进航空航天产业的快速发展提供技术支撑。

(4)国家工程实验室(表 6-17)

表 6-17　民航类国家工程实验室

名称	高校名称
空天地海一体化大数据应用技术国家工程实验室	西北工业大学

空天地海一体化大数据应用技术国家工程实验室在 2017 年 1 月经国家发改委批复,由西北工业大学为承担单位,联合中国科学院遥感与数字地球研究所、中国测绘科学研究院、国家海洋局第一海洋研究所、中国兵器北方信息控制研究院集团有限公司等单位共同建设。

空天地海一体化大数据应用技术国家工程实验室针对空天地海大数据资源综合利用程度不高等问题,围绕提升空天地海大数据一体化分析能力与拓展应用的迫切需求,建设空天地海一体化大数据应用技术创新平台,支撑开展空天地海一体化数据基准与协同感知探测、广域动态多源信息智能化处理与理解、多源信息多维重建与可视计算、面向应用的空天地海大数据信息挖掘与分析、多域多维信息系统等技术的研发和工程化。

西北工业大学充分发挥“三航”特色优势,聚焦国家战略需求和世界科技前沿,为我国国防科技事业发展和国民经济建设作出了重大贡献。历史上,铸造、航空宇航制造工程、飞行力学、航空发动机、水中兵器、火箭发动机等 6 个学科的全国第一位工学博士均由西北工业大学培养。

2. 国防科技实验室体系(表 6-18)

表 6-18　民航类国防科技实验室体系概况

国防科技重点实验室	
名称	高校名称
飞行器控制一体化技术国防科技重点实验室	北京航空航天大学
航空发动机气动热力国防科技重点实验室	北京航空航天大学
无人机特种技术国防科技重点实验室	西北工业大学
翼型、叶栅空气动力学国防科技重点实验室	西北工业大学
航空等离子体动力学国防科技重点实验室	空军工程大学
直升机旋翼动力学国防科技重点实验室	南京航空航天大学
直升机传动技术国防科技重点实验室	南京航空航天大学
国防重点学科实验室	
名称	高校名称
航空制造工艺数字化国防重点学科实验室	沈阳航空航天大学
飞行器结构力学与强度技术国防重点学科实验室	西北工业大学
飞行器先进设计技术国防重点学科实验室	南京航空航天大学

北京航空航天大学突出学科基础地位，构建空天信融合、理工文交叉、医工结合的一流学科体系，形成珠峰引领、高峰集群、高原拓展的良性学科生态。在航空、航天、动力、信息、材料、仪器、制造、管理等学科领域具有明显的比较优势，形成了航空航天与信息技术两大优势学科群，国防科技主干学科达到国内一流水平。学校拥有2所与航空领域紧密相关的国家级国防科技重点实验室，分别是飞行器控制一体化技术国防科技重点实验室和航空发动机气动热力国防科技重点实验室。实验室坚持"开放、联合、流动"的方针，以创新为己任，鼓励开展交叉型研究。

南京航空航天大学创建于1952年10月。2018年12月，工业和信息化部、教育部、江苏省共建南京航空航天大学。建校以来，学校科学研究能力持续增强，为共和国贡献了若干个第一。包括我国第一架无人驾驶大型靶机、第一架无人驾驶核试验取样机、第一架高原无人驾驶机、第一架无人驾驶直升机、第一架微型飞行器等，自主研制的"天巡一号"微小卫星成功发射。在基础研究领域，学校取得了"直升机广义涡流理论""振动控制系统的非线性动力学理论""飞机制造协调准确度与容差分配理论"等一批在国内外具有重要影响的理论成果，为我国航空航天事业发展作出了重要贡献。该校拥有2所与航空领域相关的国家级国防科技重点实验室和1所国家级国防重点学科实验室，分别是直升机旋翼动力学国防科技重点实验室、直升机传动技术国防科技重点实验室以及飞行器先进设计技术国防重点学科实验室。其中，直升机旋翼动力学国防科技重点实验室是中国唯一的培养直升机专业各类高级人才的中心。

西北工业大学作为中国唯一一所以同时发展航空、航天、航海工程教育和科学研究为特色的全国重点大学，拥有无人机特种技术国防科技重点实验室和翼型、叶栅空气动力学国防科技重点实验室以及飞行器结构力学与强度技术国防重点学科实验室。其中，翼型、叶栅空气动力学国防科技重点实验室拥有我国唯一、亚洲最大的低速翼型风洞。

2011年5月，航空等离子体动力学国防科技重点实验室于空军工程大学正式成立，这是空军院校首次实现国家级科技创新平台建设零的突破，从根本上提升了我国航空等离子研究技术的自主创新能力。实验室充分利用国内优势研究资源，紧盯世界航空动力学发展前沿和适应我国航空等离子体动力学技术发展需求，在装备论证方面承担国家和军队重点研究课题，造就科技领军人才，产出有影响力的研究成果，打造引领大学科技创新的重要研究基地，推动我国航空事业的跨越式发展。

沈阳航空航天大学是一所以航空宇航为特色，以工为主，工、理、文、经、管、艺等学科协调发展的多科性高等院校，是辽宁省人民政府与教育部、中国航空工业集团公司三方共建高校，是辽宁省人民政府与国家国防科工局共建高校，是辽宁省装备制造业紧缺人才（航空航天）培养基地，已经基本建设成为"国防科技人才培养基地""辽宁老工业振兴人才培养基地"，努力打造"国内一流的装备制造技术工程研究基地"。建校以来，学校为国家航空航天等国防工业和地方经济建设培养了各类毕业生10万余人，其中万余人就职于航空航天等国防科技企事业单位，千余人具有高级专业技术职称，百余人担任董事长、总经理、副总经理、总工程师等高层管理职务，为国防现代化和国民经济建设作出了重要贡献。航空制造工艺数字化国防重点学科实验室依托沈阳航空航天大学的航空宇航制造工程、机械制造及其自动化两个二级学科，同时与计算机科学与技术、材料科学与技术学科建立了紧密的合作关系。学校整合航空制造方面的人才、技术优势，联合辽沈地区航空企业、科研院所的资源优势，以航空数字化制造工艺技术为专业特色，将实验室构建成为面向航空制造企业的应用技术研究平台和创新型人才培养基地。

3. 其他国家级科研基地

(1)国家地方联合工程研究中心(工程实验室)(表 6-19)

表 6-19　民航类国家地方联合工程研究中心(工程实验室)

名　称	高校名称
新能源通用飞机技术国家地方联合工程研究中心	沈阳航空航天大学
多语言协同翻译技术国家地方联合工程实验室	沈阳航空航天大学
航空安全综合监控系统国家地方联合工程研究中心	西北工业大学
无损检测与光电传感技术及应用国家地方联合工程实验室	南昌航空大学
超声电机国家地方联合工程实验室	南京航空航天大学

南昌航空大学是一所以工为主，工理文管经法教艺等学科协调发展的多科性大学。学校创建于 1952 年，先后隶属于航空工业部、航空航天工业部、中国航空工业总公司，1999 年开始施行中央与地方共建、以地方政府管理为主的管理体制，是江西省人民政府与国家国防科技工业局共建的高等学校。2016 年，南昌航空大学申报的“无损检测与光电传感技术及应用国家地方联合工程实验室”获国家发改委正式批准建设，实现了南昌航空大学国家级科研创新平台从无到有的历史性突破，标志着南昌航空大学区域产业创新基础能力得到了国家层面的认可，将对南昌航空大学重点学科建设、人才培养、技术产业工程化等方面产生积极深远影响。

除此之外，与民航业相关的国家地方联合工程研究中心(工程实验室)共有 4 所，分别是依托沈阳航空航天大学建设成立的新能源通用飞机技术国家地方联合工程研究中心和多语言协同翻译技术国家地方联合工程实验室、西北工业大学的航空安全综合监控系统国家地方联合工程研究中心以及南京航空航天大学的超声电机国家地方联合工程实验室。

(2)示范型国家国际科技合作基地(表 6-20)

表 6-20　民航类示范型国家国际科技合作基地

名称	高校名称
先进航空材料国际科技合作基地	北京航空航天大学

“先进航空材料国际科技合作基地”以“结交世界一流院校，汇聚世界一流人才，建设世界一流国际化学院”为主要合作目标，充分发挥现有国际合作平台交流、合作、发展的功能与作用。基地实行学院（学校）、教授、学生分层管理与人才、项目、平台分科管理相结合的运行模式。在院校协议的基础上，鼓励教授加强国际人脉联络，鼓励学生加入学分互认、学位互授的国际化教育体系；在现有合作平台基础上，鼓励汇聚高水平国际人才，鼓励设立国际联合创新项目，鼓励创建国际水平研究团队，鼓励设立国际学术论坛，吸收先进学术思想。基地的国外合作单位均为国际一流大学院所。如日本东北大学金属材料研究所在国际新材料研究领域首屈一指；加州大学伯克利分校在新材料的创新设计世界领先。日本东北大学、日本东京工业大学、法国中央理工大学、法国南锡高等矿业学院、法国巴黎高等师范学院、法国国家科学研究院、德国于利希研究中心、美国田纳西大学、美国匹兹堡大学等，多为世界百强大学和著名材料研究机构。

（二）部级科研基地

1. 教育部科研基地

由表 6-21 可知，与航空领域相关的教育部科研基地共有 8 所，其中南京航空航天大学拥有 5 所，分别是 2 所教育部重点实验室和 3 所教育部工程研究中心；西北工业大学拥有 2 所教育部工程研究中心；南昌航空大学拥有 1 所教育部重点实验室。

表 6-21　民航类教育部科研基地概况

教育部重点实验室	
名称	高校名称
无损检测技术教育部重点实验室	南昌航空大学
纳智能材料器件教育部重点实验室	南京航空航天大学
雷达成像与微波光子技术教育部重点实验室	南京航空航天大学
教育部工程研究中心	
名称	高校名称
航空航天电机系统技术教育部工程研究中心	西北工业大学
航空发动机先进制造技术教育部工程研究中心	西北工业大学
高效精密加工与装备技术教育部工程研究中心	南京航空航天大学
航空航天电源技术教育部工程研究中心	南京航空航天大学
飞行器自主控制技术教育部工程研究中心	南京航空航天大学

2. 工业和信息化部科研基地

由表 6-22 可知，与航空领域相关的工业和信息化部科研基地共有 32 所，其中北京航空航天大学拥有8所，哈尔滨工程大学1所，南京航空航天大学16所，西北工业大学4所，哈尔滨工业大学3所。

表6-22　工业和信息化部科研基地

名称	高校名称
航空器先进技术重点实验室	北京航空航天大学
航空高端装备智能制造技术重点实验室	北京航空航天大学
智能无人飞行系统先进技术重点实验室	北京航空航天大学
空间环境监测与信息处理工业和信息化部重点实验室	北京航空航天大学
空天网络安全工业和信息化部重点实验室	北京航空航天大学
航空气动声学重点实验室	北京航空航天大学
智能系统与装备电磁环境效应工业和信息化部重点实验室	北京航空航天大学
先进航空机载系统工业和信息化部重点实验室	北京航空航天大学
航行器跨介质技术工业和信息化部重点实验室	哈尔滨工程大学
中小型无人机先进技术重点实验室	南京航空航天大学
航空发动机热环境与热结构重点实验室	南京航空航天大学
多电飞机电气系统重点实验室	南京航空航天大学
先进飞行器导航、控制与健康管理重点实验室	南京航空航天大学
面向苛刻环境的材料制备与防护技术重点实验室	南京航空航天大学
高安全系统的软件开发与验证技术重点实验室	南京航空航天大学
电磁频谱空间认知动态系统重点实验室	南京航空航天大学
飞行器环境控制与生命保障重点实验室	南京航空航天大学
高速载运设施的无损检测监控技术重点实验室	南京航空航天大学
航空飞行器热管理与能量利用实验室	南京航空航天大学
模式分析与机器智能工业和信息化部重点实验室	南京航空航天大学
深空星表探测机构技术工业和信息化部重点实验室	南京航空航天大学
非定常空气动力学与流动控制工业和信息化部重点实验室	南京航空航天大学
飞行器数学建模与高性能计算工业和信息化部重点实验室	南京航空航天大学
多功能轻量化材料与结构工业和信息化部重点实验室	南京航空航天大学
空天信息材料与物理工业和信息化部重点实验室	南京航空航天大学
飞行器结构完整性技术重点实验室	西北工业大学
智能空天电子系统技术重点实验室	西北工业大学
飞行器体系贡献度与综合设计工业和信息化部重点实验室	西北工业大学

续表 6-22

名称	高校名称
航空发动机高性能制造实验室	西北工业大学
航空航天轴承技术及装备重点实验室	哈尔滨工业大学
应急空间飞行器技术重点实验室	哈尔滨工业大学
空天热物理工业和信息化部重点实验室	哈尔滨工业大学

航空科技重点实验室是我国航空领域科技创新体系的重要组成部分，实验室主要依托工信部直属高校和航天科技领域科研院所等。航空科学技术作为高度复杂的综合性技术，航空科技重点实验室作为承担航空科学技术的应用基础研究工作及航空科技预先研究关键技术开发工作的中心，是航空科技攻坚力量的重要支撑，而大型航空试验设施基地则集中了大批大型、综合性试验设施，积累了大批专业知识和人才，是高度复杂的重大航空科技项目的技术验证平台。

由表 6-23 可知，以工业和信息化部直属高校为依托单位的航空科技重点实验室共有 9 所，其中西北工业大学拥有 4 所，南京航空航天大学 2 所，北京航空航天大学 3 所。

表 6-23　航空科技重点实验室

航空科技重点实验室	
名称	高校名称
航空微电子中心航空科技重点实验室	西北工业大学
航空气动力数值模拟航空科技重点实验室	西北工业大学
无人机先进气动布局与控制航空科技重点实验室	西北工业大学
空间材料科学与技术航空科技重点实验室	西北工业大学
智能材料与结构航空科技重点实验室	南京航空航天大学
航空电源航空科技重点实验室	南京航空航天大学
航空可靠性综合航空科技重点实验室	北京航空航天大学
先进仿真技术航空科技重点实验室	北京航空航天大学
航空电子航空科技重点实验室	北京航空航天大学
民航局与工信部共建科研基地	
名称	高校名称
民用航空器适航审定技术与管理研究中心	中国民航大学

民用航空器适航审定技术与管理研究中心（以下简称“适航中心”）自 2007 年成立以来，一直在积极探索我国适航审定技术的发展道路，通过研究规章内涵、解读适航条款安全意图、编制技术标准规定等各种方式缩小与国外的差距，满足我国民用航空制造业

发展的需要，尤其是满足 ARJ21 飞机项目适航审定工作的需要，2007 年原国防科工委和原民航总局共同成立了“适航联合推进委员会”，下设两个技术支持机构，适航中心为其中之一，挂靠中国民航大学。2009 年，因大部制改革，工信部和民航局成立“工信部 民航局 民用航空器适航联合推进委员会”，并将中心更名为“民用航空器适航审定技术与管理研究中心”。

3. 民航局重点实验室(工程技术研究中心)(表 6-24)

为贯彻落实全国科技创新大会精神，2016 年 10 月份，民航局组织召开了全国民航科教创新大会，冯正霖局长在会上作了重要讲话，会议出台了《关于推进民航科技教育创新发展的意见》，确定了未来一段时间民航科教创新工作的目标和主要任务。为落实全国民航科教创新大会精神，整合行业内外优势科技资源，优化现有科研基地布局，服务民航科技创新。从 2017 年 3 月起，民航局人事科教司相继认定了 22 所民航局重点实验室和工程技术研究中心，其中高校参与建设的有 20 所，以高等院校作为主建单位的实验室和工程技术研究中心共有 7 所，共有 25 所高等院校参与实验室和工程技术研究中心建设。

表 6-24　高校参与的民航局重点实验室/工程技术研究中心

名称	高校名称(参与:非主建法人单位)
民航航空器适航审定技术重点实验室	中国民航大学
民航航班广域监视与安全管控技术重点实验室	中国民航大学
民航飞行技术与飞行安全重点实验室	中国民用航空飞行学院
民航飞机健康监测与智能维护重点实验室	南京航空航天大学
民航飞行区设施耐久与运行安全重点实验室	同济大学
民航无人驾驶航空器系统重点实验室	北京航空航天大学 西华大学参与
民航热灾害防控与应急重点实验室	中国民航大学 中国科学技术大学参与
民航机场信息及控制工程技术研究中心	中国民航大学参与 四川大学参与
民航协同空管技术与应用重点实验室	北京航空航天大学参与 南京航空航天大学参与 中国民航大学参与
民航通用航空运行重点实验室	沈阳航空航天大学参与
民航机场工程技术研究中心	同济大学参与
民航旅客服务智能化应用技术重点实验室	中国民航大学参与 北京交通大学参与
民航航空公司人工智能重点实验室	中国民航大学参与

续表 6-24

名称	高校名称(参与:非主建法人单位)
民航卫星应用工程技术研究中心	武汉大学参与
民航机场群智慧运营重点实验室	北京交通大学参与 中国民航大学参与
民航维修工程技术研究中心	中国民航大学参与
民航机场智能设施工程技术研究中心	电子科技大学参与 北京航空航天大学参与 北京理工大学参与 西华大学参与
民航机场安全与运行工程技术研究中心	中国民用航空飞行学院参与
民航空管航空电子技术重点实验室	南京航空航天大学参与
民航空管运行工程技术研究中心	南京航空航天大学参与

为了发挥民航科研机构优势,为民航业提供科技支撑,加快发展,民航总局从 2002 年相继建设了 12 所民航重点科研基地,其中高等院校作为依托单位的科研基地有 9 所。中国民用航空飞行学院和中国民航大学作为民航局直属院校分别拥有 1 所和 6 所科研基地,而北京航空航天大学拥有 2 所科研基地。如表 6-25 所示。

表 6-25　民航科技创新体系

名称	高校名称
中国民航飞行技术与航空安全重点科研基地	中国民用航空飞行学院
航空地面特种设备研究基地	中国民航大学
空中交通管理研究基地	中国民航大学
航空运输经济与管理科学研究基地	中国民航大学
机场工程民航科研基地	中国民航大学
民航机务维修工程科研基地	中国民航大学
民航信息技术科研基地	中国民航大学
民航安全技术分析和鉴定实验室	北京航空航天大学
民航数据通信及新航行系统科研基地	北京航空航天大学

4. 先进航空发动机协同创新中心(表 6-26)

先进航空发动机协同创新中心(以下简称协同创新中心)是由北京航空航天大学和中国航空工业集团公司联合发起成立的,旨在通过原始创新推动我国先进航空发动机实现自主研发。协同创新中心于 2012 年 9 月 8 日在北京成立,2013 年 1 月通过专家初审,2013 年 4 月 11 日通过终审,成为首批通过教育部认定的 14 个协同创新中心之一。协同创新中心围绕安全性保障、性能提升和新概念三个类别的 6 大基础与核心技术问题，汇集了百余位海内外知名专家和6支国家级创新团队，构建了8个相互协同的创新团队。通过创新的机制体制，实现了校校、校所间科研基地共享以及人才、设备、成果、信息等资源的整合。

表 6-26 民航类协同创新中心

名称	高校名称
先进航空发动机协同创新中心	北京航空航天大学

5. 空管类科研基地

民航空管实验室是民航空管科技创新体系的重要组成部分，是民航空管系统组织开展基础理论和应用技术研究、推进技术创新试验和验证、汇聚和培养优秀科技人才、促进科技成果转化的重要基地。此次认定的首批实验室经依托单位申报、材料预审、评审答辩和综合评议等各个环节，研究方向涵盖空域管理与评估、技术仿真与数据分析、技术测试验证、航空气象、协同运行技术研究、低空风切变、信息系统新技术应用等多个领域。为夯实空管科技创新基础，推进实验室统筹布局，2018年，民航局空管局认定了首批13个民航空管实验室，其中以高等院校为依托单位的实验室仅有1所——南京航空航天大学的民航空域评估技术实验室(表 6-27)。

表 6-27 民航局空管局授权民航空管重点实验室

名称	高校名称
民航空域评估技术实验室	南京航空航天大学

国家空管委省部级重点实验室是国家创新体系的重要组成部分，实验室将紧紧把握国家空管改革中对技术和人才的需求，深度挖掘技术潜力，将其与已建成的科研平台相结合，发挥多学科交叉优势，为国家空管建设和发展提供长期、全面、深入、高水平智力支持。如表 6-28 所示，目前共有4所国家空管委省部级重点实验室，分别是南京航空航天大学的国家空管飞行流量管理技术重点实验室、四川大学的国家空管自动化系统技术重点实验室、北京航空航天大学的国家空管航行系统技术重点实验室以及中国民航大学的国家空管运行安全技术重点实验室。

表 6-28 国家空管委省部级重点实验室

名称	高校名称
国家空管飞行流量管理技术重点实验室	南京航空航天大学
国家空管自动化系统技术重点实验室	四川大学
国家空管新航行系统技术重点实验室	北京航空航大大学
国家空管运行安全技术重点实验室	中国民航大学

我国民航运输的发展，要依靠推动民航交通科技自立自强，强化民航交通领域关键核心技术研发，推动自主可控和产业化。通过国家级和省部级科研中心，加强交通运输领域前瞻性、战略性技术研究储备，验证一系列的关键技术和研究；促进政产学研用在民航交通领域的深度融合，通过开放数据、开放平台、积极培育交通科技产业的生态圈。当前我国要推动智能技术在民航领域的推广应用，构建更具全球竞争力的民航智能交通系统；促进航空服务网络干支有效衔接，优化航班时刻资源配置，持续提高航班正常率，增加航空运输服务品类等。需要依托行业积极与院校展开合作，完成对于民航运输关键技术的研究和验证，提高民航交通运输在综合交通运输中的关键作用，弥补其他运输方式的不足，构建更合理高效的民航交通运输体系。

五、民航高校师资队伍与人才培养

（一）民航高校教师队伍概况

飞行技术专业是民航高等教育的核心专业，与民航行业发展有着密切联系。本节从核心专业出发，探讨飞行技术专业的教师队伍建设情况。

1. 以具有中级职称的教师为主

根据 2019 年全国高校官网的数据显示，全国从事飞行技术专业教学和研究的专任教师共有 308 位，其中 42 位教师拥有正高级职称，81 位教师具有副高职称，而 185 位教师拥有中级职称。从职称结构来看，具有中级职称的教师超过一半，占比达到 60.1%，而拥有正高和副高职称的教师人数的占比分别为 13.6%和 26.3%。总体来看，飞行技术专业的教师以具有中级职称的教师为主，如图 6-2 所示。

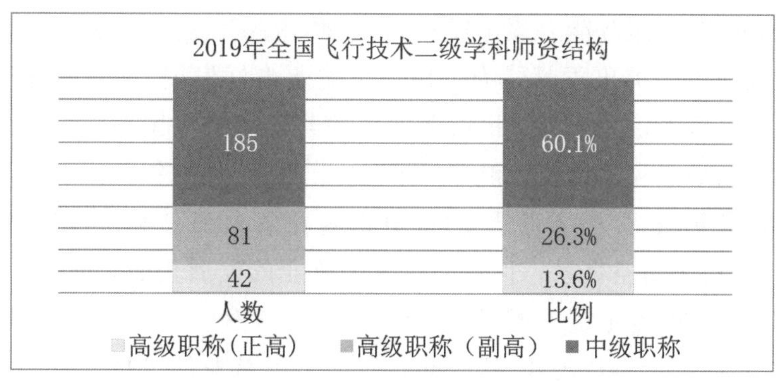

图 6-2　2019 年全国飞行技术二级学科师资结构

2. 博士学位教师所占比例不到一半

根据 2019 全国高校官网数据，全国 308 位飞行技术专业专任教师中，有 123 位教师拥有博士学位，占比为39.9%。总体来看，飞行技术专业的专任教师虽然博士学位教师比例未达到50%，但从教师专业角度来看，飞行技术教师的技术水平和飞行经验也同为重要和关键。

表6-29　飞行技术专业教师博士学位概况

核心专业	博士学位教师人数	博士学位教师占比
飞行技术	123	39.9%

（二）民航高校人才培养概况

飞行技术专业是民航高等教育的核心专业。中国民用航空飞行学院（CAFUC）（以下简称中飞院），位于四川省广汉市，是中央部属高校，由中国民用航空局直属，入选联合国重点推广的“MPL”课程试点单位、四川省“双一流”建设计划，是全球办学规模最大的飞行培训机构，是世界上规模最大的以飞行训练为主的学校。建校以来，中飞院已为中国民航培养了70%的飞行员、80%的机长、90%的功勋飞行员和100%的特级飞行员，被誉为“中国民航飞行员的摇篮”、中国民航管理干部的“黄埔”。根据该校2018年和2019年的毕业生就业质量报告数据显示，该校2018年共培养飞行技术专业毕业生1802人，就业率达100%；2019年共培养飞行技术专业毕业生1723人，就业率仍然保持100%；学院近八成毕业生进入民航系统。2022年毕业生平均就业率近90%，其中飞行技术专业就业率达到100%，交通运输、航空工程等大类专业的就业率达80%以上。

六、对民航高等教育发展的总结与展望

民航业是我国经济社会发展重要的战略产业，在改革开放以来，我国民航业快速发展，行业规模不断扩大，服务能力逐步提升，安全水平显著提高，为我国改革开放和社会主义现代化建设作出了突出贡献。为了促进民航业更好发展，国务院先后发布了一系列的政策文件，如《国务院关于促进民航业发展的若干意见》《国务院办公厅关于促进通用航空业发展的指导意见》，以及民航业发展的“十四五”规划等。主要发展目标是不断扩大我国民航服务领域，提高服务质量，提升国际竞争力和影响力，构建安全、便捷、高效、绿色的现代化民用航空体系。但目前我国民航业的发展仍然存在许多问题，如发展不平衡、不协调的问题，空域资源配置不合理、基础设施发展较慢、专业人才不足、企业竞争力不强、在管理体制上有待理顺，这些问题制约了民航业的可持续发展。在最近颁布的《“十四五”民航适航发展专项规划》《“十四五”通用航空发展专项规划》等新政策下，智慧民航、绿色低碳民航成了新的要求，目前民航业在积极主动推进行业数字化、智能化、智慧化转型升级。因此，民航高等教育要结合国家经济发展的战略需求，发展多元的学科专业体系，培养出更多民航细分领域的高层次人才，依托国家民航业建设的重大项

目，开展基础科学和应用学科的研究，为我国民航业发展贡献更多力量。

（一）民航高等教育的历史总结

1. 院校专业发展

民航高等院校发展不平衡、不协调的问题仍较为突出。以民航高等教育的传统本科院校为例，譬如，南京航空航天大学、中国民航大学，在发展过程中逐渐探索出了民航院校建设的新路径，如南京航空航天大学自身定位为综合型院校，在航空航天、民航学院的建设上，形成了独特的学院建设模式，形成了以航空学院、航天学院、民航学院、通用航空与飞行学院为核心的多样化、多细分领域、多培养模式的院校发展结构；重点培养民航领域紧缺人才和适应现代民航事业发展需求的，既有运输知识体系、又有较强管理能力和良好协作精神的高素质与复合型高层次人才，满足了学生从学士阶段到博士阶段的需要。中国民航大学作为行业性院校，在发展过程中主动求变，将“新文科”发展融入民航高等教育发展的体系中，注重培养复合型、综合型人才。中国民航大学摆脱了传统的学科体系建设模式，将专业课程划分为专业基础课程、专业课程和企业实习与实践等培养环节，遵循民航的学科发展逻辑，尤其注重工程实践环节。而在一些地方的行业性院校上，由于资金分配不均衡，也缺乏对院校发展状况的整体认知，在转型方面存在困难。部分院校以过去的发展方式为基础做出微小的改变，但并未解决根本的发展转型问题。

2. 科学研究发展

目前我国的民航领域的科学研究注重从实际出发，面向民用航空的机场、空中交通管理、机务维修等领域，解决民用航空产业发展中的重大技术问题；科技研发主要围绕空中交通运输、适航能力建设、机务维修工程、通信导航监视、安全管理与工程、民航经济管理等领域，承担重大项目，解决民航行业发展的实际问题。

但是，我国民航领域从事基础科学研究的能力仍需提高，瞄准国际科技前沿、从事高端科学研究的能力还有待提升。民航特色学科整体科研能力需要提高；还要增加标志性、高影响力、高水平的科研成果。

3. 师资队伍与人才培养

从我国民航高等教育发展的整体状况看，基于建设民航强国战略所实施的科教兴业和人才强业战略，已经使得我国民航高等教育各方面取得了较大发展，基本满足了民航业快速发展的需求。但在新时期下，民航人才培养和师资队伍的建设总体规模和质量还跟不上民航科技进步和现代化管理的步伐，还不能完全适应快速发展和应对国际竞争的需要。主要体现在高水平高素质师资培养数量不足，师资培养的结构和层次需要完善，在师资力量的引入和优秀师资团队的建设上仍需要不断发展，满足高质量人才培养的要求。

此外，目前本科院校的人才培养定位不清晰，人才培养模式有待完备。我国的民航本科院校主要有综合型、应用型和地方行业型院校等，不同类型的院校在人才培养模式上差异较大。总体来说存在以下困境：部分院校对于自身的优势认识不足，在人才培养的重要课题上急于求成，盲目复制国外或者其他院校发展的经验，并未从自身的发展现状出发，导致人才培养模式适应性不足，出现人才培养的类型和结构综合性不强、应用性不强、理论教育滞后的问题。

（二）民航高等教育的未来展望

1. 院校专业发展

高等院校要找准自身发展定位，服务新兴产业发展。对于综合实力较强的民航院校，要通过对学科建设、科学研究、组织管理、社会影响等要素进行战略整合，使学校获得持续竞争的优势能力。对于以应用型为特色的民航院校，要在人才培养的模式上进行变革，加强课程设计和建设，注重将理论与实践相结合，产学研三位育人；同时要注重优秀实践型、创新型师资力量的培训发展。对于地方性民航本科院校，要将院校发展与地方发展融为一体，通过积极承担地方科研项目和重点建设工程，以服务地方发展为动力，在发展中不断完善，加强优势学科群建设，提升整体科研能力。以沈阳航空航天大学为例，在近期公布的辽宁省一流学科专业名单中，其航空航天工程、安全工程、机械电子工程、信息与计算科学等 10 个专业获批辽宁省第三批一流本科教育示范专业。此外，“面向人工智能的实践教学模式探索与构建”等 25 个产学研项目依靠自身的已有优势获批立项。其与中国航发沈阳发动机研究所联合完成的科研项目，也取得了一批标志性成果。沈阳航空航天大学将自身定位为地方航空类院校，在学科发展中以地方的现实和未来需要为指向，进行人才培养和科研项目建设。这不仅能为地方重点领域的发展添砖加瓦，也形成了一批院校特色学科、优势合作项目，成为地方航空类院校发展的典范。因此，大学自身要找准方位，朝着特色化、多元化的方向发展。

2. 科学研究发展

随着社会发展速度不断加快，大数据时代移动互联网的到来，广大旅客对于民航的需求也发生了根本性改变，在民航信息告知、便捷手续流动、餐饮商贸推送等方面有着更广泛的需求。以“智慧”为重要特征的新一代信息技术正在重塑各领域的产业形态、商业模式和未来格局，对人们的生活方式、产业的高速发展产生了深刻影响。当前我国民航业正经历从大规模生长到高效益发展的攻坚转型期，在新一轮科技和产业变革的引领下，智慧民航将成为解决民航发展的核心举措。

在民航高等教育领域，不同类型高校应积极探索智慧民航建设的理论和实践路径。对于智慧民航的建设，既需要信息工程学科的数据建设，也需要管理工程的融合智慧。民航系统本身的不同层次、地域之间存在极为复杂的交互关系，是一个多主体、多要素、多层次、开放的巨系统，其关键点是要开发出新的科学方法和管理范式。这需要院校与学科之间打破学科壁垒与合作交流的壁垒，以社会需求为基础、以国家战略发展为核心，加强相关学科之间的融合与交流。譬如，钱学森智库的建设，涉及多个领域、学科，经过多年的探索，已形成了以“六大体系、两个平台”为核心的钱学森综合集成研讨厅体系。这套体系的建设也为智慧民航的统筹一体发展注入了新力量，为民航业更高质量的发展发挥了支撑和引领作用。因此，构建更为广阔的、无知识边界的科学研究环境是未来高等教育领域发展的重要趋势。

3. 师资队伍与人才培养

探索民航特色专业人才培养新模式，创新民航高等教育理念。由于我国航空运输市场竞争的日趋激烈、航空运输大众时代的到来和航空器大型化的成功实现，对于人才的要求发生了改变，其职责不再只是安全操纵航空器，还要具备科学的资源管理能力和沟通的文化业务素质，必须具有较高的人文素质、思想素质和管理素质，达到民航从业人员的国际化要求，积极参与国际竞争。学历教育、技能养成、外语能力的提高三者要相互依托，相互贯通，提高民航专业学生在未来就业和发展中的竞争力。中国民航大学在人才培养上便具备国际视野，积极开展与国际航空院校的合作，如与法国航空航天大学校集团(GEA)共同创办中欧航空工程师学院，系统引进法国的工程师教育模式，该模式的目标是培养航空领域的精英工程师。除基础理论知识的教育外，还有综合实践能力培养环节，主要分为校内实验和企业实践。通过这样的人才培养模式，中国民航大学培养出了一批在民航企业、民航前沿行业的优秀人才。

践行 OBE 教育理念。OBE 教育被称作成果导向教育或者需求导向教育，是一种基于学生学习产出的人才培养模式。高校民航类专业要以满足行业需求为人才培养目标，以空乘人才为例，通过走访民航企业、访谈行业专家等途径，梳理、掌握行业发展动向，了解空乘工作岗位的需求，据此修订专业培养目标；进而分解和细化培养目标，制定出契合实际的毕业要求；并根据毕业要求，修订课程体系、重构课程内容、改革教学方式、以实现专业培养目标，培养行业所需要的空乘人员。

建立具有复合型人才培养能力的师资队伍。很多教师在毕业后便进入高校开始从教生涯，缺少在专业相关企业生产一线工作的经历，因此，在理论知识的传授上具有一定优势，但缺乏指导实践的能力，不符合民航专业发展的实际要求，也不符合当今社会需求的现实状况。具体到民航类专业，这将会影响人才培养的长远效果，师资队伍缺乏对用人单位的了解和民航行业需求的把握，将会影响其对专业培养目标的理解，不利于专业培养目标的实现，同时还会影响到具体课程的授课过程。很多高校民航类专业是近些年开始申办的，师资队伍较为缺乏行业生产一线的工作经历，这对人才培养和专业发展都将产生不利影响。因此，需要建立师资队伍定期到行业生产一线挂职锻炼的机制，参观实际生产过程，跟业内人员交流，共同开展科学研究，最终实现将行业需求融入人才培养过程的目标。

第七章　综合交通运输高等教育发展

党的二十大提出，要加快建设交通强国。改革开放40多年以来，我国的交通运输设施建设取得快速发展，在公路、水运、铁路、航空等领域取得了显著成就。但随着运输方式的发展，如何更好配置资源，使得不同运输方式技术经济特征合理布局、分工协作，形成各种运输方式优化、衔接和协调的综合交通网络，成为亟待解决的问题。交通事业的内涵及外延已经发生了较大的变化，交通的概念已由原来传统的、区域的和封闭的运作方式逐步向系统性、交叉性、密集性和基础性的大交通方向发展。

在交通一体化的大交通概念下，我国要构建综合的交通运输体系。综合交通运输是涉及国民经济各部门和各种运输方式，涉及技术经济和组织管理问题的应用科学。其研究对象为运输业与国民经济的关系，各种运输方式的技术经济特点及其组织运用，多种运输方式的联运以及运输技术发展方向等问题。当前的研究内容大致可分为三个方面，即运输体系的综合发展、各种运输方式的综合利用、运输技术发展方向与先进技术的应用。综合交通运输学科便是在这样的背景下形成并发展起来的，综合交通运输学科是一门涉及自然科学、社会科学、技术科学综合交叉的新兴学科，主要研究综合发展和利用铁路、公路、水路、航空和管道等各种运输方式，以逐步形成和不断完善一个技术先进、网络布局和运输结构合理的交通运输体系的学科。综合交通运输学科与其他各类运输学科主要区别在于二者主要是整体与部分、综合与具体的关系。其他各类交通运输学科是综合交通运输学科发展的基础，而综合交通运输学科的发展则代表着我国未来交通运输学科发展的方向和趋势。

当前我国正在构建高质量的综合立体交通网，完善以"十纵十横"综合运输大通道为骨干，以综合交通枢纽为支点，以快速网、干线网、基础网多层次网络为依托的综合交通网络。聚焦中西部地区精准补齐网络短板，稳步提高通达深度，畅通网络微循环。通过完善综合运输大通道、建设多层级一体化综合交通枢纽、优化综合立体交通网络、强化一体融合衔接、加强基础设施养护更好发挥综合交通运输的功能，使得不同运输方式间更好转化、衔接。而要实现综合交通运输的功能，加强交通院校的科学研究、提升相关学科专业建设、培养综合交通领域的优秀人才以及借鉴国际优秀的建设经验是关键。

一、综合交通运输主干学科/专业的发展概况

(一)综合交通运输主干专业发展现状

交通运输行业公共本科专业涵盖10个专业,包括交通运输类、土木类、公安技术类、公安管理类、物流管理与工程类以及管理科学与工程类。

1. 开办院校数量分析

如表7-1所示,综合交通运输主干专业可分为核心专业和支撑专业。核心专业包括交通运输类的交通运输、交通工程、交通设备与控制工程专业;土木类的土木、水利与海洋工程专业,土木、水利与交通工程专业;公安技术类的交通管理工程专业;公共管理类的交通管理专业。支撑专业包括物流管理与工程类的物流管理和物流工程专业;管理科学与工程类的应急管理专业。

在综合交通运输主干专业中,开设院校数量较多的核心专业为交通运输和交通工程专业,都属于交通运输类,分别为156所和126所。土木类的土木、水利与海洋工程专业和土木、水利与交通工程专业由于2018和2019年才兴起,所以开设学校不多,仅为4所和2所。在支撑专业中,物流管理专业开设院校最多,达512所。

表7-1 综合交通运输主干专业开办学校数量分析

类别	专业类别	专业代码	专业	开设数量
核心专业	交通运输类	081801	交通运输	156
		081802	交通工程	126
		081806T	交通设备与控制工程	20
	土木类	081009T	土木、水利与海洋工程	4
		081010T	土木、水利与交通工程	2
	公安技术类	083103TK	交通管理工程	18
	公共管理类	120407T	交通管理	13
支撑专业	物流管理与工程类	120601	物流管理	512
		120602	物流工程	131
	管理科学与工程类	120111T	应急管理	30

2. 院校层次分析

如表7-2所示,虽然土木类的土木、水利与海洋工程专业和土木、水利与交通工程专业为新增专业,并且开设的院校较少,但都是由985院校和211院校开设。在交通运输和交通工程专业的开设院校中,均有20所以上的211院校和8所以上的985院校。交

通设备与控制工程专业共有 20 所开办院校，其中 7 所为 211 院校，3 所为 985 院校。物流管理专业在开办高校中，211 和 985 院校的数量较多，其中 985 院校的数量占我国 985 院校总数的 28.2％，211 院校的数量占我国 211 院校数量的 36.6％。

表 7-2　综合交通运输主干专业院校层次分析

类别	专业类别	专业代码	专业	985	211	普通院校
核心专业	交通运输类	081801	交通运输	8	25	131
		081802	交通工程	12	25	101
		081806T	交通设备与控制工程	3	7	13
	土木类	081009T	土木、水利与海洋工程	3	4	0
		081010T	土木、水利与交通工程	1	2	0
	公安技术类	083103TK	交通管理工程	0	0	18
	公共管理类	120407T	交通管理	0	1	12
支撑专业	物流管理与工程类	120601	物流管理	11	41	471
		120602	物流工程	7	15	116
	管理科学与工程类	120111T	应急管理	0	7	23

*“211”中包含既是 211 又是 985 的高校。

3. 地区分布情况

如表 7-3 所示，开设交通运输专业的院校遍布全国各地。同时开设院校数量较多的地区为江苏省和山东省，分别为 17 所和 13 所。对于交通工程专业，仅有西藏和海南省没有高校开设此专业。开设交通设备与控制工程专业的高校主要集中在陕西省、北京市、湖南省、江苏省以及四川省。在支撑专业中，开设物流管理专业和物流工程专业的院校几乎遍布全国，仅青海省和西藏地区没有开设此专业的院校。

表 7-3　综合交通运输主干专业地区分布

省(区、市)	交通运输	交通工程	交通设备与控制工程	土木、水利与海洋工程	土木、水利与交通工程	物流管理	物流工程	交通管理工程	交通管理	应急管理
北京市	3	6	2	1	0	9	6	2	0	0
安徽省	3	8	1	0	0	22	11	0	0	0
福建省	6	5	0	0	0	20	4	1	0	1
甘肃省	4	2	1	0	0	8	1	0	0	0
广东省	11	8	0	1	0	34	7	1	1	1
广西壮族自治区	4	1	0	0	0	15	5	0	0	0
贵州省	2	1	0	0	0	8	1	1	0	0
海南省	2	0	0	0	0	5	1	0	0	0

续表 7-3

省(区、市)	交通运输	交通工程	交通设备与控制工程	土木、水利与海洋工程	土木、水利与交通工程	物流管理	物流工程	交通管理工程	交通管理	应急管理
河北省	9	8	0	0	0	20	6	0	0	3
河南省	8	10	1	0	0	37	7	1	1	0
黑龙江	8	4	1	0	0	11	5	0	0	0
湖北省	3	3	1	0	0	39	5	1	0	2
湖南省	4	3	2	0	0	16	8	1	0	2
吉林省	5	5	1	0	0	15	2	1	0	0
江苏省	17	14	3	1	0	37	4	1	0	8
江西省	3	3	0	0	0	21	2	1	0	1
辽宁省	11	6	1	0	0	19	11	1	2	2
内蒙古自治区	4	3	0	0	0	7	0	0	1	1
宁夏回族自治区	2	1	0	0	0	3	1	0	0	0
青海省	1	1	0	0	1	0	0	0	0	0
山东省	13	7	1	1	0	29	8	1	1	3
山西省	1	3	0	0	0	10	3	1	0	2
陕西省	7	3	2	0	0	21	4	0	1	0
上海市	6	5	0	0	0	17	2	0	2	0
四川省	4	5	2	0	0	22	9	1	1	3
天津市	3	3	0	0	0	13	4	0	1	0
西藏自治区	1	0	0	0	0	0	0	0	0	0
新疆维吾尔自治区	2	3	0	0	0	6	4	0	0	1
云南省	4	1	0	0	0	14	2	1	0	0
浙江省	4	3	0	0	1	21	3	1	1	0
重庆市	1	1	1	0	0	13	5	1	1	0

4. 专业排名

以下以“金平果”《2023—2024 年中国大学本科教育专业排行榜》提供的综合交通运输主干专业的院校竞争实力数据为参考，对综合交通运输主干专业的发展进行分析。

由表 7-4 可知，对于交通运输专业，排名前十的高校均具有交通行业背景，其中位列第七的大连海事大学，为交通运输部唯一直属院校；北京交通大学、长安大学以及重庆交通大学为交通运输部共建高校。

对于交通工程专业，排名前十的高校中，大多数高校具有深厚的交通行业历史背景。

对于交通设备与控制工程专业，获得 4★及 4★以上的院校为中南大学、哈尔滨工业大学和北京工业大学，其中北京工业大学并不具有行业背景，是一所多科性重点大学。

对于物流管理专业，排名前五的院校分别是东南大学、北京物资学院、上海海事大学、大连海事大学和东北财经大学。

对于物流工程专业，获得5★及5★以上的5所院校中，有两所交通运输部共建高校，分别是排名第一的武汉理工大学和排名第二的上海海事大学；有2所具有交通运输行业背景，分别是西南交通大学和天津大学。

对于交通管理专业，位列前二的是上海海事大学和大连海事大学，均为水运类高校。

表7-4　2023—2024年中国大学本科教育专业排行榜

专业	排名	学校名称	等级
交通运输	1	北京交通大学	5★+
	2	西南交通大学	5★
	3	长安大学	5★
	4	同济大学	5★
	5	兰州交通大学	5★
	6	中南大学	5★-
	7	大连海事大学	5★-
	8	重庆交通大学	5★-
	9	南京航空航天大学	5★-
	10	石家庄铁道大学	5★-
交通工程	1	同济大学	5★+
	2	西南交通大学	5★
	3	北京交通大学	5★
	4	长安大学	5★
	5	东南大学	5★
	6	重庆交通大学	5★-
	7	北京工业大学	5★-
	8	哈尔滨工业大学	5★-
	9	河海大学	5★-
	10	昆明理工大学	5★-
交通设备与控制工程	1	中南大学	5★
	2	哈尔滨工业大学	4★
	3	北京工业大学	4★
土木、水利与海洋工程	/	/	/
土木、水利与交通工程	/	/	/

续表 7-4

专业	排名	学校名称	等级
物流管理	1	东南大学	5★+
	2	北京物资学院	5★+
	3	上海海事大学	5★+
	4	大连海事大学	5★+
	5	东北财经大学	5★
	6	重庆工商大学	5★
	7	北京交通大学	5★
	8	重庆交通大学	5★
	9	南京财经大学	5★
	10	华中科技大学	5★
物流工程	1	武汉理工大学	5★+
	2	上海海事大学	5★
	3	西南交通大学	5★
	4	天津大学	5★
	5	中南林业科技大学	5★
	6	大连海事大学	5★-
	7	北京交通大学	5★-
	8	华南理工大学	5★-
	9	山东交通学院	5★-
	10	北京物资学院	5★-
交通管理工程	1	湖南警察学院	5★
	2	浙江警察学院	5★-
	3	四川警察学院	4★
	4	中国人民公安大学	4★
交通管理	1	上海海事大学	5★
	2	大连海事大学	4★
应急管理	1	江西理工大学	5★
	2	武汉理工大学	5★-
	3	西华大学	5★-
	4	华北科技学院	4★
	5	中国矿业大学	4★
	6	南京信息工程大学	4★

(二)综合交通运输主干学科发展现状

综合交通运输主干学科包含1个一级学科,4个二级学科,1个专硕学科。

1.开办院校数量分析

由表7-5可知,综合交通运输主干学科仅有核心学科,包括交通运输工程一级学科下的4个二级学科和1个专硕学科,分别是交通运输工程、交通信息工程及控制、交通运输规划与管理、载运工具运用工程以及交通运输(专业学位硕士)。

在综合交通运输主干学科中,开设院校数量最多的学科是交通运输(专业学位硕士),为112所,其次是交通运输工程学科,为48所。而其余三个核心学科的开设院校数量均不到30所。

表7-5　综合交通运输主干学科开办院校数量分析

学科类别	一级学科	专业	数量
核心学科	交通运输工程	交通运输工程	48
		交通信息工程及控制	21
		交通运输规划与管理	21
		载运工具运用工程	17
		交通运输(专业学位硕士)	112

2.院校层次分析

如表7-6所示,开设交通运输工程专业的48所高校中,有9所属于985院校,21所属于211院校,重点院校数量占比大。在交通运输学科中,有15所985院校开设该专业,占我国985院校总数的38.5%。对于载运工具运用工程专业,虽然开办院校只有17所,但其中211院校数量占比高达41.2%。

表7-6　综合交通运输主干学科开办院校层次

学科类别	一级学科	专业	985	211	普通
核心学科	交通运输工程	交通运输工程	9	21	27
		交通信息工程及控制	5	9	12
		交通运输规划与管理	6	10	11
		载运工具运用工程	5	7	10
		交通运输(专业学位硕士)	15	33	79

"211"中包含既是211又是985的高校。

3.地区分布情况

如表7-7所示,交通运输工程和交通运输学科的开设院校几乎遍布全国各地,仅贵州省、海南省、宁夏、青海省等地区没有此学科的院校。开设交通信息工程及控制、交通运输规划与管理、载运工具运用工程学科院校数量较多的地区为北京市和辽宁省。

表 7-7 综合交通运输主干学科开办院校地区分布

省(区、市)	交通信息工程及控制	交通运输规划与管理	载运工具运用工程	交通运输工程	交通运输
北京市	3	4	4	4	8
安徽省	0	0	0	1	2
福建省	0	0	0	2	3
甘肃省	1	1	1	1	1
广东省	1	1	0	1	6
广西壮族自治区	0	0	0	1	2
贵州省	0	0	0	0	0
海南省	0	0	0	0	0
河北省	1	1	1	1	3
河南省	0	0	0	2	6
黑龙江	0	0	0	2	3
湖北省	1	1	0	2	7
湖南省	0	0	0	3	2
吉林省	1	1	1	0	3
江苏省	1	2	1	6	15
江西省	1	1	0	5	3
辽宁省	5	5	3	1	6
内蒙古自治区	0	0	0	1	3
宁夏回族自治区	0	0	0	0	0
青海省	0	0	0	0	0
山东省	1	1	1	4	7
山西省	0	0	0	0	2
陕西省	0	0	0	5	6
上海市	2	1	2	4	6
四川省	1	1	1	2	4
天津市	1	0	1	1	3
西藏自治区	0	0	0	0	1
新疆维吾尔自治区	0	0	0	2	1
云南省	1	1	1	0	2
浙江省	0	0	0	1	4
重庆市	0	0	0	1	3

4. 排名

由表 7-8 可知，对于交通信息工程及控制专业，在排名前十的高校中，有 8 所具有交通行业背景，其中位列第二的大连海事大学为交通部直属高校。

对于交通运输规划与管理专业，排在首位的是铁路类高校西南交通大学，紧随其后的是长安大学、东南大学。

对于载运工具运用工程专业，排在首位的仍为西南交通大学，紧随其后的是具有多种交通运输方式发展背景的交通类高校以及交通运输部共建或直属高校。

表 7-8　2021—2022 年中国大学研究生教育分学科排名①

学科	排名	学校名称	星级
交通信息工程及控制	1	西南交通大学	5★＋
	2	大连海事大学	5★
	3	长安大学	5★
	4	东南大学	5★－
	5	北京交通大学	5★－
	6	中南大学	4★
	7	北京航空航天大学	4★
	8	吉林大学	4★
	9	华南理工大学	4★
	10	同济大学	4★
	11	武汉理工大学	4★
	12	兰州交通大学	3★
	13	重庆交通大学	3★
	14	长沙理工大学	3★
	15	华东交通大学	3★
	16	东北林业大学	3★
	17	南京航空航天大学	3★
	18	上海海事大学	3★
	19	北京工业大学	3★
	20	哈尔滨工业大学	3★

①　数据来源于金平果科教评价网：http://www.nseac.com/

续表 7-8

学科	排名	学校名称	星级
交通运输规划与管理	1	西南交通大学	5★+
	2	长安大学	5★
	3	东南大学	5★
	4	大连海事大学	5★-
	5	北京交通大学	5★-
	6	北京航空航天大学	5★-
	7	同济大学	4★
	8	中南大学	4★
	9	哈尔滨工业大学	4★
	10	吉林大学	4★
	11	华南理工大学	4★
	12	重庆交通大学	3★
	13	兰州交通大学	3★
	14	武汉理工大学	3★
	15	南京航空航天大学	3★
	16	长沙理工大学	3★
	17	上海海事大学	3★
	18	东北林业大学	3★
	19	石家庄铁道大学	3★
	20	华东交通大学	3★
载运工具运用工程	1	西南交通大学	5★
	2	长安大学	5★
	3	东南大学	5★-
	4	大连海事大学	5★-
	5	北京交通大学	5★-
	6	同济大学	4★
	7	中南大学	4★
	8	吉林大学	4★
	9	北京航空航天大学	4★
	10	兰州交通大学	4★
	11	重庆交通大学	3★
	12	武汉理工大学	3★
	13	东北林业大学	3★
	14	南京航空航天大学	3★
	15	北京工业大学	3★
	16	石家庄铁道大学	3★
	17	江苏大学	3★
	18	上海海事大学	3★
	19	昆明理工大学	3★
	20	华东交通大学	3★

5. 自设二级学科概况

由表 7-9 可知，在交通运输工程一级学科下自设二级学科的院校，大多数具有明显的交通特色标志或由交通运输部共建，或具备丰富的交通行业发展背景。

表 7-9　综合交通运输主干学科自设二级学科概况

<table>
<tr><th>一级学科</th><th>专业</th><th>开设学校</th><th>层次</th><th>是否自划线</th><th>是否有博士点</th></tr>
<tr><td>机械工程</td><td>交通装备检测及控制工程</td><td>兰州交通大学</td><td>普通</td><td></td><td>√</td></tr>
<tr><td rowspan="10">交通运输工程</td><td>交通安全与工程管理</td><td>大连交通大学</td><td>普通</td><td></td><td>√</td></tr>
<tr><td>交通工程</td><td>西南交通大学</td><td>211</td><td></td><td>√</td></tr>
<tr><td>交通运输安全及环境工程</td><td>上海海事大学</td><td>普通</td><td></td><td>√</td></tr>
<tr><td>物流工程</td><td>西南交通大学</td><td>211</td><td></td><td>√</td></tr>
<tr><td rowspan="2">物流工程与管理</td><td>大连海事大学</td><td>211</td><td></td><td>√</td></tr>
<tr><td>昆明理工大学</td><td>普通</td><td></td><td>√</td></tr>
<tr><td>物流管理</td><td>兰州交通大学</td><td>普通</td><td></td><td>√</td></tr>
<tr><td>城市交通</td><td>同济大学</td><td>985</td><td>√</td><td>√</td></tr>
<tr><td>智能交通系统与控制工程</td><td>重庆交通大学</td><td>普通</td><td></td><td>√</td></tr>
<tr><td>公安技术</td><td>交通管理工程</td><td>中国人民公安大学</td><td>普通</td><td></td><td>√</td></tr>
</table>

6. 综合交通运输一级学科

表 7-10　综合交通运输一级学科明细

学科名称	一级学科博士点	一级学科硕士点	全国开设学校数
机械工程	93	178	240
材料科学与工程	93	190	248
信息与通信工程	64	161	211
控制科学与工程	67	172	219
计算机科学与技术	77	218	281
土木工程	56	118	178
水利工程	24	42	70
测绘科学与技术	15	38	55
交通运输工程	27	39	41
船舶与海洋工程	13	14	18
环境科学与工程	60	132	197
安全科学与工程	20	64	64
航空宇航科学与技术	12	23	39

二、综合交通科学研究

(一)国家级科技创新基地

1. 国家工程实验室(表 7-11)

表 7-11　综合交通国家工程实验室

名称	高校名称
综合交通大数据应用技术国家工程实验室	北京航空航天大学

2. 国家工程技术研究中心(表 7-12)

表 7-12　综合交通国家工程技术研究中心

名称	高校名称
国家预应力工程技术研究中心	东南大学

(二)其他国家级科研基地

国家地方联合工程研究中心如表 7-13 所示。

表 7-13　综合交通国家地方联合工程研究中心

名称	高校名称
装备运行安全保障与智能监控国家地方联合工程研究中心	西安交通大学

(三)部级科研基地

1. 教育部科研基地(表 7-14)

表 7-14　综合交通教育部工程研究中心

名称	高校名称
智能交通运输系统	东南大学
现代交通管理系统	四川大学
水路公路交通安全控制与装备	武汉理工大学
综合交通运输智能技术与装备教育部工程研究中心	大连海事大学

2. 交通部行业重点实验室(表 7-15)

表 7-15 综合交通交通部行业重点实验室

名称	高校名称
交通安全特种材料与智能化控制技术行业重点实验室	哈尔滨工业大学
交通基础设施安全风险管理行业重点实验室(北京)	北京交通大学
交通基础设施安全风险管理行业重点实验室(长沙)	长沙理工大学
交通基础设施安全风险管理行业重点实验室(南京)	东南大学
城市公共交通智能化行业重点实验室	北京工业大学参与
综合交通运输大数据应用技术行业重点实验室	北京交通大学参与
生态安全屏障区交通网设施管控及循环修复技术交通运输行业重点实验	长安大学参与

3. 工业和信息化部重点实验室(表 7-16)

表 7-16 综合交通工业和信息化部重点实验室

名称	高校名称
寒区交通基础设施智能化与安全保障技术工业和信息化部重点实验室	哈尔滨工业大学

三、综合交通运输师资队伍与人才培养

(一)综合交通运输师资队伍概况

本小节探究的是交通运输类专业中的公共专业以及与交通运输直接相关的专业的师资建设,包括交通运输类的交通工程专业、交通设备与控制工程专业,以及交通管理工程专业。

1. 教师数量持续增长,生师比达到合格要求

根据高等学校科技统计资料汇编数据,2017—2021 年,我国交通运输从事研究与发展的教师总数从 3637 人增加到 4525 人,与此同时,交通运输工程专业在校研究生人数从 11858 人上升至 18424 人。从增长速度来看,交通运输工程的高等教育与科学研究的师生队伍在不断扩大。与 2017 年相比,2021 年的研究生人数增长了 55.37%,而教师队伍则达到 24.42%。如果按照宽松的生师比算法,即生师比=折合在校生数/教师总数,本节的折合在校生数为本学科在读研究生人数,教师总数指的是从事学科研究与教学的教师数。从生师比来看,从 2017 年到 2021 年,生师比在 2018 年出现新低,在 2019—2021 年又逐渐上升。从发展变化看,相比 2017 年,2019 年的生师比下降了 0.3 个百分

点。可以说,我国交通运输工程学科的师资队伍实现了质的正向发展,一定程度上解决了师资数量不足的问题。

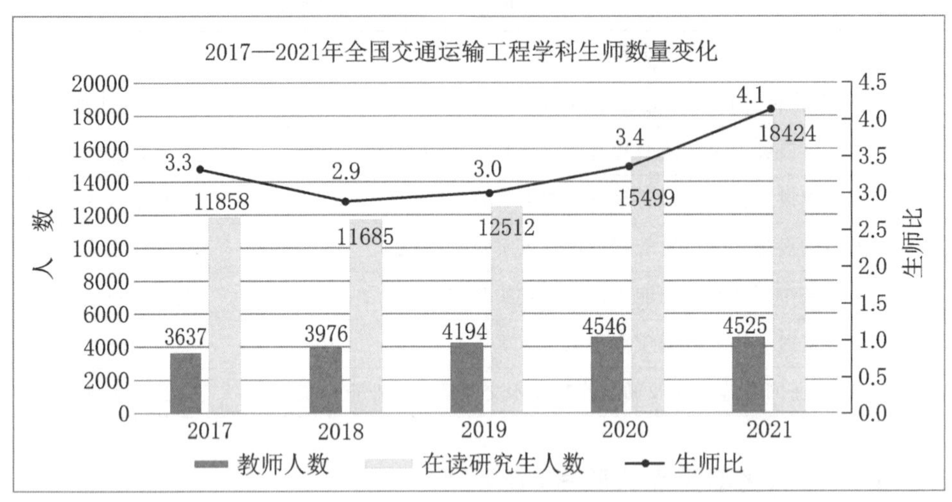

图 7-1 2017—2021 年全国交通运输工程学科生师数量变化

2. 教师职称结构不断优化,中高级职称者占较大比例

根据高等学校科技统计资料汇编数据,2017—2021 年,全国交通运输工程学科全职专任教师中,具有高级职称的人数从 2124 人增加到 2516 人,具有中级职称的人数从 1082 人增至 1578 人;具有初级职称的人数较 2017 年增加了 57 人;其他人数减少了 56 人。如图 7-2 所示。

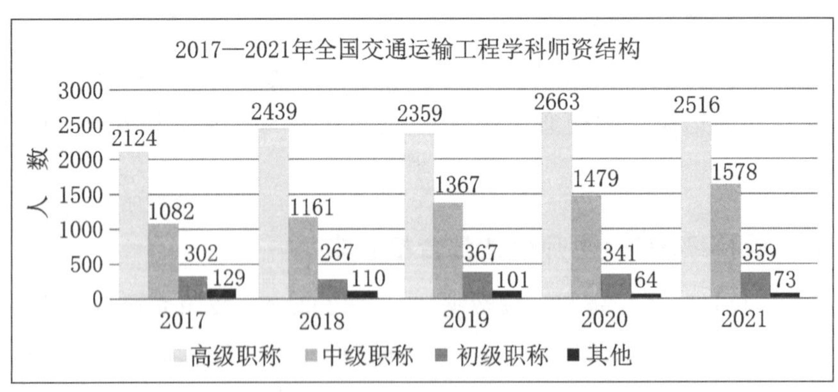

图 7-2 2017—2021 年全国交通运输工程学科师资结构

从 2017—2021 年职称比例结构来看,具有高级职称的教师人数在教师总数中所占比例减少了 2.8 个百分点,具有中级职称的教师人数的所占比例增加了 5.2 个百分点,具有初级职称的教师人数的所占比例降低了 0.4 个百分点。其他教师人数的所占比例减少了 1.9 个百分点。从整体上来看,交通运输学科的教师以具有高级和中级职称的教

师为主，其中具有高级职称的教师人数比例稳定在58%左右，超过教师总数的一半。如图7-3所示。

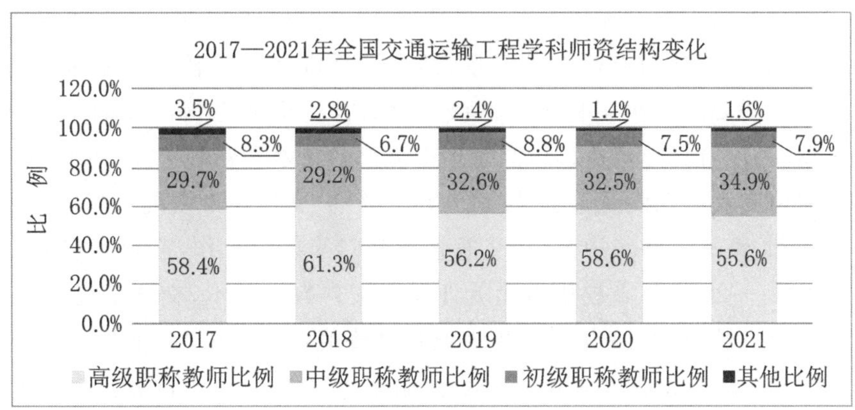

图7-3　2017—2021 **年全国交通运输工程学科师资结构变化**

（二）综合交通运输人才培养

1. 交通运输专业

交通运输专业以培养具有国际化视野，能够在交通运输领域从事规划设计、技术开发和经营管理等工作的高素质综合型人才为目标。同时，各高校根据自身的定位和服务行业，结合区域和行业特色以及学生自我发展的需求，强化或增加某些领域和行业的知识体系和素质要求，形成具有行业特色的人才培养模式。交通运输专业的毕业生可到各级交通运输行政管理部门与企事业单位、交通规划与设计部门、公安交通管理部门、城市公交公司、工商企业物流管理部门、城市规划与建设部门、科研院所、大专院校工作。根据2017—2019年高校毕业生就业质量报告数据显示，交通运输专业的本科毕业生人数逐年下降，由2017年的5252人下降至2019年的4364人；同时，本科毕业生就业率也呈现微小幅度的下降，但依然保持在94%以上。如图7-4所示。

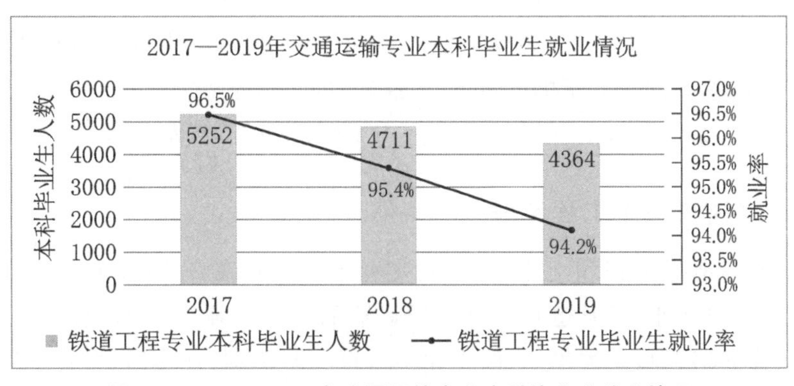

图7-4　2017—2019 **年交通运输专业本科毕业生就业情况**

2. 交通工程专业

交通工程专业以土木工程基本知识为基础，以交通规划、道路、桥梁、地铁与轻轨、隧道工程、交通控制与管理为专业知识背景，结合计算机和实践教学等基本技能训练，培养适应交通工程需要的高级工程师和高级管理人才。交通工程专业的学生毕业后，可从事交通规划、勘测，设计、建造、监理、管理等方面的技术和管理工作，主要面向公路、桥梁、市政、城建公安铁道和民航等领域，适合在公路局、交通局市政局、建设局、设计院、高速公路建设公司、高速公路养护公司、交通管理部门等单位工作，亦可到科研、教学单位工作。根据 2017—2019 年高校毕业生就业质量报告数据显示，交通工程专业的毕业生人数总体呈现上升趋势，2018 年毕业生人数达到峰值，共 3754 人；而本科毕业生就业率却呈现下降趋势，相比 2017 年，2019 年的就业率下降了 1.5 个百分点，但依然保持在 95％以上。如图 7-5 所示。

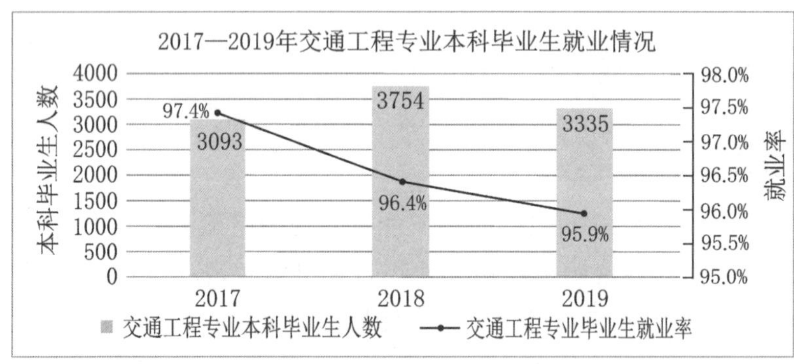

图 7-5　2017—2019 年交通工程专业本科毕业生就业情况

3. 交通设备与控制工程专业

交通设备与控制工程专业主要研究交通设备、控制工程、机电技术等方面的基本知识和技能，在交通运输领域进行交通设备设计制造、检修维护、科技开发、应用研究、运行管理等。该专业就业方向主要为交通设备设计制造、设备检修、生产管理、智能交通系统的研发。根据 2017—2019 年各高校毕业生就业质量报告，该专业的本科毕业生人数呈现逐年上升的趋势，从 2017 年的 533 人增加至 2019 年的 747 人；而就业率却呈现下降的趋势，相比于 2017 年，2019 年就业率下降 4.2 个百分点，仅为 93.3％。如图 7-6 所示。

4. 土木、水利与海洋工程专业

土木、水利与海洋工程和土木、水利与交通工程分别在 2018 年和 2019 年正式授权成为新增的土木类专业，同时也是综合交通运输的核心专业。土木、水利与海洋工程实行大类招生、大类培养和大类出口，以强化“宽口径、厚基础、强实践、多样化”的通识教育和专业教育融合，满足未来社会对创新型和复合型杰出人才的需求。该专业毕业生就

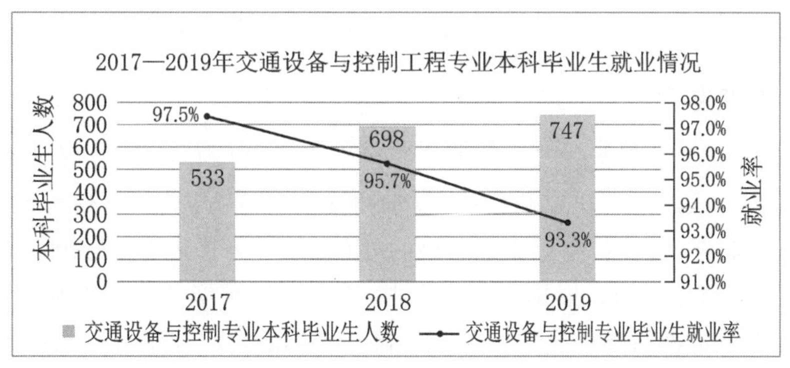

图 7-6　2017—2019 **年交通设备与控制工程专业本科毕业生就业情况**

业方向和领域非常广泛，覆盖建筑、市政、交通、水利、海洋、环境、能源、房地产、金融、社会管理等众多行业。目前，仅清华大学、山东大学、中山大学和河海大学开设了此专业。

5. 土木、水利与交通工程专业

土木、水利与交通工程紧紧围绕“德才兼备、全面发展”的核心要求，面向工程建设领域的发展需要，以培养具备土木、水利与交通专业实践和专业综合应用能力，经过注册工程师的基本训练，能够在土木、水利与交通领域从事设计、研发、运营、维护、施工、管理等方面的工作，具有全球竞争力的高素质复合型创新人才和领导者为目标。目前，仅有两所高校开设了该专业，分别是清华大学和青海大学。根据各高校的 2017—2019 年毕业生就业质量报告，该专业毕业生人数呈现下降趋势，由 2017 年的 431 人下降至 2019 年的 230 人；从本科毕业生就业率来看，该专业的就业率在 2019 年有极大的上升，由 2018 年的 91.2%上升至 2019 年的 97.4%，共上涨 6.2 个百分点。如图 7-7 所示。

图 7-7　2017—2019 **年土木、水利与交通工程专业本科毕业生就业情况**

6. 交通管理工程专业

交通管理工程专业是隶属于公安技术类的综合交通运输核心专业，开设该专业的高校主要集中在中国人民公安大学以及 14 所警察学院，其毕业生主要集中在公安机关，从事道路交通管理、交通指挥、交通调查、交通违法行为处理、交通事故处理等工作。

7. 交通管理专业

交通管理专业是隶属于公安管理类的综合交通运输核心专业，主要研究管理学、法学、航运管理等方面的基本知识和技能，以水路交通管理方向为主，进行港口与航运的管理、海上交通状况的监测、海上交通事故的处理、海上交通路线和标志的设置等，以保障海上货运的安全与通畅。根据 2017—2019 年全国高校毕业生就业质量报告数据显示，交通管理专业的本科毕业生人数呈现下降趋势，从 2017 年的 455 人减少至 2019 年的 407 人；而就业率在 2018 年最高，为 97.6%。如图 7-8 所示。

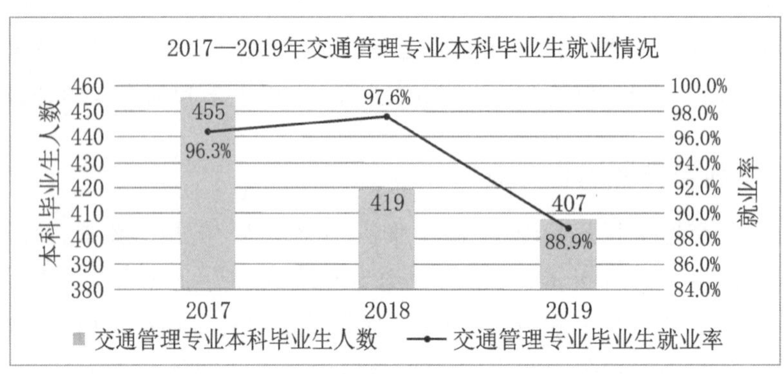

图 7-8　2017—2019 年交通管理专业本科毕业生就业情况

四、对综合交通运输高等教育发展的历史总结与未来展望

（一）综合交通运输高等教育的总结

1. 专业发展

专业发展仍有待提高。现代科学与工程技术发展日新月异，新理论、新技术、新方法等不断涌现，然而，高校交通运输相关专业的课程体系变化不大。部分高校设置的交通运输专业教材内容过于陈旧，不符合时代发展要求，学生对于前沿知识的渴求无法在教材中得到满足。此外，课程设置科学性不够，很多开设交通运输专业的院校均不愿设置或忽略了交通运输专业导论课程，在制订交通运输专业培养方案时重理论、重主干，缺乏对于专业课程的引导。新理念、新理论、新技术、新方法等亟待补充，相关课程内容亟须与机器学习、大数据、人工智能等新科技成果结合。

2. 科学研究

综合交通运输领域的科研投入仍不能满足我国对于高质量交通运输发展的需要。

我国近年来增加了对综合交通研究的投入，尤其是对于交通运输领域内基础科学研究。然而，在实践中始终存在着“重技术，轻科学”“重硬件，轻软件”的倾向，综合交通科学的研究远远落后于交通工程的进展，科学研究的投入在交通建设中的比例占据较小。我国正在实施经济大飞跃，因此，在大力发展交通科学研究的基础上，建设现代化的综合交通运输系统和综合交通信息管理系统已成为当务之急。

3. 师资队伍与人才培养

教学和人才培养模式滞后，工程教育发展不足。在综合交通运输领域，除专业基础理论方法的理解和掌握外，更重要的是培养学生将所学的理论知识应用于解决行业实际复杂工程问题中。目前，高等院校大部分课程仍采用“老师讲、学生听”的传统教学方法，学生课堂参与度偏低，自我思考和独立设计问题解决方案能力的培养缺失。从就业状况来看，呈现出毕业人数逐年增加，就业率持续小幅下降的趋势。这也说明了目前在就业市场上对于综合交通运输的人才需求几近饱和，综合我国交通运输行业的发展看，对于高素质交通工程人才的需求仍存在巨大空缺，体现出院校人才的供给端与市场的需求端产生了短期内难以调和的矛盾。因此，院校要调整本科阶段对于工程类人才的培养结构和培养方式。在本科阶段需提高人才培养质量，改革交通工程专业的课程设置，建设具有通识性、综合性与特色性的课程，工程教育不同于其他领域的学科教育，要注重理论，同时加强实践。目前在理论方法的讲解过程中缺乏与行业实际工程问题结合，导致学生对什么是复杂工程问题、如何应用专业理论知识和方法解决综合交通领域的复杂工程等问题缺乏充分的认识和理解，更难以将其应用到实践过程中。这也是设置交通运输专业高校共同存在的问题。

（二）综合交通运输高等教育的未来展望

1. 专业发展

注重专业对工程实践能力培养。在交通运输人才培养体系改革中，应聚焦学生复杂工程问题解决能力的培养。如何围绕国家战略和区域发展需求，培养出具有复杂工程问题解决能力的优秀交通运输人才，是交通运输类院校和专业需要关注的重点和难点。

注重多个学科交叉式联合培养。综合交通运输人才培养涉及多个领域的专门知识，包括规划、经济、管理、汽车、法律、地理、信息工程、土木工程等，注重跨学科融合，学生要储备多学科知识，具备整体性的思维方式，多角度、立体式地思考问题，并以开放进取的精神面貌面向世界、面向未来，不断汲取和学习专业领域的新知识、新信息。

2. 科学研究

重视综合交通领域科学研究的发展，增大投入，努力开展有中国特色的综合交通发展研究。根据我国著名科学家钱学森院士的技术科学思想，在着手每一项交通工程建设之前，先进行全面的“虚拟”预演，尽量避免“市政工程的遗憾”。

创建高校在综合交通领域强大的研究团队。充分调动我国高校和学界已经存在的对综合交通领域研究的浓厚兴趣，加深和拓宽在该领域的研究，集中力量与交通工程界密切配合，产出有效的发展成果，解决我国在综合交通领域面临的卡脖子发展困境，满足国家战略需要。

深化产业升级发展和科学研究的融合并进。在新工科背景下，政府、院校和企业需要共同发力，完善“政—校—企—行”协作机制，将产教融合作为高等院校培养交通运输类专业人才的重点。政府要充分发挥出政策的导向作用，为交通产业和交通高等教育融合发展制定指导性的战略规划和政策，协调重大合作项目；高校应发挥科研引领作用，大力投入材料、设计等领域高精尖技术的研发，并着眼于人才培养，提供科学化、系统化、理论与实际相结合的专业教学；企业则要注重发挥生产主力军的作用，致力于科研成果转化、创新生产工艺、人才培养适应化等方面工作。

3. 师资队伍与人才培养

培养具备专业知识和综合能力的全面型人才。基于目前新工科建设的现状，交通运输人才需要既掌握交通运输的专业知识和必备技能，又具有专业领域外的多方面能力和素养，兼具“专”和“通”的素质，才能适应交通运输事业综合性发展、可持续发展的高要求。高校要制定科学的培养目标，统筹考虑区域经济发展现状、市场对人才的需求情况，以及自身的办学特色、发展阶段、学生特征等因素，在不断提升教育总体质量的同时，着力优化人才结构，以个性化的理念有侧重地培养交通运输人才的各项能力，培育基础研究型、技术创新型、应用管理型等多方面、多类型人才。

第八章　中国交通运输高等教育发展趋势

随着改革开放后中国经济持续40年快速发展，交通运输进入了建设交通强国的新时代。党的二十大报告指出，要以中国式现代化全面推进中华民族伟大复兴。交通运输作为国民经济中具有基础性、先导性、战略性的产业，在推进中国式现代化进程中，交通运输发展面临着新的任务和要求，要发挥重要的支撑与保障作用，全力为推进中国式现代化发挥新作为、作出新贡献。习近平总书记指出，交通是经济的脉络和文明的纽带，成为中国现代化的开路先锋，要加快形成安全、便捷、高效、绿色、经济的综合交通体系。建设交通强国必须紧紧围绕建设现代化经济体系的要求，着力构建与交通强国相适应的框架体系，实现自身强和国家强。

交通运输部明确了从2020年到2035年的目标，经过15年的奋斗，基本建成交通强国，并进入世界交通强国行列。从2035年到21世纪中叶，将全面建成交通强国，并进入世界交通强国前列。交通强国建设必须有高质量的优秀人才支撑。作为培养交通运输高素质综合人才的高等学府，适应交通强国建设要求，强化内涵建设，追求卓越发展，办人民满意的高等教育，是所有交通高等院校的光荣使命。

因此，在当前发展背景下，对我国的综合交通运输体系的发展提出了新的要求，交通运输行业进入完善设施网络、精准补齐短板的关键期，促进一体融合、提升服务质量的机遇期。我国要坚持优化发展布局，强化衔接融合，因地制宜地完善区域城乡综合交通网络；要坚持以创新为核心，增强发展动力，推动新科技赋能提升交通运输发展质量效率；要增强综合交通运输体系韧性，调整发展模式，将绿色发展理念、低碳发展要求贯穿发展全过程，提高自身运行安全水平和对国家战略安全的保障能力；要将满足人民对美好生活的向往、促进共同富裕作为着力点，转变发展路径，促进建管养运并重、设施服务均衡协同、交通运输与经济社会发展深度融合，以全方位转型推动交通运输高质量发展。

在我国交通运输发展目标上，主要涉及综合交通运输体系的建设与融合发展、智能化、绿色化交通的发展，以及交通运输的服务、运行和管理水平整体提升。高校作为人才培养、知识创造和技术创新的中心，在我国建设现代化综合交通运输体系过程中将发挥举足轻重的作用。因此要积极推动高校改革，探索发展新路径；要优化高校的学科布局，夯实特色学科建设基础，尤其是对于交通运输智能化、绿色化发展的新型学科和新兴领域，要加强研究，深入挖掘，建设符合当前交通运输发展实际状况的学科结构体系；高校的重点是人才培养，要提高创新型人才培养的力度，尤其是完善人才培养的机制，培养多类型多层次的交通运输新型人才；交通运输还要与社会发展、国家建设紧密结合，提升院校的社会服务功能，通过与交通运输企业合作，使得综合交通运输体系发展与完善真正让民众受益。最后是要推动交通运输院校的国际化水平，通过促进国际交流合作，不断借鉴经验，完善发展，最终转化为适合中国当前以及未来的交通运输发展模式，真正建设成为交通强国。

一、合理定位，探索交通行业性高校发展新路径

在当今时代，我国已经顺利跨入高等教育普及化的进程。高等教育如何稳健前行，发展质量衡量标准如何，都需要深度探索和审慎厘清。特别是对于行业特色鲜明的高校来说，如何定位自身的发展路径，显得尤为紧迫和必要。交通高等教育为交通运输行业输送人才，带有鲜明的行业特性，在发展的道路上，不仅需要思考如何有效地实现自身的转型，更需要探寻如何最大限度地发挥其在行业中的独特优势。

自中华人民共和国成立伊始，交通部门便不遗余力地推动着行业特色高校的发展，不仅为这些学府注入了大量的资源，更孕育出了大量交通行业的技术精英，交通类高校与交通运输行业的联系可谓千丝万缕。然而，随着时间的推移，这些高校的行政归属发生了变化，原本的扶持政策与资金支持逐渐改变，给这些高校的发展带来了一定的挑战。

在当前的教育评价体系中，不少高校过于追求规模、论文和课题的数量，将其视为衡量学校成功与否的首要标准。然而，这样的标准往往让一些行业性高校因学科面狭窄和应用性强而陷入不利境地。特别是对于交通运输类的高等院校来说，如何在这样的背景下坚持并深化自身的办学特色，避免盲目跟随研究型综合高校，不陷入片面追求排名的误区，进而在自身优势的基础上不断实现自我超越，无疑是一个重大而紧迫的挑战。必须明确，特色办学正是交通运输高等教育最宝贵的财富，若失去这一优势，恐怕会陷入尴尬的境地。

交通运输高等教育在其发展历程中，必须深化与行业的互动交流，清晰地锚定自身的发展定位。行业类院校的存在与发展，其根基在于交通行业的支持与依托。在与相关行业的合作过程中，这类高校通过构建紧密的伙伴关系，不仅能丰富其教育色彩，更能转变传统的隶属观念。当高等教育日渐普及，交通运输类高校必须主动应变，积极寻求多元化的资源和技术支持，与行业建立更加密切的互动关系，并顺应交通行业的转型趋势，灵活调整人才培养方案、教学大纲和计划，与企业构建长期稳定的共赢、共享、共建关系，共同推动教育与产业的繁荣发展。

二、优化交通高校学科布局，夯实特色学科建设基础

对于交通运输高等教育而言，涵盖内容十分丰富，涉及自然科学、社会科学和技术科学的综合交叉的专业。随着我国经济建设和现代交通的发展，交通行业的内涵也发

生了很大变化。大交通的概念应运而生,交通运输高速化、智能化和环保化等成为发展的主题。目前许多交通运输传统行业消失和面临边缘化的境况,使对应行业设置的学科也相应式微。相反的,以新兴学科为核心的行业性高校则面临巨大的机遇与挑战,必须迎难而上,在过去的优势中寻得联系并实现迁移,进一步优化学科建设。

我国高校在学科建设方面面临着众多挑战,在交通运输领域,许多院校的特色学科实力尚显薄弱,缺乏具有标志性的高水平成果。为了推动学科建设的进步,这些院校需要从优秀的院校中汲取经验,集中力量发展具有自身特色的学科,以此找到交通运输学科新的增长点。以南京林业大学为例,该校成功地构建了以林科为特色的专业学科体系,通过品牌建设引领专业发展,使得工科为主体、林科为特色的多学科体系得以协调发展。同时,该校不仅注重林科的特色发展,还加强了非林科专业的通识选修课程,实现了林科与非林科之间的深度融合,为学科交叉创新提供了新的思路。再看武汉科技大学,该校在矿产、冶金等专业领域具有显著优势,致力于打造特色鲜明、优势突出的学科群,如材料学、冶金工程等。这种对特色学科的深耕细作,不仅提升了学校的学术影响力,也为我国的交通运输事业培养了更多专业人才。

当前,我国高等教育进入普及化阶段,交通运输类高校必须保持自身的办学特色和独立性,不随波逐流。它们需要紧密关注与之相关的行业发展,以及学校所在地的经济特征,不断调整和完善交通运输学科的布局。为了确保学科的专业性和前沿性,高校需要对资源进行合理的配置和优化。交通运输高校的核心竞争力在于其特色学科。只有强化这些学科的优势,注重创新,并不断构建和优化学科团队,才能脱颖而出。这样的学科设置不仅为交通行业培养了合格的人才,还为区域经济的发展提供了必要的智力资源支持。总之,坚持特色、注重创新,是交通运输高校在高等教育中的立身之本。

三、拓宽人才培养口径,培养交通强国需要的人才

人才培养是保障交通运输领域创新、可持续发展的动力。根据国务院印发的《"十四五"现代化综合交通运输体系发展规划》通知,要建设高水平队伍,推进交通运输治理能力现代化,持续增强综合交通运输发展动力与活力。为此,对于高校来说,要积极建设交通运输新型智库联盟,优化人才发现机制和项目团队遴选机制,深化科研经费管理改革,完善人才评价体系,造就规模宏大的青年科技人才队伍;高校还要注重创新型、应用型和技能型高科技人才培养,在"大工程"理念的指引下,拓宽人才培养口径。

(一)以三大教育理念促进交通高等教育创新人才培养改革

坚持并全面落实以学生为中心的理念。一是为学生的未来负责,参照国际实质等效性原则,明确毕业生应具备的各项知识、技能和素养要求;二是要求教育目标围绕学生培养,教学设计聚焦学生能力提升,师资与教育资源满足学生学习需要;三是更加关

注学生作为个体"人"的发展需要，充分考虑学生的个体差异，给予平等的发展机会和有针对性地辅导。

坚持并全面落实以输出为导向的理念，要求从注重过程转向注重学生的学习产出结果，强调学生的真正"获得感"。强化能力本位，重视绩效责任和评价的客观性；更加关切利益相关者（学生、家长、学校、政府和企业等）的需求；统筹规划和科学决策人才培养目标；与时俱进地构建先进的课程体系和培养方案，配置优质教学资源，建立一流的工程教育师资队伍。

坚持并全面落实持续质量改进的理念，要求加强质量文化建设，将持续改进理念贯穿于交通运输高等教育的全过程。深入研究创新、创业、综合集成、全球视野、自主终身学习等交通综合创新人才的核心要素，保证交通运输高等教育教学的持续深化和发展；将改进理念落实到教学一线，推动每一位教师在持续改进中承担责任，通过学生的表现来体现和评价持续改进的效果；构建具有中国特色的多元化和多样化的质量观，更加重视跨学科知识的交叉融合，共同面对人类所面临的一系列环境、能源、健康和伦理等复杂问题；实现跨文化认知和参与全球对话，积极探求中国交通运输高等教育"本土国际化"实施策略。

（二）高校提高人才培养标准，满足社会发展需要

社会的发展和学科的分化，使交通运输专业领域变得越发复杂，也让学生需要向着综合素养养成方向迈进，单靠某专业的学生是无法迎合社会发展趋势的。所以，社会要求培养更具备迁移能力、融合性的人才对行业性高校提出了更大挑战。

伴随着社会的不断发展和体制的深化改革，高等运输类高校需要逐步拓展其服务的领域，致力于培养更多具备广泛知识背景和专业技能的应用型人才，不仅服务于交通运输行业，更延伸至其他多个领域。为了满足这一时代需求，高等运输类高校必须重新思考人才培养策略，不仅专注于学生的专业技能，更要强化综合素质培养。只有这样，才能确保所培养的人才既满足交通运输行业的特殊需求，又能适应社会的广泛需求，实现学生、社会及行业之间的和谐发展。

在交通运输高校中，人才培养的理念需要更新，通才教育与专才教育交相辉映，形成一种独特的培养模式。这种模式旨在塑造既拥有深厚理论知识，又掌握精湛专业技能的学子，让他们在实践能力方面超越综合性高校的毕业生，投身于国家的经济社会发展中。这些未来的建设者应具备创新精神，还需拥有将理论转化为实践的能力，以应对日益激烈的市场竞争。交通运输高等院校，作为交通领域的学术高地，应凭借其深厚的学科积累，在高等教育领域中独树一帜。在这个知识爆炸的时代，交通类高校仍需保持与时俱进，进一步壮大传统交通学科的优势，并致力于开发世界领先的技术。只有如此，才能推动相关学科的发展，构建具有竞争力的优势学科群，为培养全面发展的学生提供更广阔的平台和服务。这样的人才培养模式，不仅是对学生负责，更是对未来社会的深

刻思考和准备。

以下将以武汉理工大学交通物流专业为例，分析创新人才培养的路径。

1. 交通物流创新人才培养背景

2020 年 12 月，中央经济工作会议上提出：我国 CO_2 排放力争 2030 年前达到峰值，力争 2060 年前实现碳中和。中共中央、国务院颁发了《关于完整准确全面贯彻新发展理念做好碳达峰碳中和工作的意见》，在新时期碳中和战略的影响和要求之下，对于高校的人才培养战略提出了新要求。教育部发布《高等学校碳中和科技创新行动计划》，提出要加快制定碳中和领域人才培养方案，建设一批国家级碳中和相关一流本科专业，加强能源碳中和、资源碳中和等相关教材建设，鼓励高校开设碳中和通识课程，将碳中和的理念和实践融入人才培养体系中。

在国家“双碳”目标重大需求和行业双碳重大需求的要求下，武汉理工大学积极响应国家行业需求，探索出一条“双碳”目标背景下人才培养的路径。武汉理工大学交通物流学院围绕自身发展特色，以交通物流融合发展为路径，打造交通规划设计、运载装备、基础设施、港口物流等全链条专业群，构建“双碳”目标下的学科、专业、课程和师资布局体系。

2. 探索学科发展新路径

在学科建设上，以水为主，水陆并举，集中现代物流、道路交通、水路交通、港口、综合枢纽等方面的学科优势，以多式联运作为交通物流融合发展的纽带和抓手，共建物流交通融合创新内涵。围绕交通物流中的“双碳”目标需求，开展碳减排、碳零排、碳负排新技术原理研究、关键技术攻关，设立交通能源融合与节能减排学科方向，培养交通物流行业碳中和创新人才。

在专业上，加强交通物流的专业群建设，打破学院不同专业同类课程不能跨专业授课壁垒；打破学院不同专业类课程教师交流少的壁垒；打破学院不同专业研究生招生授课等界限壁垒；打破学院不同专业实验资源不共享的壁垒。加强基层教学组织建设，围绕课程群，而非教研室或系，建立相关保障措施，淘汰不合理的陈旧课程。在专业上，融合新工科、新文科的教学研究范式，探索物流交通融合创新的多学科交叉新路径，实现在交通物流融合的“新工科和新文科双翼齐飞”。

在课程建设上，根据高校发展历史、结合行业背景与社会需求，明确高校自身发展定位，创新课程设置，建设面向双碳的通识课程群；具有双碳特色的专业课程群；含有双碳要素的专业课程群。建设服务交通物流的双碳特色课程群，如能源类部分课程作为交通大类专业的通识课程、个性课程选择；在培养目标、毕业要求和课程大纲中融入碳中和理念和实践；创新特色课程、教材和教学。

因此，我国交通运输高等院校要根据自身发展特点，融合新形势下国家发展的要求，提高人才培养水平，从学科、专业、课程和师资上积极做出应对策略。

四、加强社会服务水平，推动交通产学研合作育人

交通人才培养要形成综合交通、产学合作、产教融合、科教协同、国际合作育人机制，要逐步形成多方协同育人的培养模式。多方协同育人模式以校企合作、行业部门合作及相关科研院所合作，主抓实践教学，培养能够适应产业一线的生产和管理型人才，注重培养人才与人才选用的融合并举，协力推进培育人才与工匠、促进企业发展、助力产业升级的共同目标的实现。

深化产学研合作教育理念，是一项系统工程，需要高校、产业界、科研院所等多方共同参与。高校应提高对产学合作重要性的认识，积极主动地去创新人才培养模式，让教育更具弹性和实践性，更好地满足学生实习实践的需求。而产业界也不应仅仅局限于经济效益的追求，更应该主动融入人才培养的过程中，承担起部分教育者角色，为学生提供实习实训环境。在这个过程中，产业界能培养和筛选出符合自己需要的人才，通过人才培育实现自身的长远利益。同时，要优化整合企业、行业部门、科研院所、相关高校的优势资源，实行协同育人模式。在“产一学一研一用”的每一个环节，适当消融主体之间的壁垒，实现共同协助、相互补充，培养出既具备理论知识又有实践经验，同时具备创新精神和动手能力的人才。

为了确保多方协同育人机制的顺畅实施，必须构建一个全面而稳固的保障机制。为此，政府的扶持显得尤为重要，需要进一步加大政策倾斜力度，推动相关政策的完善与落地，包括设立大学生实习基金，确保学生在实习期间得到充分的支持和保障；建立健全实习安全责任分担机制，以消减企业在参与实习项目时的顾虑。此外，还需积极推动企业与高校的深度融合，探索更为紧密的产学研结合模式。这包括但不限于设立特聘教师岗位，鼓励企业专业技术人员走进校园，分享实践经验和技术知识。随着协同育人工作的深入，有必要成立专门的协同培养管理机构，负责规划、协调和监督各方合作，确保合作项目的顺利推进。这样的机构不仅要承担起与企业、高校、科研院所的联系沟通任务，更要探索建立合作的长效机制，明确各自的责任与权限，实现资源的优化配置和高效利用。综上所述，期望构建一个政府引导、企业参与、高校主导、多方共赢的协同育人机制，为培养更多优秀交通运输行业人才提供坚实的保障。

增加实践教学机会。高校要紧密结合交通运输类专业特点和交通人才培养要求，加大实践教学比重，增加实验、实习或实训类的课程。根据社会对人才的需求，构建校内实践平台、创新实践平台、社会实践平台组成的综合平台体系，并通过多个平台实践提升学生实践动手能力和创新能力，增强创新意识。校内实践平台主要包括公共实验室、专业实验室、试验厂房，配合理论课程使用，提高学生计算机应用能力、训练学生达成专业基本实践技能。打通校内各院部实验室和试验厂房，形成资源共享的开放格局。创新

实践平台主要包括大学生创新创业训练项目、交通科技大赛、数学建模等课外科技活动以及科研项目、学术交流等活动。为保证创新实践平台顺利开展，需要在师资配备、资金投入、试验设备、实践场地等方面提供充足保障。社会实践平台主要包括专业实习、毕业实习等的实践场所，通过学生在企业、单位实习，与员工接触交流，学习分析解决问题能力、社会适应能力、创新能力等。基于“资源共享、利益共享”原则，建立校企合作实践基地，通过签署正式合作协议明确合作的内容和形式，明晰双方责任与权益。加强综合性实践科目的设计和应用，统筹安排学生到实务部门和生产一线顶岗实习，提高学生解决实际问题的能力。强化实践教学过程管理，提高实验、实习或实训教育的质量。

五、推动“一带一路”背景下国际交通运输业新发展

在国际交通运输业发展上，我国坚持开放合作，推动互联互通，加强基础设施“硬联通”、规则制度的“软联通”，积极保障国际物流供应链安全，提升国内大循环效率和水平，塑造参与国际合作竞争的新优势。主要包括推动基础设施互联互通、进一步畅通国际运输、推动中欧班列高质量发展、深化多领域交流合作和保障国际物流供应链安全。2013 年，我国提出了具有深远影响力的“一带一路”倡议，这一构想促进了我国国际交流合作的发展，在国际社会上赢得了广泛的赞誉和积极响应。在此框架下，各国在政策沟通、设施联通、贸易畅通、民心相通等多个层面取得了显著的成果，展现出众多的标志性建设里程碑。值得一提的是，设施联通作为“五通”建设的核心领域，在各方的共同努力下，正逐步构建以铁路、公路、航空、航运、管道和空间信息网络为核心的全方位、多层次、复合型的基础设施网络。这一宏大的建设工程对人才的需求尤为迫切，尤其是对具备国际化视野的高素质、综合型、复合型工程技术人才的需求日益凸显。这样的交通运输人才将成为推动“一带一路”倡议深入实施的重要力量，为沿线国家的共同发展和繁荣贡献智慧和力量。

（一）助力国际交通运输业发展水平不断提升

国际合作与交流是高等教育中的重要组成部分。以站在世界之巅的眼光看待研究生教育国际化的工作，学习和借鉴并重，通过不断强化国际交流与合作，可以促进世界教育的标准趋同，逐渐得到国际社会的认可。开放的国际交流、全球范围内高水平的学习和研究机构的实质性合作有助于培养国际化的人才。

鼓励高校应积极探索适合国际人才的培养模式。高校要借鉴国内外先进大学对于交通运输人才的培养经验，在借鉴有益经验的基础上，挖掘院校自身发展特色和优势，形成适合自身国际交通运输人才培养的新模式。清华大学、西南交通大学、西安交通大学、大连理工大学、重庆交通大学在培养国际人才上探索出了比较成熟的发展路径。具体如下：

1. 推进政企校多主体联合培养交通国际人才

西南交通大学在培养铁路工程技术的国际化人才方面独辟蹊径,整合了多方资源,创新设计了五种培养模式:创新班、校企联合、中外大学联合、国家部委联合以及海外工程项目联合。尽管这些模式的参与者与侧重点各异,但它们均瞄准"一带一路"建设的需求,力图输出具备国际视野的铁路工程技术人才。西安交通大学也通过巧妙地组合国内高校、政府、企业与海外高校,共同推进工程技术国际化人才培养。大连理工大学则通过跨专业联合培养,为学生搭建了一个跨学科的科研合作平台,旨在提升学生的专业科研能力,同时拓宽其知识领域,增强跨专业的实践操作能力。各高校在设计自己的培养模式时,应充分考虑到各方的利益与参与度,调动所有可能的资源,以共同提升人才培养的质量,从长谋划多元化、全面性的策略,为我国的铁路工程技术领域输送更多具有国际竞争力的人才。

2. 完善国际交通运输及工程管理课程设置

重庆交通大学秉持"通识教育、学科教育、专业教育、第二课堂"的递进式教学理念,对专业人才培养方案进行了精细化修订,致力于构建一个旨在"健全人格、发展个性、强化能力、激励创新"的本科教育框架。在课程设置上,该大学独具匠心地融入了"国际素养""项目管理""前沿微型"等专业化课程元素,并特别增设了如"工程哲学""工程环境""国际工程管理""风险管理""PPP 项目案例"等工程管理类课程,构建了职业素养、数字设计、前沿微课三大核心课程模块,极大地拓宽了专业课程的广度和深度。交通运输类高校要通过不断深化课程改革,增加创新型、能力型人才的培养比重,打造一批既精通专业知识,又具备国际视野,适应未来交通运输发展需要的全方位、多层次国际化人才。

3. 丰富"一带一路"交通跨文化课程内容

清华大学走在跨文化教育的前沿,通过开设丰富的跨文化课程,为学生打开了提升综合性能力的新窗口。课程涵盖"全球胜任力导论",通过跨文化情景模拟,让学生沉浸在多元文化的环境中,深入体验全球胜任力的内涵。此外,跨文化沟通课程采用"授课+讲座+工作坊"的多元化教学形式,培养学生的国际视野,并深化对"一带一路"共建国家文化的理解,进而提升跨文化沟通能力。文化浸润系列课程则通过主题讲座的方式,系统传授国外政治、经济和文化等各类知识,帮助学生构筑起全面的全球知识体系。西南交通大学在铁路国际化课程体系的构建上同样匠心独运。学校通过专业教育、基础教育、国际工程项目、实践训练和高铁专项五大模块,形成了"创新为魂、实践为线、基于行业、面向世界"的课程体系。这一体系不仅注重专业知识的传授,更是通过实践训练和国际工程项目的参与,使学生能够将所学知识应用到实际情境中,从而培养他们的国际视野和实际操作能力。跨文化教育在国际人才培养中扮演着至关重要的角色。除了专业知识和学科能力的提升，对各民族文化的深入了解也是不可或缺的。因此，各高等院校可根据自身发展情况开设跨文化相关课程，为学生提供更多元的文化体验机会。这不仅有助于提高学生的包容性和国际交流能力，也是培养具备国际视野和创新精神的人才的关键所在。通过开设跨文化相关课程，能使学生将能够更好地适应全球化趋势，为未来的国际舞台做好准备，亦有利于我国向外输送国际交通运输人才。

4. 加强交通运输人才国际化能力系统培养

清华大学推出“全球胜任力海外实践”课程与“丝路新探”海外实践课堂，在创新型的课程中利用学生的寒暑假，组织他们亲临“一带一路”工程项目一线，实地感受沿线工程建设的火热氛围。学生在这里不仅学到了专业知识，更深化了对全球化进程的理解，也为自己未来的职业规划积累了阅历基础。西南交通大学针对铁路行业的国际化需求，创立了独特的人才培养模式。通过校企联合的方式，制定了“订单式”人才培养方案。这一方案的特点在于，企业不仅承担起工程实践训练的任务，还参与课程设计。结合卓越工程师培养计划和詹天佑班的支持，学校采用了产学研协同的实践教学方式，让学生在实际工程项目中锤炼技能，锻炼团队合作能力。西安交通大学则利用校企合作的资源和市场优势，建立了“一带一路”人才培养的实训基地和众创中心。这些实践平台不仅为学生提供了丰富的实践经验，也帮助他们培养了适应市场需求的能力，提升了就业竞争力。大连理工大学积极与国外大学、研究机构和“一带一路”沿线企业建立合作关系，选派优秀学生参与跨国课题研究，提供海外实习和短期实践机会。这些举措不仅拓宽了学生的国际视野，也提高了他们的工程实践能力。重庆交通大学则通过建设先进的工程训练项目，如可变空间复杂环境模拟、桥梁结构综合测试等，为学生提供更多实践机会。学校还深化了与企业的合作，通过“国际工程班”实践平台，让学生能够在企业项目部进行岗位实习和毕业实践，从而进一步提升他们的工程实践技能。

5. 多种方式提升交通行业院校群体国际知名度

清华大学采取专题研讨的形式，设立“一带一路”工作坊，为学生们深入浅出地讲授“一带一路”共建国家的基础知识，旨在培养学生的世界观和区域化视野。西安交通大学采取线上与线下相结合的方式展开教学，线上通过电脑和移动设备，提供导学材料，使学生能够跨越地域限制参与学习；线下则融合课程教授、案例分析、交流研讨、现场教学、动手实践以及专题讲座等多种模式，力求为学生提供全面而深入的学习体验。

（二）加强国际院校合作，建设“一带一路”交通高校联盟

清华大学立足于“一带一路”的广阔舞台，成立了亚洲大学联盟，积极打造一个立体化培养平台，以“一带一路”工程建设的需求为导向培育复合型人才。西安交通大学联合来自36个国家和地区的140余所大学，共同成立了“丝绸之路大学联盟”。这一联盟以

“共建教育合作平台,推进区域开放发展”为核心议题,致力于“一带一路”人才的培养与输出。大连理工大学牵头发起成立了“一带一路”高校联盟,通过与俄罗斯莫斯科国立大学、白俄罗斯国立大学等高校建立的坚实合作,不断深化组织架构、议事章程、管理模式以及合作交流模式的研究,全力推进“一带一路”沿线工程人才的培养工作。重庆交通大学发起了“一带一路”中波大学联盟,并积极加入中俄交通大学联盟和“一带一路”铁路国际人才教育联盟。他们与沿线 20 多个国家签署了合作协议,共同开展工程技术人才的联合培养计划。我国的高等院校正积极以教育联盟为桥梁,汇聚国内外资源,加强与国际多主体在“一带一路”工程合作和交通运输人才培养方面的交流,优化自身的国际化平台建设,为交通运输业的国际化储备高端人才。同时面向“一带一路”共建国家招收来华留学生,设立交通行业国际化培养模块,吸引共建国家青年才俊来华留学深造,邀请共建国家知名专家学者来华授课,促进与共建国的合作与交流。

参考文献

[1] 丘建华,赵光辉,宋旭红.三十年来我国交通教育事业的发展与成就[J].国家教育行政学院学报,2009(01):36-41.

[2] 交通部教育司.关于交通高教"九五"期间深化教学改革的意见[J].交通高教研究,1997(01):4-6.

[3] 刘博,宋庭新,肖华秀.供给侧结构性改革背景下交通运输人才培养研究[J].教育教学论坛,2019(22):122-123.

[4] 薛文涛.大众化进程中的我国高等教育发展之路[D].金华:浙江师范大学,2017.

[5] 赵俊芳.中国高等教育改革发展六十年的历程与经验[J].中国高教研究,2009(10):3-10.

[6] 把十九大精神落实到交通强国建设实践中[N].中国交通报,2017-11-13(002).

[7] 林健,郑丽娜.从大国迈向强国:改革开放40年中国工程教育[J].清华大学教育研究,2018,39(02):1-17.

[8] 惠记庄,张泽宇.新工科背景下公路建养装备复合人才创新实践能力培养[J].教育教学论坛,2020(48):210-212.

[9] 路西利,王永岗.应用型国际工程人才培养模式改革与实践——以长安大学公路学院国际班为例[J].教育教学论坛,2017(31):123-124.

[10] 葛楠,汪海年,张久鹏,等."一带一路"沿线国家公路交通国际化人才培养模式创新与实践[J].大学教育,2021(02):11-13.

[11] 孙超,黄愉文,张永捷.数字时代全球智慧高速公路发展趋势及建设思考[J].公路,2022,67(04):237-242.

[12] 夏丽丽."双碳"背景下公路货运领域智慧发展路径探析[J].中国储运,2022(04):197-199.

[13] 王嘉曦."航运强国建设与中华民族伟大复兴"理论研讨会综述[J].水运管理,2021,43(07):1-5.

[14] 谢世忠,曹运梁,李云祖.关于水运工程高等教育发展的若干问题[J].高等工程教育研究,1994(04):53-56.

[15] 本刊编辑部.新中国成立60年水运发展主要成就[J].中国水运,2009(09):1.

[16] 张来斌.高水平行业特色型大学"双一流"建设要把握好三对关系[J].高等工程教育研究,2018(06):92-95.

[17] 谢世忠,李代芬.对水运工程高等教育培养目标及教学计划的认识[J].交通高教研究,

1994(03):1-6.

[18] 黄春杨,于秋华.高等航海教育国际化初探[J].航海教育研究,2000(04):20-22.

[19] 陆梅,孙玉清.面向自主航行船舶时代的中国航海教育[J].航海教育研究,2019,36(02):1-6.

[20] 赵旭,黄瑞,冯茹梅.工程教育认证背景下工科专业人才培养体系改革的研究与实践——以大连海事大学交通运输专业为例[J].航海教育研究,2020,37(03):66-72.

[21] 韩佳颖.新工科背景下复合型航海类人才培养模式改革的研究[J].天津航海,2019(03):57-58+66.

[22] 郑淳,杨帆.中非命运共同体视野下的铁路行业特色高校国际化教育实践探析——以西南交通大学为例[J].世界教育信息,2019,32(11):29-34.

[23] 赵平,温朝刚,范光杰.略论近现代中国铁路高等教育之师资[J].西南交通大学学报(社会科学版),2010,11(06):136-141.

[24] 成熙.高校培养创新型铁路人才的思考[J].产业与科技论坛,2019,18(02):181-182.

[25] 文孝霞,杜子学.城市轨道交通专业人才培养模式思考[J].重庆科技学院学报(社会科学版),2011(01):186-187+192.

[26] 李义岭,喻彦喆,姚克民.城市轨道交通智能化及可持续发展现状分析与展望[J].现代城市轨道交通,2021(11):90-94.

[27] 李娟娟.从JCR分区看行业性大学的学科发展——以中国民航大学为例[J].情报探索,2017(04):35-39.

[28] 郑淳,杨帆."交通强国"战略背景下中国铁路行业高校开展对俄高等教育交流合作刍议——以西南交通大学为例[J].高教学刊,2019(23):1-4.

[29] 甘淑盈,暴子娇,孙志,等.高校人才培养如何服务民航通飞大发展战略需求的思考——以南昌航空大学为例[J].智库时代,2019(21):134-135.

[30] 何明勇.新时代背景下民航高等院校办公室工作新举措分析[J].民航管理,2020(01):77-79.

[31] 教育部高等教育教学评估中心.中国工程教育质量报告——2025,中国工程教育准备好了吗[M].教育科学出版社,2016.

[32] 周珂,赵志毅,李虹."学科交叉、产教融合"工程能力培养模式探索[J].高等工程教育研究,2019(03):33-39.

[33] 于景飞.交通工程学课程教学改革[J].西部素质教育,2019,5(20):187-188.

[34] 李辉,吴冰花.交通工程教学改革探讨[J].科教文汇(下旬刊),2010(06):57+61.

[35] 程琳,王炜,过秀成.交通工程专业人才培养模式研究[J].高教发展与评估,2006(02):58-61.

[36] 严新平.交通运输工程学科与交通行业人才培养[J].交通高教研究,2004(02):48-50.

[37] 章锡俏,杨龙海,王晓宁.研究型高校交通运输工程专业研究生实践教育目标——以

哈尔滨工业大学为例[J].教育教学论坛,2020(19):54-55.

[38] 韩东来,左青卉,周德春,等.面向新工科工程人才培养模式探索与研究[J].教育教学论坛,2020(38):243-245.

[39] 韩锐,裴玉龙,张邢磊.OBE 理念下的交通运输专业课程教学改革与实践——以“交通运输安全工程”课程为例[J].黑龙江教育(高教研究与评估),2019(12):51-52.

[40] 李明慧,曾绍玮.国外高等工程教育与产业的契合经验及启示——基于德国、美国、法国三国的分析[J].中国高校科技,2020(04):54-58.

[41] 教育部高等教育教学评估中心.中国高校本科教育质量报告——离一流本科教育有多远[M].教育科学出版社,2016.

[42] 胡鞍钢,周绍杰,任皓.供给侧结构性改革——适应和引领中国经济新常态[J].清华大学学报(哲学社会科学版),2016,31(02):17-22+195.

[43] 姜朝晖.以供给侧改革引领高等教育发展[J].重庆高教研究,2016,4(01):123-127.

[44] 吴娇蓉,辛飞飞,林飞.提升学生实践能力的卓越课程《交通规划》教学改革研究[J].教育教学论坛,2012(31):23-25.

[45] 肖国平,严新平,刘清,等.交通运输类专业人才培养模式的研究与实践[J].交通高教研究,2003(03):52-54.

[46] 邱欣,刘何音,童卫丰,等.新工科背景下交通运输专业人才培养路径研究[J].教育教学论坛,2021(10):9-12.

[47] 周洪宇,龚湘兵,蔡军.“双一流”建设环境下道路桥梁与渡河工程专业教学改革思考[J].产业与科技论坛,2022,21(11):226-227.

[48] 周谷平,阚阅.“一带一路”战略的人才支撑与教育路径[J].教育研究,2015,36(10):4-9+22.

[49] 任友群.“双一流”战略下高等教育国际化的未来发展[J].中国高等教育,2016(05):15-17.

[50] 中共中央、国务院印发《交通强国建设纲要》[EB/OL]. HTTP://xxx. mot. gov. c/jigou/zcyjs/201909/t20190920_3273715. html ,2019-09-19.

[51] 国务院关于印发《“十四五”现代综合交通运输体系发展规划》的通知[EB/OL].中国政府网,2021-12-09.

[52] 关于深化教育改革全面推进素质教育的决定[EB/OL]. https://www. gmw. cn/01gmrb/1999-06/17/GB/18090%5EGM1-1706. HTM,1999-06-17.

[53] 国家中长期教育改革和发展规划纲要(2010—2020 年)[EB/OL].中国政府网,2010-07-29.

[54] 教育部 财政部 国家发展和改革委员会关于印发《统筹推进世界一流大学和一流学科建设实施办法(暂行)》的通知[EB/OL]. http://www. moe. gov. cn/srcsite/A22/moe_843/201701/t20170125_295701. html,2017-01-25.

[55] 中共中央、国务院印发《中国教育现代化 2035》[EB/OL]. http://www.moe.gov.cn/jyb_xwfb/s6052/moe_838/201902/t20190223_370857.html ,2019-02-23.

[56] 教育部关于印发《推进共建"一带一路"教育行动》的通知[EB/OL]. http://www.moe.gov.cn/srcsite/A20/s7068/201608/t20160811_274679.html,2016-07-15.

[57] 教育部关于公布 2019 年度普通高等学校本科专业备案和审批结果的通知[EB/OL]. http://www.moe.gov.cn/srcsite/A08/moe_1034/s4930/202003/t20200303_426853.html,2020-02-25.

[58] 国务院关于印发统筹推进世界一流大学和一流学科建设总体方案的通知[EB/OL]. 中国政府网,2015-11-25.

[59] 新时代民航强国建设行动纲要[EB/OL]. 中国政府网,2018-11-26.

[60] 中国民用航空局 国家发展和改革委员会 交通运输部关于印发《"十四五" 民用航空发展规划》的通知 [EB/OL]. 中国政府网，2021-12-14.

[61] 关于推进民航科技教育创新发展的意见 [EB/OL]. 中国政府网，2016-10-07.

[62] 国务院关于促进民航业发展的若干意见 [EB/OL]. 中国政府网，2012-07-08.

[63] 国务院办公厅关于促进通用航空业发展的指导意见 [EB/OL]. 中国政府网,2016-05-13.

[64] "十四五"通用航空发展专项规划 [EB/OL]. 中国政府网，2022-06-13.

[65] 关于完整准确全面贯彻新发展理念做好碳达峰碳中和工作的意见 [EB/OL]. http://www.gov.cn/zhengce/2021-10/24/content_5644613.htm,2021-10-24.

[66] 新时代交通强国铁路先行规划纲要 [EB/OL]. http://www.china-railway.com.cn/xwzx/rdzt/ghgy/gyqw/202008/t20200812_107636.html,2020-08-12.

[68] 关于促进海运业健康发展的若干意见 [EB/OL]. 中国政府网,2014-09-03.

[69] 王亚杰. 关于行业特色型大学建设的思考和建议[J]. 中国高等教育,2009(05):23-26.

[70] 赵宇,朱伶俐. 对行业特色高校学科群建设的思考[J]. 科技信息,2010(14):56.

[71] 曹文娟,张雨涵,苗蕾. 风劲帆满海天阔——"十三五"交通运输发展成就巡礼之水运篇[N/OL]. https://www.zgjtb.com/2020-12/18/content_254663.html,2020-12-18.

[72] 孙培廷,王跃辉. 沧桑砥砺筑盛景,人间万事出艰辛——写在新中国高等航运教育 60 周年之际[J]. 航海教育研究,2009,26(04):1-5.

[73] 打造"国之重器",建设海洋强国——记海洋工程国家重点实验室[J]. 科学中国人,2022,(24):72-73.

[74] 余秋亮. 国家级工程实验室助力"轨道上的大湾区"[N/OL]. https://www.southcn.com/node_99ddc97d77/9abc381e59.shtml,2019-04-04.

[75] 庄妍,刘玢妤,于淼. 好风助力上青云——"十三五"交通运输发展成就巡礼民航篇[N/OL]. https://www.zgjtb.com/2020-12/22/content_254785.html,2020-12-22.

[76] 王成. 为祖国撑起一片蔚蓝——写在中国民航学院建校 50 周年之际[J]. 中国民用航

空,2001,(09):46-48.

[77] 孔卓.高等教育普及化背景下行业性高校发展定位探析[J].黑龙江教育(理论与实践),2021,(09):50-51.

[78] 冯天军,梁春岩,张云龙.新工科背景下交通工程专业创新人才培养模式的研究与实践[J].高教学刊,2019,(24):40-42+45.

[79] 徐瑞雪."一带一路"工程技术人才国际化能力模型建构及其培养策略研究[D].浙江大学,2020.

附　　录

附录A　公路运输行业主干二级学科学校层次分布

表A　公路运输行业主干二级学科学校层次分布

学科	所在省(区、市)	学校名称	层次	是否自划线	是否有博士点
公路环境工程	内蒙古自治区	内蒙古大学	211	否	是
车辆工程	北京市	北京交通大学	211	否	是
		北京航空航天大学	985	是	是
		中国农业大学	985	是	是
		中国北方车辆研究所	研究所	否	否
	天津市	天津职业技术师范大学	普通	否	是
	河北省	燕山大学	普通	否	是
	内蒙古自治区	内蒙古农业大学	普通	否	是
	辽宁省	大连理工大学	985	是	是
		沈阳理工大学	普通	否	是
		大连交通大学	普通	否	是
		辽宁工业大学	普通	否	否
	吉林省	吉林大学	985	是	是
		北华大学	普通	否	否
	上海市	同济大学	985	是	是
		上海应用技术大学	普通	否	是
	江苏省	苏州大学	211	否	是
		南京理工大学	211	否	是
		江苏大学	普通	否	是
		扬州大学	普通	否	是
	浙江省	浙江大学	985	是	是
	安徽省	合肥工业大学	211	否	是
	福建省	福州大学	211	否	是

续表 A

学科	所在省(区、市)	学校名称	层次	是否自划线	是否有博士点
车辆工程	山东省	山东理工大学	普通	否	是
		青岛大学	普通	否	是
	河南省	郑州大学	211	否	是
	河南省	郑州轻工业大学	普通	否	是
		中原工学院	普通	否	否
	湖北省	武汉科技大学	普通	否	是
		武汉理工大学	211	否	是
		湖北汽车工业学院	普通	否	否
	重庆市	重庆理工大学	普通	否	否
	四川省	西南交通大学	211	否	是
	云南省	昆明理工大学	普通	否	是
	陕西省	西安工业大学	普通	否	是
		长安大学	211	否	是
	甘肃省	兰州理工大学	普通	否	是
	甘肃省	兰州交通大学	普通	否	否
城市地下空间工程	广东省	中南大学	985	是	是
道路交通工程与灾害防治	福建省	福州大学	211	否	是
防灾减灾工程及防护工程	北京市	中国科学院大学	普通	否	是
		中国建筑科学研究院	研究所	否	是
		中国地震局地球物理研究所	研究所	否	是
		军事科学院	普通	否	是
	河北省	石家庄铁道大学	普通	否	是
	辽宁省	大连理工大学	985	是	是
		辽宁工程技术大学	普通	否	是
		沈阳建筑大学	普通	否	是
		辽宁工业大学	普通	否	否
	吉林省	吉林建筑大学	普通	否	否

续表 A

学科	所在省(区、市)	学校名称	层次	是否自划线	是否有博士点
防灾减灾工程及防护工程	黑龙江省	中国地震局工程力学研究所	研究所	否	是
	江苏省	中国矿业大学	211	否	是
		河海大学	211	否	是
		南京林业大学	普通	否	是
		苏州科技大学	普通	否	否
		南京水利科学研究院	研究所	否	是
	安徽省	合肥工业大学	211	否	是
		安徽建筑大学	普通	否	是
	福建省	福州大学	211	否	是
	江西省	华东交通大学	985	否	是
		江西理工大学	普通	否	是
	山东省	山东大学	985	是	是
		中国海洋大学	985	否	是
	河南省	郑州大学	211	否	是
	湖北省	武汉工程大学	普通	否	是
		长江科学院	普通	否	否
		中国地震局地震研究所	研究所	否	否
	广东省	暨南大学	211	否	是
		广州大学	普通	否	是
	云南省	昆明理工大学	普通	否	是
	陕西省	西安理工大学	普通	否	是
		西安工业大学	普通	否	是
		西安建筑科技大学	普通	否	是
	甘肃省	兰州理工大学	普通	否	是
		兰州交通大学	普通	否	是
	青海省	青海大学	211	否	是
交通安全与灾害防治工程	福建省	福州大学	211	否	是

续表 A

学科	所在省(区、市)	学校名称	层次	是否自划线	是否有博士点
桥梁与隧道工程	北京市	北京建筑大学	普通	否	是
		煤炭科学研究总院	研究所	否	是
		中国铁道科学研究院	研究所	否	是
	河北省	石家庄铁道大学	普通	否	是
	辽宁省	大连理工大学	985	是	是
		辽宁工程技术大学	普通	否	是
		沈阳建筑大学	普通	否	是
	吉林省	吉林建筑大学	普通	否	否
	黑龙江省	中国地震局工程力学研究所	研究所	否	是
	江苏省	东南大学	985	是	是
		中国矿业大学	211	否	是
		河海大学	211	否	是
		南京林业大学	普通	否	是
	江苏省	苏州科技大学	普通	否	否
		南京水利科学研究院	研究所	否	是
	安徽省	合肥工业大学	211	否	是
		安徽建筑大学	普通	否	是
	福建省	福州大学	211	否	是
	江西省	华东交通大学	985	否	是
		江西理工大学	普通	否	是
	山东省	山东大学	985	是	是
		中国海洋大学	985	否	是
		山东建筑大学	普通	否	是
	河南省	郑州大学	211	否	是
	湖北省	武汉工程大学	普通	否	是
		武汉理工大学	211	是	是
	广东省	广州大学	普通	否	是
	四川省	西南交通大学	211	否	是

续表 A

学科	所在省(区、市)	学校名称	层次	是否自划线	是否有博士点
桥梁与隧道工程	云南省	昆明理工大学	普通	否	是
	陕西省	西安理工大学	普通	否	是
		西安工业大学	普通	否	是
		西安建筑科技大学	普通	否	是
	甘肃省	兰州理工大学	普通	否	是
		兰州交通大学	普通	否	是
	青海省	青海大学	211	否	是
岩土工程	北京市	北京建筑大学	普通	否	是
		中国科学院大学	普通	否	是
		中国水利水电科学研究院	研究所	否	是
		中国建筑科学研究院	研究所	否	是
		煤炭科学研究总院	研究所	否	是
		中国铁道科学研究院	研究所	否	是
		中国地震局地球物理研究所	研究所	否	是
		军事科学院	普通	否	是
	河北省	石家庄铁道大学	普通	否	是
	辽宁省	大连理工大学	985	是	是
	辽宁省	辽宁科技大学	普通	否	是
		辽宁工程技术大学	普通	否	是
		沈阳建筑大学	普通	否	是
	吉林省	吉林建筑大学	普通	否	否
	黑龙江省	中国地震局工程力学研究所	研究所	否	是
	江苏省	东南大学	985	是	是
		中国矿业大学	211	否	是
		河海大学	211	否	是
		南京林业大学	普通	否	是
		苏州科技大学	普通	否	否
		南京水利科学研究院	研究所	否	是

续表 A

学科	所在省(区、市)	学校名称	层次	是否自划线	是否有博士点
岩土工程	安徽省	合肥工业大学	211	否	是
		安徽建筑大学	普通	否	是
	福建省	福州大学	211	否	是
	江西省	华东交通大学	985	否	是
		江西理工大学	普通	否	是
	山东省	山东大学	985	是	是
	河南省	郑州大学	211	否	是
	湖北省	武汉大学	985	是	是
		武汉工程大学	普通	否	是
		长江科学院	普通	否	否
	湖南省	中南大学	985	是	是
	广东省	中山大学	985	是	是
		暨南大学	211	否	是
		广州大学	普通	否	是
	四川省	西南交通大学	211	否	是
	云南省	云南大学	211	否	是
		昆明理工大学	普通	否	是
	陕西省	西安理工大学	普通	否	是
		西安工业大学	普通	否	是
		西安建筑科技大学	普通	否	是
	甘肃省	兰州理工大学	普通	否	是
	甘肃省	兰州交通大学	普通	否	是
	青海省	青海大学	211	否	是
市政工程	北京市	北京建筑大学	普通	否	是
		北京市市政工程研究院	研究所	否	否
	天津市	天津大学	985	是	是
		天津城建大学	普通	否	否
	河北省	河北工程大学	普通	否	是
		河北建筑工程学院	普通	否	否
		石家庄铁道大学	普通	否	是

续表 A

学科	所在省(区、市)	学校名称	层次	是否自划线	是否有博士点
市政工程	内蒙古自治区	内蒙古农业大学	普通	否	是
	辽宁省	大连理工大学	985	是	是
		辽宁工程技术大学	普通	否	是
		沈阳建筑大学	普通	否	是
		辽宁工业大学	普通	否	否
	吉林省	吉林建筑大学	普通	否	否
	上海市	同济大学	985	是	是
	江苏省	东南大学	985	是	是
		中国矿业大学	211	否	是
		河海大学	211	否	是
		南京林业大学	普通	否	是
		苏州科技大学	普通	否	否
		扬州大学	普通	否	是
		南京水利科学研究院	研究所	否	是
	安徽省	合肥工业大学	211	否	是
		安徽工业大学	普通	否	是
		安徽建筑大学	普通	否	是
	福建省	福州大学	211	否	是
	江西省	南昌大学	211	否	是
		华东交通大学	985	否	是
		江西理工大学	普通	否	是
	山东省	山东建筑大学	普通	否	是
	河南省	郑州大学	211	否	是
		中原工学院	普通	否	否
	湖北省	武汉大学	985	是	是
		华中科技大学	985	是	是
		长江大学	普通	否	是
		武汉工程大学	普通	否	是
	广东省	广州大学	普通	否	是
	四川省	四川农业大学	普通	否	是

续表 A

学科	所在省(区、市)	学校名称	层次	是否自划线	是否有博士点
市政工程	云南省	云南大学	211	否	是
		昆明理工大学	普通	否	是
	陕西省	西安理工大学	普通	否	是
		西安工业大学	普通	否	是
		西安建筑科技大学	普通	否	是
	甘肃省	兰州理工大学	普通	否	是
		兰州交通大学	普通	否	是
供热、供燃气、通风及空调工程	北京市	北京科技大学	211	否	是
		北京建筑大学	普通	否	是
		华北电力大学	211	否	是
		中国建筑科学研究院	研究所	否	是
		军事科学院	普通	否	是
	天津市	天津大学	985	是	是
		天津城建大学	普通	否	否
	河北省	河北工程大学	普通	否	是
		华北电力大学(保定)	211	否	否
		河北工业大学	211	否	是
		河北建筑工程学院	普通	否	否
		石家庄铁道大学	普通	否	是
		燕山大学	普通	否	是
	辽宁省	大连理工大学	985	是	是
		辽宁工程技术大学	普通	否	是
		沈阳建筑大学	普通	否	是
		辽宁工业大学	普通	否	否
	吉林省	东北电力大学	普通	否	是
		吉林建筑大学	普通	否	否
	上海市	同济大学	985	是	是
	江苏省	东南大学	985	是	是
		南京理工大学	211	否	是
		江苏科技大学	普通	否	是
		中国矿业大学	211	否	是
		苏州科技大学	普通	否	否
		扬州大学	普通	否	是

续表 A

学科	所在省(区、市)	学校名称	层次	是否自划线	是否有博士点
供热、供燃气、通风及空调工程	浙江省	浙江大学	985	是	是
	安徽省	合肥工业大学	211	否	是
		安徽工业大学	普通	否	是
		安徽建筑大学	普通	否	是
	江西省	南昌大学	211	否	是
		华东交通大学	985	否	是
		江西理工大学	普通	否	是
	山东省	山东建筑大学	普通	否	是
	河南省	郑州大学	211	否	是
		中原工学院	普通	否	否
	湖北省	华中科技大学	985	是	是
		长江大学	普通	否	是
	湖南省	中南大学	985	是	是
	广东省	广州大学	普通	否	是
	四川省	西南交通大学	211	否	是
	云南省	昆明理工大学	普通	否	是
	陕西省	西安建筑科技大学	普通	否	是
	甘肃省	兰州理工大学	普通	否	是
		兰州交通大学	普通	否	是

附录B　水运运输行业主干二级学科学校层次分布

表 B　水运运输行业主干二级学科学校层次分布

学科	所在省(区、市)	学校名称	层次	是否自划线	是否有博士点
海上交通工程	辽宁省	大连海事大学	211	否	是
航海科学与技术	辽宁省	大连海事大学	211	否	是
船舶电子工程技术	北京市	中国舰船研究所	普通	否	是
水下特种装备探测与控制	北京市	中国舰船研究所	普通	否	是
船舶化学电源技术	湖北省	武汉船用电力推进装置研究所	研究所	否	否

续表 B

学科	所在省（区、市）	学校名称	层次	是否自划线	是否有博士点
船舶与海洋工程材料	上海市	上海海事大学	普通	否	是
船舶与海洋结构物设计制造	北京市	中国舰船研究院	普通	否	是
	河北省	邯郸净化设备研究所	研究所	否	是
	辽宁省	大连海事大学	211	否	是
	黑龙江省	哈尔滨工程大学	211	否	是
	上海市	上海海事大学	普通	否	是
		上海船舶运输科学研究所	研究所	否	是
		中国船舶及海洋工程设计研究院	研究所	否	是
	江苏省	中国船舶科学研究中心	普通	否	是
	山东省	中国海洋大学	985	否	是
		中国石油大学(华东)	211	否	是
	湖北省	中国舰船研究设计中心(701 所)	研究所	否	是
		武汉第二船舶设计研究所	研究所	否	是
船舶通信天线技术	湖北省	武汉船舶通信研究所	普通	否	否
救助与打捞工程	辽宁省	大连海事大学	211	否	是
轮机工程	北京市	中国舰船研究院	研究所	否	是
	辽宁省	大连海事大学	211	否	是
	黑龙江省	哈尔滨工程大学	211	否	是
		哈尔滨船舶锅炉涡轮机研究所	研究所	否	是
	上海市	上海海事大学	普通	否	是
		上海船舶运输科学研究所	研究所	否	否
		上海船舶设备研究所	研究所	否	是
		上海船用柴油机研究所	研究所	否	是
	山东省	中国海洋大学	985	否	是
		海军潜艇学院	普通	否	否
船舶与海洋工程	天津市	天津大学	985	是	是
	河北省	燕山大学	普通	否	是

续表 B

学科	所在省（区、市）	学校名称	层次	是否自划线	是否有博士点
船舶与海洋工程	辽宁省	大连理工大学	985	是	是
		大连海洋大学	普通	否	否
	黑龙江省	哈尔滨工业大学	985	是	是
	上海市	上海交通大学	985	是	是
		上海海洋大学	普通	否	是
	江苏省	江苏科技大学	普通	否	是
		河海大学	211	否	是
	浙江省	浙江海洋大学	普通	否	否
		宁波大学	普通	否	是
	福建省	集美大学	普通	否	是
	山东省	山东科技大学	普通	否	是
		鲁东大学	普通	否	是
	湖北省	华中科技大学	985	是	是
		武汉理工大学	211	否	是
		海军工程大学	普通	否	是
	广东省	中山大学	985	是	是
		华南理工大学	985	是	是
		广东海洋大学	普通	否	是
	广西壮族自治区	北部湾大学	普通	否	是
	重庆市	重庆交通大学	普通	否	是
	陕西省	西北工业大学	985	是	是
水声工程	北京市	中国舰船研究院	研究所	否	是
	辽宁省	大连测控技术研究所	研究所	否	否
	黑龙江省	哈尔滨工程大学	211	否	是
	上海市	上海船舶电子设备研究所	研究所	否	否
	江苏省	江苏科技大学	普通	否	是
	浙江省	杭州应用声学研究所	研究所	否	是
	山东省	海军潜艇学院	普通	否	否
	山西省	西安精密机械研究所	研究所	否	是

续表 B

学科	所在省（区、市）	学校名称	层次	是否自划线	是否有博士点
城市水务	江苏省	河海大学	211	否	是
港口、海岸及近海工程	天津市	国家海洋技术中心	普通	否	是
	辽宁省	大连理工大学	985	是	是
	上海市	华东师范大学	985	是	是
	江苏省	河海大学	211	否	是
		南京水利科学研究院	研究所	否	是
	浙江省	自然资源部第二海洋研究所	研究所	否	否
	福建省	福州大学	211	否	是
	山东省	中国海洋大学	985	是	是
	湖北省	武汉大学	985	是	是
	陕西省	西安理工大学	普通	否	是

附录C　铁道运输行业主干二级学科学校层次分布

表 C　铁道运输行业主干二级学科学校层次分布

学科	所在省（区、市）	学校名称	层次	是否自划线	是否有博士点
载运工具运用工程	北京市	北京交通大学	211	否	是
		北京航空航天大学	985	是	是
		北京建筑大学	普通	否	是
		中国铁道科学研究院	研究所	是	是
	天津市	天津职业技术师范大学	普通	否	是
	河北省	石家庄铁道大学	普通	否	是
	辽宁省	大连交通大学	普通	否	是
		大连海事大学	211	否	是
		辽宁工业大学	普通	否	否
	吉林省	吉林大学	985	是	是
	上海市	同济大学	985	是	是
		上海海事大学	普通	否	是
	江苏省	南京林业大学	普通	否	是

续表 C

学科	所在省（区、市）	学校名称	层次	是否自划线	是否有博士点
载运工具运用工程	山东省	山东大学	985	是	是
	四川省	西南交通大学	211	否	是
	云南省	昆明理工大学	普通	否	是
	甘肃省	兰州交通大学	普通	否	是
交通信息工程及控制	北京市	北京交通大学	211	否	是
		北京航空航天大学	985	是	是
		中国铁道科学研究院	研究所	否	是
	天津市	天津职业技术师范大学	普通	否	是
	河北省	石家庄铁道大学	普通	否	是
	辽宁省	大连理工大学	985	是	是
		大连交通大学	普通	否	是
		大连海事大学	211	否	是
		沈阳建筑大学	普通	否	是
		辽宁工业大学	普通	否	是
	吉林省	吉林大学	985	是	是
	上海市	上海海事大学	普通	否	是
	上海市	上海船舶运输科学研究所	研究所	否	否
	江苏省	南京林业大学	普通	否	是
	江西省	华东交通大学	普通	否	是
	山东省	山东大学	985	是	是
	湖北省	武汉理工大学	211	否	是
	广东省	华南理工大学	985	是	是
	四川省	西南交通大学	211	否	是
	云南省	昆明理工大学	普通	否	是
	甘肃省	兰州交通大学	普通	否	是
轨道交通电气自动化	甘肃省	兰州交通大学	普通	否	是
城市轨道交通技术	湖南省	中南大学	985	是	是
铁路环境工程	北京市	中国铁道科学研究院	研究所	否	是

续表 C

学科	所在省（区、市）	学校名称	层次	是否自划线	是否有博士点
道路与铁道工程	北京市	北京交通大学	211	否	是
		北京建筑大学	普通	否	是
		中国铁道科学研究院	研究所	否	是
	河北省	石家庄铁道大学	普通	否	是
	辽宁省	大连理工大学	985	是	是
		大连交通大学	普通	否	是
		大连海事大学	211	否	是
		沈阳建筑大学	普通	否	是
	吉林省	吉林大学	985	是	是
	江苏省	河海大学	211	否	是
		南京林业大学	普通	否	是
	安徽省	合肥工业大学	211	否	是
	江西省	华东交通大学	普通	否	是
	山东省	山东大学	985	是	是
	河南省	郑州大学	211	否	是
	湖南省	中南大学	985	是	是
	广东省	华南理工大学	985	是	是
	四川省	西南交通大学	211	否	是
	云南省	昆明理工大学	普通	否	是
	甘肃省	兰州交通大学	普通	否	是

附录 D　民航运输行业主干二级学科学校层次分布

表 D　民航运输行业主干二级学科学校层次分布

学科	所在省（区、市）	学校名称	层次	是否自划线	是否有博士点
飞行器设计	北京市	北京航空航天大学	985	是	是
		中国科学院大学	普通	否	是
		中国航空研究院	研究所	否	是
		中国航天科工集团第三研究院	研究所	否	是
		军事科学院	研究所	否	是

续表 D

学科	所在省（区、市）	学校名称	层次	是否自划线	是否有博士点
飞行器设计	辽宁省	中国航空研究院(601 所)	研究所	否	是
	上海市	中国航空研究院(640 所)	研究所	否	否
	江西省	中国航空研究院(602 所)	研究所	否	否
	河南省	郑州航空工业管理学院	普通	否	否
		中国航空研究院(014 中心)	研究所	否	是
	四川省	中国航空研究院(611 所)	研究所	否	是
	贵州省	中国航天科工集团第十研究院	研究所	否	否
	陕西省	中国航空研究院(603 所)	研究所	否	是
		中国航空研究院(630 所)	研究所	否	否
航空材料加工与检测技术	江西省	南昌航空大学	普通	否	否
航空宇航科学与技术	北京市	清华大学	985	是	是
		北京理工大学	985	是	是
		中国运载火箭技术研究院	研究所	否	是
		中国航天科工集团第二研究院	研究所	否	是
		中国空间技术研究院	研究所	否	是
		中国航天空气动力技术研究院	研究所	否	是
		战略支援部队航天工程大学	普通	否	是
	天津市	天津工业大学	普通	否	是
		中国民航大学	普通	否	是
	河北省	北华航天工业学院	普通	否	否
	山西省	中北大学	普通	否	是
		太原理工大学	普通	否	是
	辽宁省	大连理工大学	985	是	是
		沈阳航空航天大学	普通	否	是
	吉林省	空军航空大学	普通	否	否
	黑龙江省	哈尔滨工业大学	985	是	是
		哈尔滨工程大学	211	否	是
	上海市	复旦大学	985	是	是
		同济大学	985	是	是
		上海交通大学	985	是	是
		上海航天技术研究院	研究所	否	否

续表 D

学科	所在省(区、市)	学校名称	层次	是否自划线	是否有博士点
航空宇航科学与技术	江苏省	南京航空航天大学	211	否	是
		南京理工大学	211	否	是
	浙江省	浙江大学	985	是	是
	福建省	厦门大学	985	是	是
	江西省	南昌航空大学	普通	否	否
	山东省	海军航空大学	普通	否	否
	河南省	郑州航空工业管理学院	普通	否	否
	湖北省	华中科技大学	985	是	是
		航天动力技术研究所(42 所)	研究所	否	否
航空宇航推进理论与工程	北京市	北京航空航天大学	985	是	是
		中国科学院大学	普通	否	是
		中国航空研究院	研究所	否	是
		中国航天科工集团第三研究院	研究所	否	否
		军事科学院	普通	否	是
	辽宁省	中国航空研究院(606 所)	研究所	否	否
	河南省	中国航空研究院(014 中心)	研究所	否	是
	湖北省	中国航空研究院(610 所)	研究所	否	否
	湖南省	中国航空研究院(608 所)	研究所	否	否
	四川省	中国航空研究院(624 所)	研究所	否	否
	陕西省	西北工业大学	985	是	是
		中国航空研究院(630 所)	研究所	否	否
		中国航天科技集团有限公司第六研究院第十一研究所	研究所	否	是
航空宇航制造工程	北京市	中国科学院大学	普通	否	是
		中国航空研究院(625 所)	研究所	否	是
		中国航天科工集团第三研究院	研究所	否	否
	河南省	郑州航空工业管理学院	普通	否	否
	陕西省	西北工业大学	985	是	是
航空噪声与振动工程	江西省	南昌航空大学	普通	否	否
宇航材料工程	北京市	中国空间技术研究院	研究所	否	是
宇航元器件工程	北京市	中国空间技术研究院	研究所	否	是

附录E 2023年中国大学本科教育分专业排名

表E 2023年中国大学本科教育分专业排名

专业名称	排序	学校名称	水 平
交通设备与控制工程	1	中南大学	5★
	2	哈尔滨工业大学	4★
	3	北京工业大学	4★
	4	合肥工业大学	3★
	5	湖南工业大学	3★
	6	长安大学	3★
	7	重庆交通大学	3★
交通管理工程	1	湖南警察学院	5★
	2	浙江警察学院	5★-
	3	四川警察学院	4★
	4	中国人民公安大学	4★
	5	重庆警察学院	3★
	6	山东警察学院	3★
	7	广东警官学院	3★
	8	河南警察学院	3★
	9	北京警察学院	3★
	10	江苏警官学院	3★
交通管理	1	上海海事大学	5★
	2	大连海事大学	4★
	3	辽宁警察学院	3★
	4	中国民航大学	3★
	5	中国民用航空飞行学院	3★
	6	广州航海学院	3★
物流管理	1	东南大学	5★+
	2	北京物资学院	5★+
	3	上海海事大学	5★+
	4	大连海事大学	5★+
	5	东北财经大学	5★

续表 E

专业名称	排序	学校名称	水 平
物流管理	6	重庆工商大学	5★
	7	北京交通大学	5★
	8	重庆交通大学	5★
	9	南京财经大学	5★
	10	华中科技大学	5★
物流工程	1	武汉理工大学	5★+
	2	上海海事大学	5★
	3	西南交通大学	5★
	4	天津大学	5★
	5	中南林业科技大学	5★
	6	大连海事大学	5★-
	7	北京交通大学	5★-
	8	华南理工大学	5★-
	9	山东交通学院	5★-
	10	北京物资学院	5★-
工程力学	1	清华大学	5★+
	2	大连理工大学	5★
	3	西安交通大学	5★
	4	浙江大学	5★
	5	南京航空航天大学	5★-
	6	北京航空航天大学	5★-
	7	哈尔滨工业大学	5★-
	8	上海交通大学	5★-
	9	北京理工大学	5★-
	10	西南交通大学	5★-
工业工程	1	清华大学	5★+
	2	天津大学	5★
	3	上海交通大学	5★
	4	华中科技大学	5★
	5	浙江工业大学	5★
	6	北京理工大学	5★

续表 E

专业名称	排序	学校名称	水 平
工业工程	7	中国计量大学	5★
	8	东北大学	5★-
	9	南京航空航天大学	5★-
	10	西北工业大学	5★-
机械设计制造及其自动化	1	华中科技大学	5★+
	2	大连理工大学	5★+
	3	天津大学	5★+
	4	哈尔滨工业大学	5★+
	5	西北工业大学	5★+
	6	中南大学	5★
	7	山东大学	5★
	8	西南交通大学	5★
	9	太原理工大学	5★
	10	重庆大学	5★
自动化	1	北京交通大学	5★+
	2	南京理工大学	5★+
	3	东南大学	5★+
	4	西南交通大学	5★+
	5	哈尔滨工业大学	5★+
	6	浙江大学	5★
	7	东北大学	5★
	8	北京航空航天大学	5★
	9	郑州大学	5★
	10	南京航空航天大学	5★
电气工程及其自动化	1	华中科技大学	5★+
	2	西安交通大学	5★+
	3	西南交通大学	5★+
	4	重庆大学	5★+

续表 E

专业名称	排序	学校名称	水平
电气工程及其自动化	5	湖南大学	5★+
	6	哈尔滨工业大学	5★+
	7	天津大学	5★
	8	浙江大学	5★
	9	华北电力大学	5★
	10	华南理工大学	5★
测绘工程	1	武汉大学	5★+
	2	同济大学	5★
	3	中国矿业大学	5★
	4	中南大学	5★
	5	西南交通大学	5★
	6	辽宁工程技术大学	5★
	7	河南理工大学	5★
	8	河海大学	5★-
	9	东华理工大学	5★-
	10	西安科技大学	5★-
交通工程	1	同济大学	5★+
	2	西南交通大学	5★
	3	北京交通大学	5★
	4	长安大学	5★
	5	东南大学	5★
	6	重庆交通大学	5★-
	7	北京工业大学	5★-
	8	哈尔滨工业大学	5★-
	9	河海大学	5★-
	10	昆明理工大学	5★-

附录F 民航运输行业主干二级学科学校层次分布

表F 民航运输行业主干二级学科学校层次分布

<table>
<tr><th>学科</th><th>所在省（区、市）</th><th>学校名称</th><th>层次</th><th>是否自划线</th><th>是否有博士点</th></tr>
<tr><td rowspan="21">工程力学</td><td rowspan="4">北京市</td><td>北京化工大学</td><td>211</td><td>否</td><td>是</td></tr>
<tr><td>中国科学院大学</td><td>普通</td><td>否</td><td>是</td></tr>
<tr><td>中国工程物理研究院</td><td>研究所</td><td>否</td><td>是</td></tr>
<tr><td>军事科学院</td><td>普通</td><td>否</td><td>是</td></tr>
<tr><td rowspan="2">辽宁省</td><td>大连理工大学</td><td>985</td><td>是</td><td>是</td></tr>
<tr><td>东北大学</td><td>985</td><td>是</td><td>是</td></tr>
<tr><td>黑龙江省</td><td>中国地震局工程力学研究所</td><td>研究所</td><td>否</td><td>是</td></tr>
<tr><td>江苏省</td><td>南京理工大学</td><td>211</td><td>否</td><td>是</td></tr>
<tr><td>山东省</td><td>山东大学</td><td>985</td><td>是</td><td>是</td></tr>
<tr><td rowspan="2">河南省</td><td>华北水利水电大学</td><td>普通</td><td>否</td><td>是</td></tr>
<tr><td>郑州机械研究所</td><td>研究所</td><td>否</td><td>否</td></tr>
<tr><td rowspan="3">湖北省</td><td>武汉大学</td><td>985</td><td>是</td><td>是</td></tr>
<tr><td>武汉理工大学</td><td>211</td><td>否</td><td>是</td></tr>
<tr><td>中国舰船研究设计中心</td><td>研究所</td><td>否</td><td>是</td></tr>
<tr><td rowspan="2">广东省</td><td>暨南大学</td><td>211</td><td>否</td><td>是</td></tr>
<tr><td>广州大学</td><td>普通</td><td>否</td><td>是</td></tr>
<tr><td>云南省</td><td>昆明理工大学</td><td>普通</td><td>否</td><td>是</td></tr>
<tr><td rowspan="2">陕西省</td><td>中国航空研究院(623 所)</td><td>研究所</td><td>否</td><td>否</td></tr>
<tr><td>西安近代化学研究所</td><td>研究所</td><td>否</td><td>是</td></tr>
<tr><td rowspan="2">甘肃省</td><td>兰州理工大学</td><td>普通</td><td>否</td><td>是</td></tr>
<tr><td>兰州交通大学</td><td>普通</td><td>否</td><td>是</td></tr>
<tr><td rowspan="8">工业工程</td><td>北京市</td><td>北京交通大学</td><td>211</td><td>否</td><td>是</td></tr>
<tr><td>吉林省</td><td>吉林大学</td><td>985</td><td>是</td><td>是</td></tr>
<tr><td>江苏省</td><td>南京理工大学</td><td>211</td><td>否</td><td>是</td></tr>
<tr><td>安徽省</td><td>合肥工业大学</td><td>211</td><td>否</td><td>是</td></tr>
<tr><td rowspan="2">湖北省</td><td>华中科技大学</td><td>985</td><td>是</td><td>是</td></tr>
<tr><td>武汉理工大学</td><td>211</td><td>否</td><td>是</td></tr>
<tr><td>广西壮族自治区</td><td>广西科技大学</td><td>普通</td><td>否</td><td>否</td></tr>
<tr><td>云南省</td><td>昆明理工大学</td><td>普通</td><td>否</td><td>是</td></tr>
</table>

续表 F

学科	所在省（区、市）	学校名称	层次	是否自划线	是否有博士点
电力电子与电力传动	北京市	中国科学院大学	普通	否	是
		中国电力科学研究院	研究所	否	是
	辽宁省	辽宁工业大学	普通	否	否
	吉林省	北华大学	普通	否	否
	江苏省	南京理工大学	211	否	是
		国网电力科学研究院	研究所	否	否
	福建省	福州大学	211	否	是
	山东省	山东大学	985	是	是
	湖北省	湖北工业大学	普通	否	是
		武汉船用电力推进装置研究所	研究所	否	否
	四川省	核工业西南物理研究院	研究所	否	是
	云南省	昆明理工大学	普通	否	是
	甘肃省	兰州理工大学	普通	否	是
电力系统及其自动化	北京市	中国科学院大学	普通	否	是
		中国电力科学研究院	研究所	否	是
		中国铁道科学研究院	研究所	否	是
	辽宁省	辽宁工业大学	普通	否	否
	吉林省	北华大学	普通	否	否
	江苏省	南京理工大学	211	否	是
		国网电力科学研究院	研究所	否	否
	福建省	福州大学	211	否	是
	湖北省	湖北工业大学	普通	否	是
	云南省	昆明理工大学	普通	否	是
	甘肃省	兰州理工大学	普通	否	是
导航与信息工程	湖北省	武汉理工大学	211	否	是
物流管理	甘肃省	兰州交通大学	普通	否	是
交通工程	四川省	西南交通大学	211	否	是
交通信息工程及控制	北京市	北京交通大学	211	否	是
		北京航空航天大学	985	是	是
		中国铁道科学研究院	研究所	否	是

续表 F

学科	所在省（区、市）	学校名称	层次	是否自划线	是否有博士点
交通信息工程及控制	天津市	天津职业技术师范大学	普通	否	是
	河北省	石家庄铁道大学	普通	否	是
	辽宁省	大连理工大学	985	是	是
		大连交通大学	普通	否	是
		大连海事大学	211	否	是
		沈阳建筑大学	普通	否	是
		辽宁工业大学	普通	否	否
	吉林省	吉林大学	985	是	是
	上海市	上海海事大学	普通	否	是
		上海船舶运输科学研究所	研究所	否	否
	江苏省	南京林业大学	普通	否	是
	江西省	华东交通大学	985	否	是
	山东省	山东大学	985	是	是
	湖北省	武汉理工大学	211	否	是
	广东省	华南理工大学	985	是	是
	四川省	西南交通大学	211	否	是
	云南省	昆明理工大学	普通	否	是
	甘肃省	兰州交通大学	普通	否	是
交通运输工程	北京市	清华大学	985	是	是
		北京工业大学	普通	否	是
		北京航空航天大学	985	是	是
		交通运输部公路科学研究所	研究所	否	否
	天津市	中国民航大学	普通	否	是
	河北省	河北工业大学	211	否	是
	内蒙古自治区	内蒙古工业大学	普通	否	是
	辽宁省	沈阳航空航天大学	普通	否	是
	黑龙江省	哈尔滨工业大学	985	是	是
		东北林业大学	211	否	是

续表 F

学科	所在省（区、市）	学校名称	层次	是否自划线	是否有博士点
交通运输工程	上海市	同济大学	985	是	是
		上海交通大学	985	是	是
		上海理工大学	普通	否	是
		上海工程技术大学	普通	否	否
	江苏省	苏州大学	211	否	是
		东南大学	985	是	是
		南京航空航天大学	211	否	是
		南京理工大学	211	否	是
		江苏大学	普通	否	是
		陆军工程大学	普通	否	是
	浙江省	宁波大学	普通	否	是
	安徽省	合肥工业大学	211	否	是
	福建省	福建理工大学	普通	否	否
		福建农林大学	普通	否	是
		集美大学	普通	否	是
	江西省	华东交通大学	985	否	是
	山东省	山东科技大学	普通	否	是
		青岛理工大学	普通	否	是
		山东建筑大学	普通	否	是
		山东理工大学	普通	否	是
	河南省	河南理工大学	普通	否	是
		河南科技大学	普通	否	是
	湖北省	武汉科技大学	普通	否	是
		武汉理工大学	211	否	是
	湖南省	湖南大学	985	是	是
		中南大学	985	是	是
		长沙理工大学	普通	否	是
	广东省	中山大学	985	是	是
	广西壮族自治区	桂林电子科技大学	普通	否	是

续表 F

学科	所在省（区、市）	学校名称	层次	是否自划线	是否有博士点
交通运输工程	重庆市	重庆交通大学	普通	否	是
	四川省	西华大学	普通	否	否
		中国民用航空飞行学院	普通	否	否
	陕西省	西北工业大学	985	是	是
		西安电子科技大学	普通	否	是
		西安建筑科技大学	普通	否	是
	陕西省	长安大学	211	否	是
		空军工程大学	普通	否	是
	新疆维吾尔自治区	新疆大学	211	否	是
		新疆农业大学	普通	否	是
载运工具运用工程	北京市	北京交通大学	211	否	是
		北京航空航天大学	985	是	是
		北京建筑大学	普通	否	是
		中国铁道科学研究院	研究所	否	是
	天津市	天津职业技术师范大学	普通	否	是
	河北省	石家庄铁道大学	普通	否	是
	辽宁省	大连交通大学	普通	否	是
		大连海事大学	211	否	是
		辽宁工业大学	普通	否	否
	吉林省	吉林大学	985	是	是
	上海市	同济大学	985	是	是
		上海海事大学	普通	否	是
	江苏省	南京林业大学	普通	否	是
	山东省	山东大学	985	是	是
	四川省	西南交通大学	211	否	是
	云南省	昆明理工大学	普通	否	是
	甘肃省	兰州交通大学	普通	否	是

续表 F

学科	所在省（区、市）	学校名称	层次	是否自划线	是否有博士点
物流工程与管理	辽宁省	大连海事大学	211	否	是
	云南省	昆明理工大学	普通	否	是
物流工程	四川省	西南交通大学	211	否	是
交通运输规划与管理	北京市	北京交通大学	211	否	是
		北京航空航天大学	985	是	是
		北京建筑大学	普通	否	是
		中国铁道科学研究院	研究所	否	是
	河北省	石家庄铁道大学	普通	否	是
	辽宁省	大连理工大学	985	是	是
		大连交通大学	普通	否	是
		大连海事大学	211	否	是
		沈阳建筑大学	普通	否	是
		辽宁工业大学	普通	否	否
	吉林省	吉林大学	985	是	是
	上海市	上海海事大学	普通	否	是
	江苏省	河海大学	211	否	是
		南京林业大学	普通	否	是
	江西省	华东交通大学	985	否	是
	山东省	山东大学	985	是	是
	湖北省	武汉理工大学	211	否	是
	广东省	华南理工大学	985	是	是
	四川省	西南交通大学	211	否	是
	云南省	昆明理工大学	普通	否	是
	甘肃省	兰州交通大学	普通	否	是
交通装备检测及控制工程	甘肃省	兰州交通大学	普通	否	是

附录G 2023年水运核心学科师资队伍概况

表G 2023年水运核心学科师资队伍概况

船舶与海洋工程

学校	专任教师数	职称状况		师资结构					
		高级职称	中级职称	博士学位教师人数	博士学位教师比例	正高职称教师人数	正高职称教师比例	副高职称教师人数	副高职称教师比例
大连理工大学	42	39	3	41	97.62%	12	28.57%	27	64.29%
天津大学	31	24	7	28	90.32%	8	25.81%	16	51.61%
大连海洋大学	8	7	1	8	100.00%	3	37.50%	4	50.00%
哈尔滨工业大学	28	23	5	27	96.43%	4	14.29%	19	67.86%
哈尔滨工程大学	141	102	39	131	92.91%	42	29.79%	60	42.55%
浙江海洋大学	31	25	6	31	100.00%	16	51.61%	9	29.03%
宁波大学	23	16	7	19	82.61%	6	26.09%	10	43.48%
集美大学	76	41	35	49	64.47%	17	22.37%	24	31.58%
大连海事大学	22	19	3	21	95.45%	9	40.91%	10	45.45%
华中科技大学	50	43	7	50	100.00%	18	36.00%	25	50.00%
中国石油大学	11	7	4	11	100.00%	3	27.27%	4	36.36%
武汉理工大学	154	123	31	154	100.00%	46	29.87%	77	50.00%
华南理工大学	16	12	4	16	100.00%	3	18.75%	9	56.25%
重庆交通大学	12	6	6	7	58.33%	1	8.33%	5	41.67%
江苏科技大学	130	87	43	104	80.00%	33	25.38%	54	41.54%
海军工程大学	137	47	90	47	34.31%	35	25.55%	12	8.76%
河海大学	143	88	55	127	88.81%	32	22.38%	56	39.16%
中国海洋大学	61	51	10	61	100.00%	21	34.43%	30	49.18%
西北工业大学	142	131	11	142	100.00%	43	30.28%	88	61.97%
上海海事大学	18	8	10	18	100.00%	4	22.22%	4	22.22%
合计	1276	899	377	1092	89.06%	356	27.87%	543	44.15%

续表 G

学校	专任教师数	职称状况		师资结构					
		高级职称	中级职称	博士学位教师人数	博士学位教师比例	正高职称教师人数	正高职称教师比例	副高职称教师人数	副高职称教师比例
船舶与海洋结构物设计制造									
大连理工大学	42	39	3	41	97.62%	12	28.57%	27	64.29%
哈尔滨工程大学	141	102	39	131	92.91%	42	29.79%	60	42.55%
上海海事大学	82	41	27	37	45.12%	17	20.73%	24	29.27%
宁波大学	23	16	7	19	82.61%	6	26.09%	10	43.48%
江苏科技大学	130	87	43	104	80.00%	33	25.38%	54	41.54%
浙江海洋大学	14	10	4	12	85.71%	6	42.86%	4	28.57%
中国海洋大学	61	51	10	61	100.00%	21	34.43%	30	49.18%
天津大学	31	24	7	28	90.32%	8	25.81%	16	51.61%
西北工业大学	142	131	11	142	100.00%	43	30.28%	88	61.97%
上海交通大学	258	223	35	252	97.67%	82	31.78%	141	54.65%
大连海事大学	22	19	3	21	95.45%	9	40.91%	10	45.45%
合计	946	743	189	848	87.95%	279	30.60%	464	46.60%
轮机工程									
大连海事大学	149	119	30	126	84.56%	38	25.50%	81	54.36%
华中科技大学	14	10	4	14	100.00%	4	28.57%	6	42.86%
哈尔滨工程大学	141	102	39	131	92.91%	42	29.79%	60	42.55%
宁波大学	27	21	6	12	44.44%	6	22.22%	15	55.56%
上海海事大学	72	45	21	53	73.61%	12	16.67%	33	45.83%
大连理工大学	42	39	3	41	97.62%	12	28.57%	27	64.29%
集美大学	166	63	103	74	44.58%	22	13.25%	41	24.70%
江苏科技大学	130	87	43	104	80.00%	33	25.38%	54	41.54%
中国海洋大学	61	51	10	61	100.00%	21	34.43%	30	49.18%
浙江海洋大学	13	8	5	11	84.62%	3	23.08%	5	38.46%
武汉理工大学	154	123	31	154	100.00%	46	29.87%	77	50.00%
合计	969	668	295	781	82.03%	239	25.21%	429	46.30%

附录H 2023年铁路核心学科师资队伍概况

表H 2023年铁路核心学科师资队伍概况

铁路与铁道工程										
学校	专任教师数	职称状况		师资结构						
		高级职称	中级职称	博士学位教师人数	博士学位教师比例	正高职称教师人数	正高职称教师比例	副高职称教师人数	副高职称教师比例
北京交通大学	38	33	3	37	97.37%	15	39.47%	18	47.37%
北京航空航天大学	18	17	1	18	100.00%	10	55.56%	7	38.89%
北京建筑大学	11	10	1	11	100.00%	6	54.55%	4	36.36%
长沙理工大学	52	40	12	51	98.08%	21	40.38%	19	36.54%
石家庄铁道大学	14	8	5	7	50.00%	2	14.29%	6	42.86%
大连理工大学	6	5	1	6	100.00%	1	16.67%	4	66.67%
长安大学	64	44	3	56	87.50%	27	42.19%	17	26.56%
东南大学	44	41	3	44	100.00%	19	43.18%	22	50.00%
同济大学	36	34	2	31	86.11%	18	50.00%	16	44.44%
吉林大学	20	15	5	17	85.00%	8	40.00%	7	35.00%
南京航空航天大学	23	17	6	23	100.00%	4	17.39%	13	56.52%
河海大学	11	8	3	11	100.00%	4	36.36%	4	36.36%
华东交通大学	28	20	8	27	96.43%	8	28.57%	12	42.86%
山东大学	21	19	2	21	100.00%	12	57.14%	7	33.33%
山东建筑大学	23	12	11	14	60.87%	4	17.39%	8	34.78%
郑州大学	140	76	64	110	78.57%	31	22.14%	45	32.14%
武汉理工大学	15	10	5	9	60.00%	3	20.00%	7	46.67%
中南大学	119	83	36	86	72.27%	39	32.77%	44	36.97%
华南理工大学	18	16	2	16	88.89%	7	38.89%	9	50.00%
兰州交通大学	21	14	5	14	66.67%	4	19.05%	10	47.62%
合计	722	522	178	609	86.39%	243	34.30%	279	42.10%

后　　记

这本书是在中国交通教育研究会的大力支持下出版的。

这本书能够得以出版，还得从2018年说起。2018年，中国交通教育研究会启动了重大委托项目的申报工作，我很荣幸作为首席专家牵头、山东交通学院李洪华老师作为联合首席专家申报的《中国交通高等教育发展报告》项目，获准立项为2019年度交通教育科学研究重大委托研究课题，主要研究交通运输本科高等教育发展的相关问题。

有幸能够承担这个课题，无疑是令申报团队欣喜的事情，但是在高兴的同时，也感受到任务艰巨和责任重大。交通运输行业高等教育涉及面广、层次类型多，所要收集、分析的数据与资料特别繁杂，如何较为系统、全面地反映交通运输行业高等教育（不含高等职业专科层次教育）的发展状况就成为了研究团队亟需思考的问题。

交通运输业在我国经济发展中有着举足轻重的作用，是国民经济发展中的支柱性产业。为更好的发展交通运输业，增强发展动力、挖掘发展潜能，发展交通运输高等教育便成为了交通运输业基础性工作。因此，全面考察、分析我国交通运输高等教育发展历程与存在的问题，探究发展逻辑并提出有针对性的改进策略，也就成为了课题研究的基本任务。

首先，研究团队梳理了我国交通运输高等教育发展的历史脉络，认为交通运输高等教育发展可以分为四个阶段，分别为初步发展期、快速发展期、跨越发展期和改革发展期，并对不同时期交通运输高等教育发展的特点进行了归纳总结。其次，在界定交通运输类学科/专业概念的基础上，将交通运输主干学科/专业进一步细分为“核心”和“支撑”学科/专业两个层次，其中核心学科/专业是最重要、处于中心地位的、行业关联度最高、行业贡献率最大的学科/专业；而支撑专业/学科是与交通发展直接相关、行业关联度较高、行业贡献率较大的学科/专业。根据学科专业的划分标准，对交通运输高等教育的学科/专业进行了分类评价。第三，根据交通运输行业划分类型，我们将交通运输高等教育划分为水运、民航、铁路、公路、综合交通等几个大的领域展开研究，并确定以本科高校作为研究对象。从交通运输不同行业高等教育发展整体概况、院校发展、学科专业、科学研究、师资队伍与人才培养等方面进行数据收集和分析，从中发现问题，并对我国交通运输高等教育发展提出对策建议。

课题试图对中国交通运输高等教育发展现状进行宏观、系统、深入地分析，对中国交通运输高等教育发展的内外动力进行科学解释，揭示中国交通运输高等教育发展的内在机理，分析中国交通运输高等教育发展的历史变迁模式以及政策演进逻辑。应该说，自从改革开放以来，经过了四十多年的发展，我国交通运输高等教育规模不断扩大，质量不断提升，结构更加合理，效益不断提高，交通运输高层次人才培养的层次、类型、质量与交通运输行业发展适应性更强，初步形成了中国特色的交通运输高等教育体系。

在课题研究过程中，始终得到了中国交通教育研究会领导和交通运输高等教育领域诸多德高望重的资深专家的关心和支持。在课题中期检查和后期结题评审过程中，不少专家提出了许多高屋建瓴的意见和建议，给我们诸多启发。正是在大家的关心和鼓励下，研究课题得以顺利完成并在2022年1月结题。

课题结题以后，我们根据专家的宝贵意见对研究报告进行了全面修改，更新了数据，强化了理论分析，最终以《中国交通运输高等教育发展报告（蓝皮书）》的形式交给武汉理工大学出版社正式出版。

在课题研究、书稿撰写过程中，自始至终得到了中国交通教育研究会领导的关心和支持，也得到了许多交通运输领域高等教育专家的指导和帮助。在这里要特别向他们表达谢意！

同时，在课题研究、书稿撰写过程中，研究团队成员也付出了辛勤的劳动，需要记录在此并致以感谢！

参与课题研究的主要成员：李志峰、彭婕、张柯、陆思铭、柯忻瑜、王璐瑶、沙尼达、汤志慧、李思雨。

参加本书撰写工作的有：李志峰、彭婕、蔡傲雪、崔之余、冉文翔、林冬儿、陈涛。李志峰对全书进行了整体设计和统稿定稿。

参加本书资料数据搜集整理分析工作的有：彭婕、欧阳丹、蔡傲雪、冉文翔、柯昕瑜、王璐瑶、沙尼达、汤志慧、李思雨、刘莹莹、陆思铭、孙玉茜、钟琰、郭家乐。

参与项目咨询专报撰写的有：李志峰、彭婕、张柯、蔡傲雪、曹逸云。

参与本书校对工作的有：蔡傲雪、陆思铭、冉文翔、陈慧、林冬儿、孙玉茜、钟琰、郭家乐、谢舒、徐溥。

彭婕以本课题为基础，完成了硕士学位论文。

山东交通学院李洪华、来逢波、王长峰、赵光锋、尹义尚参与了前期工作。

许多其他人士对本书的影响虽然比较间接，但同样是重要的。

还要感谢被引用数据资料的源作者。书稿数据资料较多，由于条件限制，所获得的数据大多是来自学校官网数据，正如我们知道的那样，官网数据总是过时的，但我们却没有太多办法。由于书稿引用较多，如有缺漏，也敬请谅解。

完成这本书是一件很辛苦的事情。发展报告力图对所研究的对象进行整体上的描述，对其发展过程中的一些问题进行较全面、较深入的剖析，对发展过程中的成就、存在的问题进行较客观的评价，旨在为党和国家的科学决策出谋献策，为交通运输类院校科学办学、学科/专业结构调整、人才培养质量持续提升提供了参考依据，为学生及其家庭了解交通运输行业高等学校办学状况，选择高考及研究生招考院校和学科专业提供了第一手的参考信息，同时为社会各界了解交通运输类高等教育发展状况提供详实的数据资料。

从开展课题研究，到完成课题研究，再到完成书稿撰写，时光匆匆。由于研究者和撰稿者的水平着实有限，因此，书中错漏之处在所难免。如果有重新再版的机会，我们一定根据读者的意见进行认真修改；如果此书不再重印，读者的匠心和真诚也永远铭记在我们心中。

最后，感谢武汉理工大学出版社吴正刚编辑的支持和勤勉的工作。

李志峰

2023 年 8 月

中国交通教育研究会简介

中国交通教育研究会(以下简称研究会)成立于1993年3月15日,是经民政部登记注册的全国性一级学术团体,是具有独立法人资格的社团法人,业务主管部门是交通运输部。研究会的英文译名是China Institute of Communications Education(缩写为CICE)。

研究会由全国交通院校和有交通因素高校、交通企事业单位和关心交通教育事业的人士自愿组成的非营利的全国性组织,现有会员(包括单位和个人会员)460余个,设有10个分会;还成立了研究会交通高等教育研究中心、交通法学研究中心、标准化技术委员会、机动车职业教育研究中心、网络教育资源中心、城市物流规划研究院和交通职业能力研究中心等研究机构。

研究会的宗旨是以马列主义、毛泽东思想、邓小平理论、"三个代表"重要思想、科学发展观和习近平新时代中国特色社会主义思想为指导,遵守宪法法律法规和政策;坚持依法办会、民主办会、学术立会、合作兴会的工作方针,组织和团结全体会员贯彻落实党的教育方针;根据实施"科教兴国"战略和建设交通强国、教育强国的需要,深入开展交通教育科学研究,跟踪分析交通教育发展状况和趋势,探寻交通高等教育、职业教育和干部职工培训教育的特点和发展规律,为会员单位、政府主管部门和社会提供决策参考和科教服务;促进交通教育事业的创新发展,为提高交通院校的办学水平和教学质量服务;通过会员单位持续不断的努力,为我国交通运输现代化和交通强国建设提供智力支持和人才保障。

研究会依法或经授权开展的主要业务活动如下:

1.组织会员学习、宣传、贯彻党的路线、方针、政策和国家法律、法规,团结广大会员积极投身交通教育事业,充分发挥社团组织的桥梁、纽带、咨询、参谋作用;维护会员的合法权益。

2.组织会员深入开展交通教育科学研究,促进交通教育改革创新发展;开展国内外学术交流,促进中国交通教育国际化。

3.加强交通人力资源开发研究,开展干部、职工教育培训,为提高交通职工队伍的整体素质提供智力支持和培训服务。

4.组织制订交通职业教育教学团体标准(规范)并积极推广。

5.组织交通教育科研评估、评审,包括科研课题立项申报、成果验收和评审。

6.组织研究会"中国交通教育终身成就奖""中国交通教育突出贡献奖""中国交通教育科学优秀成果奖"和"中国交通教育优秀中青年教师奖"等奖项的评选工作。

7.组织开展交通院校和企事业单位参加的相关技能竞赛,促进校企合作,不断提升交通职业教育水平和教学质量。

8.组织编辑出版交通教育的学术书刊和资料;组织编写各类教材。

9.开展交通教育宣传和交通科教信息咨询工作。

10.承担有关部门委托的其他工作。

研究会成立以来,积极组织交通教育科学研究、促进交通教育改革创新发展;积极组织相关奖项的评奖活动和各项技能竞赛、编辑出版各类交通专业教材;积极开展交通系统干部职工教育培训和积极开展国内外学术交流,取得了较大的成绩。研究会各分会和各研究机构积极进取、开拓创新,各方面的工作持续稳定健康发展,卓有成效,为提高我国交通教育的办学水平和教学质量作出了较大的贡献。

研究会成立以来,先后有时任交通部副部长/部长张春贤,副部长翁孟勇担任名誉会长;先后有一位副部长、原大连海事大学党委书记金以铨、原大连海事大学校长吴兆麟担任会长。现任会长为原中共交通运输部党校/交通运输部管理干部学院副院长刘卫民;现任副会长8名,他们是:教育部高等学校交通运输类专业教学指导委员会主任委员、院长分会理事长、北京交通大学原副校长张星臣,高教分会理事长、武汉理工大学党委副书记赵经,高教分会副理事长、长安大学党委副书记/副校长彪晓红,航海教育分会理事长、大连海事大学副校长赵友涛,职教分会理事长、江苏航运职业技术学院原院长杨泽宇,技工分会理事长、江苏省交通技师学院党委记曾正德,院长分会名誉理事长、新国线运输集团有限公司董事长王永立,港口教育分会理事长、广州港集团有限公司党委副书记刘应海;研究会秘书处是常设办事机构,现任秘书长刘兰萍;周小敏、巨荣云和商桑分别担任研究会干部教育分会、公路教育分会和职工教育分会的理事长。

研究会秘书处办公地址:北京市通联大厦1204室。

通信地址:北京市朝阳区惠新里甲240号通联大厦1204室,邮政编码:100029。

联系电话:010—64891949,64893743,61592139。